Proteção de dados pessoais e provas digitais no marco do Direito do Trabalho:

Estudos da Escola Judicial do TRT da 15ª Região

Proteção de dados pessoais e provas digitais no marco do Direito do Trabalho:

Estudos da Escola Judicial do TRT da 15ª Região

Organizadores:

Guilherme Guimarães Feliciano

Ana Paula Silva Campos Miskulin

Camila Ceroni Scarabelli

Teresa Cristina Pedrasi

ESCOLA JUDICIAL

TRT - 15ª Região

LACIER

LACIER
Lacier Livraria e Editora
www.livrarialacier.com.br

Rua Doutor Quirino, 808 – Centro
CEP 13015-081 – Campinas, SP – Brasil

Abril, 2024

Diretor: *Lacier José de Rezende*
Coordenação editorial: *Peter Fritz Strotbek*
Projeto de capa: *Fabio Giglio*
Projeto gráfico e editoração eletrônica: *The Best Page*

Esta é uma obra coletiva.
A responsabilidade pelo conteúdo de cada texto
é exclusiva do seu autor.

Ficha Catalográfica

Dados Internacionais de Catalogação na Publicação (CIP)
(Câmara Brasileira do Livro, SP, Brasil)

P967 Proteção de dados pessoais e provas digitais no marco do direito do trabalho : estudos da escola judicial do TRT da 15ª região / Organizadores: Guilherme Guimarães Feliciano, Ana Paula Silva Campos Miskulin, Camila Ceroni Scarabelli, Teresa Cristina Pedrasi. — 1. ed. — Campinas, SP : Lacier Editora, 2024
174 p. ; 17 x 24 cm.

ISBN 978-65-88805-89-3

1. Direito do trabalho. 2. Proteção de dados pessoais — Aspectos jurídicos. 3. Provas digitais — Direito do trabalho. I. Feliciano, Guilherme Guimarães. II. Miskulin, Ana Paula Silva Campos. III. Scarabelli, Camila Ceroni. IV. Pedrasi, Teresa Cristina.

CDU 331:34.004.738.5(81)

Índices para catálogo sistemático:

1. Provas digitais no direito do trabalho

Angela Schmidt da Rosa – Bibliotecária – CRB-14/1171

Sumário

Rol das Autoras e Autores 7

Apresentação — *Guilherme Guimarães Feliciano, Ana Paula Silva Campos Miskulin, Camila Ceroni Scarabelli* e *Teresa Cristina Pedrasi* 11

Prefácio — *Carlos Alberto Bosco* 13

1. A proteção brasileira de dados pessoais nas relações de trabalho: Síntese de uma abordagem crítico-construtiva de base principiológica e humanista — *Guilherme Guimarães Feliciano* 15

2. O *print* de tela de *WhatsApp* é válido como meio de prova? — *Ana Paula Silva Campos Miskulin, Danielle Bertachini* e *Platon Teixeira de Azevedo Neto* 48

3. Pressupostos de validade e de utilidade das provas digitais — *Camila Ceroni Scarabelli* 59

4. Videovigilância no ambiente de trabalho: A incidência da LGPD como limite à defesa da propriedade e do poder de direção do empregador — *Pablo Souza Rocha* e *Teresa Cristina Pedrasi* 90

5. O *Facebook* como meio de prova no Processo do Trabalho — *Paulo Campanha Santana* e *Ana Paula Silva Campos Miskulin* 108

6. A liberdade de expressão nas redes sociais e o impacto das manifestações pessoais na relação de trabalho: uma análise sobre a legislação e jurisprudência no Brasil e em Portugal — *Régis Antônio Bersanin Nieddu* 122

7. Produção antecipada de provas digitais na Justiça do Trabalho — *Ana Cláudia Pires Ferreira de Lima* e *João Pedro Albino* 139

8. Dos agentes de tratamento: Afinal, o oficial de justiça pode (ou não) ser enquadrado como operador de dados pessoais? — *Marlon Marcelo Murari*................ 156

Rol das autoras e autores

Ana Cláudia Pires Ferreira de Lima — Doutoranda no Programa de Mídia e Tecnologia da Faculdade de Arquitetura, Artes, Comunicação e Design (PPGMiT) da UNESP – Campus de Bauru. Integrante dos Grupos de Pesquisa: "Laboratório de Inteligência de Dados" — LInDa — do PPGMiT da UNESP – Bauru e "Lei Geral da Proteção de Dados e Provas Digitais" da Escola Judicial do Tribunal Regional do Trabalho da 15ª Região. Mestre em Direito Constitucional pelo Centro Universitário Bauru — ITE. Certificada em *Compliance* em Proteção de Dados pela LEC em parceria com a FGV-Projetos em outubro de 2021. Juíza do Trabalho titular da 1ª Vara do Trabalho de Bauru-SP. Integrante do Comitê Gestor Regional da Inovação do Tribunal Regional do Trabalho da 15ª Região.

Ana Paula Silva Campos Miskulin — Juíza do Trabalho do TRT da 15ª Região. Mestre em Direito do Trabalho pela Universidade de São Paulo. Possui Especialização em Direito e Processo do Trabalho pela Universidade Federal de Goiás. É pesquisadora do Núcleo de Pesquisa: O trabalho além do Direito do Trabalho, desenvolvido na Faculdade de Direito da Universidade de São Paulo. Autora do livro *Aplicativos e Direito do Trabalho:* a era dos dados controlados por algoritmos. Coordenadora de outras obras jurídicas sobre direito e tecnologias. Professora convidada da Escola Nacional de Formação e Aperfeiçoamento de Magistrados do Trabalho (ENAMAT) e de diversas escolas regionais.

Camila Ceroni Scarabelli — Juíza titular de Vara do Trabalho no Tribunal Regional do Trabalho da 15ª Região (TRT15). Mestre em Direito. Especialista em Direitos Difusos e Coletivos e em Economia e Sindicalismo. Integrante do Grupo de Estudos sobre LGPD e Provas Digitais da Escola Judicial da 15ª Região (EJUD15). Membra do Comitê Gestor Regional do Pje do TRT 15ª da Região. Docente em Pós-Graduação e em cursos da Escola Judicial da 15ª Região (EJUD15). Autora de artigos jurídicos.

Danielle Bertachini — Juíza do trabalho desde 2000, estando atualmente lotada na 7ª VT de Florianópolis. Concluiu o curso de especialização em Direito Econômico do Trabalho pela Unicamp/CESIT e o Master em Direito Social do Trabalho na França, em Lyon (*Université Lumiére 2*). Fez parte da primeira turma do Curso de Formação de Formadores da ENAMAT sobre Provas Digitais, tendo após atuado como tutora de cursos sobre o tema na ENAMAT além de ter ministrado outros cursos e palestras sobre o mesmo tema.

Guilherme Guimarães Feliciano — Juiz titular da 1ª Vara do Trabalho de Taubaté (15ª Região). Juiz auxiliar da Vice-Presidência Judicial do Tribunal Regional do Trabalho da 15ª Região (2021-2022). Professor associado I do Departamento de Direito do Trabalho da Faculdade de Direito da Universidade de São Paulo. Doutor em Direito Penal pela USP. Doutor em Direito Processual Civil pela Universidade de Lisboa. Pós-Doutor em Direitos Humanos pela Universidade de Coimbra. Livre-docente em Direito do Trabalho pela USP. Titular da Cadeira n. 53 da Academia Brasileira de Direito do Trabalho. Presidente da Associação Nacional dos Magistrados da Justiça do Trabalho (Brasil) no biênio 2017-2019.

João Pedro Albino — Mestre em Computação pela UFSCar. Doutor em Administração pela FEA-USP. Professor associado sênior do Departamento de Computação na Faculdade de Ciências e no Mestrado Profissional e Doutorado do Programa de Mídia e Tecnologia da Faculdade de Arquitetura, Artes, Comunicação e Design da Unesp de Bauru. Coordenador do Grupo de Pesquisa — LInDa — Laboratório de Inteligência de Dados.

Marlon Marcelo Murari — Oficial de Justiça do TRT 15ª Região. Mestre em Direito. Especialista em Direito e em Avaliações Patrimoniais. Professor de cursos preparatórios para concursos públicos e exames da OAB e de pós-graduações. Autor do livro *Limites constitucionais ao poder de direção do empregador e os direitos fundamentais do empregado:* O equilíbrio está na dignidade da pessoa humana.

Pablo Souza Rocha — Juiz do trabalho substituto do Tribunal Regional do Trabalho da 15ª Região, mestrando em Direito do Trabalho pela Universidade de Lisboa e integrante do grupo de estudos sobre provas digitais e LGPD da EJUD 15.

Paulo Campanha Santana — Pós-Doutorado em Direito e Novas Tecnologias pelo *Mediterranea International Centre for Human Rights Research*, Reggio Calabria, Itália, e em Direito na Faculdade de Direito da Universidade de São Paulo (USP). Pós-Doutorando em Direito com especialização em Ciência Jurídica com Dupla Titulação (Universidade Vale do Itajaí/SC e *Delaware Widener University Law School*, Estados Unidos). Doutorando em Ciência da Informação pela Universidade de Brasília (UnB). Graduando em Ciência da Computação pela Universidade Cruzeiro do Sul (UNICSUL). Advogado. Mestre e Doutor em Direito. Coordenador do Programa de Mestrado em Direito das Relações Sociais e Trabalhistas do Centro Universitário do Distrito Federal (UDF).

Platon Teixeira de Azevedo Neto — Juiz titular da Vara do Trabalho de São Luís de Montes Belos/GO (TRT18). Juiz auxiliar da Vice-Presidência e da Corregedoria do TRT de Goiás. Foi juiz auxiliar da Direção da ENAMAT de março de 2020 a outubro de 2022. Professor adjunto de Direito Processual do Trabalho da Universidade Federal de Goiás; Professor permanente do Mestrado em Direito e Políticas Públicas da UFG. Doutor em Direito pela Universidade Federal de Minas Gerais; Mestre em Direitos Humanos pela Universidade Federal de Goiás. Especialista em Direito Constitucional pela Universidade de Brasília. Pós-Graduado em Direito do Trabalho e Previdência Social pela Universidade Europeia de Roma, na Itália. É membro efetivo do Instituto Ítalo-Brasileiro de Direito do Trabalho. Titular da Cadeira n. 3 da Academia Goiana de Direito. Eleito para a Cadeira n. 60 da Academia Brasileira de Direito do Trabalho.

Régis Antônio Bersanin Nieddu — Juiz do Trabalho substituto. Mestre em Ciências Jurídico-Empresariais.

Teresa Cristina Pedrasi — Juíza do Trabalho da Vara de Itapetininga-SP. Atua como juíza convocada no TRT da 15ª Região. Doutoranda pela Universidade de Groningen. Integrante do Grupo de Estudos sobre Provas Digitais e LGPD da EJUD 15.

Apresentação

Caro leitor,

Esta obra é fruto dos estudos realizados no âmbito do grupo de estudos "Provas Digitais e Lei Geral de Proteção de Dados", vinculado à Escola Judicial do Tribunal Regional do Trabalho da 15ª Região, sob coordenação do juiz Guilherme Guimarães Feliciano.

A utilização intensa da internet para finalidades culturais, sociais e profissionais tem gerado uma avalanche de dados, os quais, com tratamento por ferramentas específicas, permitem não só a identificação do usuário, mas também a revelação de hábitos de seu comportamento que provavelmente não interessam aos escopos do processo.

Em consequência, conformam-se apreensões difusas quanto à preservação da privacidade das pessoas que, na maioria dos casos, sequer têm conhecimento de que será possível, nesse e noutros contextos, traçar perfis pessoais completos por meio da coleta de dados de navegação na rede mundial de computadores (cujos acessos ficam registrados e são compartilhados com terceiros pelas *Big Techs*, para os mais diversos tratamentos futuros, desde o armazenamento até a comercialização, passando por novos compartilhamentos).

Essas novas possibilidades de indexação de dados e de pessoas se relacionam, muito propriamente, com a digitalização dos processos judiciais para os quais são trazidas informações digitais extraídas por aplicativos de celulares, sistemas computacionais diversos ou mesmo por programas utilizados pelos empregadores para controle de ponto ou acesso às áreas restritas no local de trabalho.

Novas fontes probatórias, como correspondências eletrônicas e mídias de áudio e vídeo, cada vez mais têm sido utilizadas nos processos judiciais, exigindo a modernização do Poder Judiciário, tanto em sua estrutura como na capacitação dos seus magistrados e servidores, sempre com vista ao manejo seguro de ferramentas digitais de trabalho que foram incorporadas à rotina dos profissionais da área jurídica.

Por outro lado, ao armazenar informações eletrônicas sobre os sujeitos processuais, o Poder Judiciário atrai para si a responsabilidade pela custódia desses dados, a fim de que sejam utilizados com observância da estrita finalidade da coleta e na exata medida da necessidade para a qual foram coletados.

Nessa ordem de ideias, os estudos realizados pelos magistrados e profissionais que se dedicaram a esta coletânea apontam para o necessário equilíbrio que deve haver entre o direito constitucional à prova e o direito fundamental à proteção de dados.

A partir das pesquisas e experiências profissionais dos autores, os capítulos apresentados abordam aspectos teóricos como os princípios da LGPD e os pressupostos de validade das provas digitais, com grande utilidade para a argumentação em juízo ou fora dele, como também abordam algumas questões práticas candentes no dia a dia forense dos juízos e tribunais trabalhistas, como a produção antecipada de provas, a utilização de videovigilância do trabalhador, a liberdade de expressão nas redes sociais, a utilização de mensagens de *WhatsApp* e do *Facebook* como meio de prova e o tratamento de dados pelo oficial de justiça.

A obra que ora apresentamos a você reúne as primeiras considerações de um grupo de magistrados estudiosos e inquietos, tão cientes da vocação secular do Direito do Trabalho quanto conscientes da necessidade de se incorporar às praxes forenses as novas tecnologias, sem perder de vista os deveres e garantias inerentes à dimensão ética do processo judicial.

A sociedade hiperconectada que hoje molda todas as esferas da socialidade, à sua maneira, desde o nascimento das pessoas, não poderá jamais prescindir de um processo judicial que, preservando a intimidade e a vida privada das pastas e dos terceiros, siga sendo um meio de tornar efetiva a prestação jurisdicional.

Enfim, concorde ou não, caro leitor, nós o convidamos a refletir conosco sobre temas tão atuais e relevantes.

Guilherme Guimarães Feliciano
Ana Paula Silva Campos Miskulin
Camila Ceroni Scarabelli
Teresa Cristina Pedrasi

Prefácio

O Poder Judiciário vem passando por muitas transformações ao longo do tempo, as quais foram acentuadas após o término da pandemia da Covid-19, quando houve uma intensa digitalização dos atos processuais.

O uso massivo da internet, aliado às tecnologias de comunicação e informação causaram muitas mudanças no mundo do trabalho e, também, na forma de trabalhar dos profissionais que atuam na Justiça do Trabalho.

O Pje ganhou novas funcionalidades com a incorporação de novas ferramentas na Plataforma Digital do Poder Judiciário, além de outras que utilizam inteligência artificial para otimizar e aprimorar a prestação jurisdicional. Ao mesmo tempo, o direito constitucional à proteção de dados foi erigido à categoria de direito fundamental, com a publicação da Emenda Constitucional n. 115 de 2022.

A quantidade de dados pessoais manuseados pelos usuários do processo eletrônico, bem como a responsabilidade atribuída ao magistrado de tomar as providências necessárias à garantia do sigilo das informações recebidas e à preservação da intimidade, da vida privada, da honra e da imagem do usuário, demandam dos usuários do sistema de justiça o conhecimento de novas funcionalidades.

Assim, com olhar atento a essas mudanças, foi instituído no âmbito da Escola Judicial, o grupo de estudos sobre Lei Geral de Proteção de Dados e Provas Digitais. Seu escopo é promover a formação dos magistrados e servidores, mediante o incentivo ao estudo, com vistas à ampliação do acesso, a qualidade e a celeridade da prestação jurisdicional, nos termos do art. 2º do estatuto da Escola Judicial.

Assim, a presente obra que com alegria se anuncia, visa divulgar os estudos iniciais desenvolvidos no âmbito dessa escola, após diversos encontros destinados à discussão de temas de direito material e processual do trabalho que permeiam as relações sociais do século XXI.

Espera-se que com essa primeira revisão do tema se possa descortinar aspectos ainda obscuros que permeiam as relações laborais, evidenciando a preocupação dessa

Escola Judicial com a capacitação e qualificação de seus profissionais, com vistas à prestação jurisdicional célere, efetiva e revestida de segurança jurídica.

Campinas, março de 2024.

Carlos Alberto Bosco
Desembargador do Trabalho. Diretor da Escola Judicial do TRT da 15ª Região. Especialista em Direito Civil, Comercial e Processual Civil. Mestre em Direito do Trabalho pela Universidade Metodista de Piracicaba. Doutor em Direito Civil pela Universidade de Coimbra, Portugal.

1

A proteção brasileira de dados pessoais nas relações de trabalho: Síntese de uma abordagem crítico--construtiva de base principiológica e humanista[(1)]

Guilherme Guimarães Feliciano

Resumo: A tutela da privacidade na sociedade de informação deve ser ressignificada, de modo que não mais se limite apenas à proteção do indivíduo, nas suas esferas concêntricas da vida privada, da intimidade e do segredo, contra intromissões indevidas do Estado e de terceiros. No romper do novo milênio, os dados pessoais transformam-se em *commodities* e, porque traduzem atributos personalíssimos da pessoa natural, precisam ser especialmente protegidos, resguardando-se os direitos e liberdades individuais em contextos tão novos quanto desafiadores: o sigilo de comunicações telemáticas, as potencialidades e riscos da biometria, a integridade do patrimônio e da identidade genética, os vieses discriminatórios de base inumana etc. As novas vulnerabilidades, ademais, ganham expressão e profundidade quando se somatizam as subalternidades, como se dá nas relações de emprego: os empregados hipersubordinam-se, confiando aos empregadores os seus dados pessoais e a eles se sujeitando já não apenas na relação empregado/empregador, mas na relação titular/controlador. No Brasil, especialmente após a promulgação da EC n. 115/2022 e a inserção do direito fundamental à proteção de dados pessoais no rol do art. 5º da Constituição da

(1) O presente artigo é uma síntese representativa da tese apresentada à Egrégia Congregação da Faculdade de Direito da Universidade de São Paulo como exigência parcial do concurso para o cargo de professor titular no Departamento de Direito do Trabalho e da Seguridade Social da Faculdade de Direito da Universidade de São Paulo (Edital FDUSP n. 9/2019).

República, é imperioso reconhecer que a Lei n. 12.709/2018, como estatuto de proteção dos dados pessoais, deve ser interpretada/aplicada a partir de um referencial humanista, assentado em seus fundamentos (art. 2º) e sobretudo em seus princípios (art. 6º), com desdobramentos semânticos que reconheçam o papel instrumental — e não finalístico — das tecnologias.

Introdução

Em estrita ordem cronológica, o derradeiro direito fundamental a ser expressamente introduzido no texto da Constituição da República Federativa do Brasil foi justamente o direito fundamental à proteção de dados pessoais (art. 5º, LXXIX, na redação da Emenda Constitucional n. 115, de 10.2.2022). E o direito que assim se consagra ao final do primeiro quartel do século XXI, no bojo de uma das constituições mais emblemáticas do último quartel do século XX, talvez seja, entre todos os do elenco do art. 5º, o que mais fidedignamente espelha o que se deve esperar, no campo dos direitos humanos fundamentais, dos restantes três quartéis desta centúria.

Os palcos técnico-jurídicos do juslaboralismo contemporâneo foram levantados sobre os tablados novecentistas da centralidade do trabalho humano de cariz fordista-taylorista — e, portanto, de uma imagem da realidade cada vez mais distante das formas reais e contratuais do século corrente —, o que torna o desafio dogmático e hermenêutico em torno da proteção de dados pessoais do trabalhador ainda maior. Isso porque a pouca pesquisa consolidada que temos sobre o tratamento de dados pessoais no contexto das relações jurídicas em geral (e das relações de trabalho em especial) não é, absolutamente, animadora. Falemos daquelas. Entre julho de 2020 e julho de 2021, houve um aumento altamente significativo no número e no valor médio das multas aplicadas, na Europa, com base no GDPR: o número de violações aumentou em 113,5%, enquanto o número de multas aplicadas teve um incremento de 124,92%. As multas aplicadas à Amazon (€ 746 milhões) e ao *WhatsApp* (€ 225 milhões) superaram imensamente o valor daquela que havia sido, até então, a maior multa em quase três anos (aplicada à *Google*, de € 50 milhões). As multas de valores mais elevados foram aplicadas pelas autoridades de Luxemburgo, Irlanda, França, Alemanha, Itália e Reino Unido.(2) Não obstante, apesar das multas e fiscalizações, os números das vulnerabilidades eram igualmente grandiosos: em abril de 2019, estimava-se que 88% das empresas com mais de um milhão de pastas tinham 100 mil pastas virtuais acessíveis por todos os funcionários; 30% das empresas tinham mais de mil pastas sensíveis abertas a todos; 57% das empresas tinham mais de mil pastas com permissões inconsistentes; apenas 3% das pastas de uma empresa, em média, estavam protegidas; 22% das violações de dados, dois anos antes (em 2017), envolviam o uso de identidades digitais subtraídas; 36% dos dados comprometidos, também em

(2) Cf.: https://dataprivacymanager.net/5-biggest-gdpr-fines-so-far-2020/ ("20 biggest GDPR fines so far [2019, 2020, 2021 & 2022]", 1.2.2022). Acesso em: 15.2.2022.

2017, possuíam conteúdos sensíveis como nome, aniversário e gênero; roteadores e câmeras conectadas compunham 90% dos dispositivos infectados; um ataque cibernético ocorria a cada 39 segundos; e 27% das violações de dados eram causadas por erros humanos.[3]

Para fazer frente a esse cipoal infindável de riscos, as administrações e parlamentos ao redor do mundo passaram a dar a resposta institucional mais óbvia: a *regulação jurídica*. Nesse sentido, examinaremos adiante os principais modelos de regulação disponíveis a um estudo mais atento: o modelo europeu (GDPR), o modelo californiano (CCPA) e o modelo sul-africano (POPIA), para em seguida, a partir desses subsídios, proceder à análise crítica da Lei n. 13.709/2018 — a nossa Lei Geral de Proteção de Dados — e, no que couber, da legislação correlata (com particular ênfase para a Lei n. 12.965/2014, do Marco Civil da Internet).

De outra parte, se temos uma legislação geral de boa técnica e qualidade, não se pode negar a sua lacunosidade. A LGPD não contém, em toda a sua extensa redação, o vocábulo "trabalho", como tampouco — aliás, tanto menos — o vocábulo "emprego". Diversamente de sua congênere europeia, a Lei n. 13.079/2018 simplesmente ignorou a hipótese do tratamento de dados sob o pálio da subordinação jurídica própria das relações de emprego; e, de um modo geral, ignorou as especificidades da proteção de dados pessoais em quaisquer espécies de relações de trabalho, algumas das quais são cada vez mais recorrentes nestes tempos de vínculos líquidos. Assim, *e.g.*, estima-se que existiam no Brasil, em 2021, nada menos do que 1,4 milhão de trabalhadores por aplicativos (IPEA); cinco anos antes, eram apenas 870 mil.[4] Temos, pois, um milhão e meio de pessoas que, na sua atividade laboral — aquela que, a rigor, absorve-os durante a maior parte do tempo em vigília —, compartilham dados de toda ordem (inclusive dados pessoais sensíveis), entre si e com terceiros (consumidores, plataforma etc.), por canais digitais com as mais diversas características. E o fazem, de regra, sem nenhuma transparência nas relações em curso. Aliás, repise-se: sem nenhuma legislação específica.

Para regular esses aparentes vácuos jurídicos, o Poder Judiciário brasileiro vem sendo instado a se pronunciar, especialmente pelo seu ramo trabalhista (i.e., a Justiça do Trabalho). E aos juízes do Trabalho restarão, em larga medida, as *normas-princípios* do art. 6º da LGPD,[5] à falta de normas legais mais minudentes ou flexíveis. Para examinar o respectivo "*modus*", desenvolve-se o presente estudo. *Voilà*.

---

(3) Cf. BERTOLLI, Emilia. "56 estatísticas de violação de dados para 2019". Varonis (Inside Out Security), 5.4.2019. Disponível em: https://www.varonis.com/pt-br/blog/56-estatisticas-de-violacao-de-dados-para-2019. Acesso em: 31.1.2021.

(4) Cf.: https://www.ipea.gov.br/portal/index.php?option=com_content&view=article&id=38565 ("1,4 milhão de entregadores e motoristas no Brasil estão na Gig economy", 7.10.2021). Acesso em: 16.2.2022.

(5) Utilizamos neste estudo, para todos os efeitos, o conceito de *princípio* como "*mandado de otimização*" ("*Optmierungsgebot*"), convergindo para a semântica de Robert Alexy (ALEXY, Robert. *Theorie der Grundrechte*, 3. ed. Frankfurt am Main: Suhrkamp, 1996, p. 71-99). Isso vale inclusive para a *proporcionalidade* (*infra*, 2.2),

1. A proteção de dados pessoais no ordenamento jurídico brasileiro

1.1. Dimensão constitucional: a Emenda Constitucional n. 115/2022

No panorama constitucional brasileiro, reza o art. 5º, X, da Constituição da República, ser direito fundamental dos brasileiros e estrangeiros residentes no país (*rectius*: de todas as *pessoas* sujeitas à ordem jurídico-constitucional brasileira)[(6)] a *inviolabilidade da intimidade, da vida privada, da honra e da imagem*, assegurado o direito a indenização pelo dano material ou moral decorrente de sua violação. Esse preceito é o que melhor retrata, em todo o texto constitucional vigente, a ideia de *privacy* desdobrada até este ponto, inclusive a partir das contribuições densificadas ao longo dos séculos XVIII, XIX e XX nas tradições jurídicas anglo-saxônica e romano-germânica.

Em março de 2019, por iniciativa de vinte e nove senadores da República de todo o espectro político nacional, apresentou-se ao Senado a Proposta de Emenda Constitucional n. 17/2019, para acrescentar o inciso XII-A ao art. 5º, e o inciso XXX ao art. 22 da Constituição Federal. Sua finalidade era incluir textualmente, na carta constitucional – e no capítulo dos direitos e deveres individuais e coletivos — "*a proteção de dados pessoais entre os direitos fundamentais do cidadão e fixar a competência privativa da União para legislar sobre a matéria*". Lia-se, outrossim, na explicação da ementa, sobre a amplitude do direito a se constitucionalizar, que deveria abranger a proteção de dados em quaisquer meios, "*inclusive nos meios digitais*".

Na justificativa da PEC n. 17/2019, registrava-se, com todo o acerto, que o avanço do estado da técnica e a própria evolução jurídico-dogmática já permitia reconhecer à proteção dos dados pessoais certa "autonomia" em relação à própria tutela da privacidade, inclusive com *status* constitucional, como já haviam feito outros países (Portugal, Chile, Polônia, Estônia). *In verbis*:

> A proteção de dados pessoais é fruto da evolução histórica da própria sociedade internacional: diversos são os Países que adotaram leis e regras sobre privacidade e proteção de dados. Isso porque o assunto, cada vez mais, na Era informacional, representa riscos às liberdades e garantias individuais do cidadão.
>
> O avanço da tecnologia, por um lado, oportuniza racionalização de negócios e da própria atividade econômica: pode gerar empregabilidade, prosperidade e maior qualidade de vida. Por outro lado, se mal utilizada ou se utilizada sem um filtro prévio moral e ético,

---

que também reputamos ser um princípio (v., *e.g.*, FELICIANO, Guilherme Guimarães. *Por um processo realmente efetivo:* Tutela processual de direitos humanos fundamentais e inflexões do "*due process of law*". São Paulo: LTr, 2016, seção 14.1), conquanto o próprio Alexy não o faça; ou, ao menos, não no mesmo sentido com que opõe normas-princípios e normas-regras, já que prefere utilizar a expressão "*Grundsatz*" (e não "*Prinzip*").

(6) Sobre a necessária interpretação extensiva que se deve aplicar à cabeça do art. 5º da Constituição — mesmo porque a interpretação literal levaria à absurda conclusão de que turistas estrangeiros, porque não residentes no Brasil, não teriam, p. ex., direito à vida ou à propriedade —, cf., por todos, SILVA, José Afonso. *Curso de Direito Constitucional positivo*. 41. ed. São Paulo: Malheiros, 2018. p. 192 e ss.

pode causar prejuízos incomensuráveis aos cidadãos e à própria sociedade, dando margem, inclusive, à concentração de mercados.

Por isso, países de todo o planeta já visualizaram a importância e imprescindibilidade de se regular juridicamente o tratamento de dados dos cidadãos. É o caso dos membros da União Europeia, que, hoje, já contam com a segunda e moderna versão regulatória sobre o assunto, chamado de Regulamento Geral de Proteção de Dados. O RGPD entrou em vigor em 25 de maio de 2018, gerando um impacto de nível global, sobretudo em face de milhares de empresas que ofertam serviços ao mercado europeu.

Na América do Sul, países vizinhos como Chile e Argentina, entre outros, já contam com leis próprias de proteção de dados.

De fato, *a privacidade tem sido o ponto de partida de discussões e regulações dessa natureza, mas já se vislumbra, dadas as suas peculiaridades, uma autonomia valorativa em torno da proteção de dados pessoais, de maneira, inclusive, a merecer tornar-se um direito constitucionalmente assegurado.*

Foi o caso de Portugal: sua Constituição, adotada em 1976, assegura o direito e a garantia pessoal de utilização da informática, estabelecendo, também, normas específicas de acesso e tratamento de dados pessoais. Algo similar se vê na Estônia, Polônia e, mais recentemente, no Chile, que, em 5 de junho de 2018, editou a *Ley n. 27.096*, constitucionalizando a proteção de dados pessoais.

Convictos de que *o Brasil necessita muito mais do que uma lei ordinária sobre o assunto, apesar da envergadura jurídica da Lei n. 13.709, de 14 de agosto de 2018 (LGPD), propomos a presente mudança à Constituição Federal.* [...] (Grifos nossos)

E assim foi apresentada.

Após breve tramitação, sobreveio a aprovação do Parecer (SF) 45/2019, de relatoria da senadora Simone Tebet (MDB-RS), na Comissão de Constituição, Justiça e Cidadania do Senado, em 22 de maio de 2019. À altura, acolheu-se sugestão de redação do senador Rodrigo Pacheco (PSD-MG), como Emenda de Redação 1-CCJ, apenas para inserir a proteção de dados pessoais no final do inciso XII do art. 5º (e já não em um inciso XII-A).(7) Abriu-se ainda o texto à consulta pública virtual (com resultado favorável). Do parecer aprovado, referendando vários dos apontamentos feitos acima (notadamente quanto aos escândalos mundiais que animaram o labor legislativo) e aparentemente identificando

(7) Proposta que, aliás, não prevaleceu ao final, como se verá: no final, optou-se por um derradeiro inciso no art. 5º (LXXIX). Antes disso, realmente, o STF vinha reconhecendo o direito fundamental de proteção dos dados pessoais *no inciso XXII*, implicitamente. V., *e.g.*, STF, ADIs 6.389, 6.390, 6.393, 6.388 e 6.387, rel. Min. Rosa Weber, TP, j. 7.5.2020. *In verbis: "MEDIDA CAUTELAR EM AÇÃO DIRETA DE INCONSTITUCIONALIDADE. REFERENDO. MEDIDA PROVISÓRIA N. 954/2020. EMERGÊNCIA DE SAÚDE PÚBLICA DE IMPORTÂNCIA INTERNACIONAL DECORRENTE DO NOVO CORONAVÍRUS (COVID-19). COMPARTILHAMENTO DE DADOS DOS USUÁRIOS DO SERVIÇO TELEFÔNICO FIXO COMUTADO E DO SERVIÇO MÓVEL PESSOAL, PELAS EMPRESAS PRESTADORAS, COM O INSTITUTO BRASILEIRO DE GEOGRAFIA E ESTATÍSTICA.* FUMUS BONI JURIS. PERICULUM IN MORA. *DEFERIMENTO.* [...]".

o direito à proteção de dados como um direito de quarta dimensão (ou "geração"), extrai-se o seguinte excerto:[8]

> [...] Os escândalos envolvendo o vazamento de dados pessoais pelo *Facebook*, *Uber*, *Netshoes*, *Banco Inter* e lojas *C&A*, e que atingiram milhares de brasileiros, impulsionaram a aprovação da Lei n. 13.709, de 2018 (Lei Geral de Proteção de Dados) — substancialmente influenciada pelo Regulamento Europeu — e posteriormente alterada pela Medida Provisória n. 869/18, atualmente em tramitação no Congresso Nacional. No entanto, apesar de já termos um arcabouço legislativo infraconstitucional com a LGPD e outras normativas esparsas — tais como o Marco Civil da Internet, Código de Defesa do Consumidor, Lei do Cadastro Positivo, Lei de Acesso à Informação, Decreto de Comércio Eletrônico, dentre outros — que dispõem sobre o tratamento dos dados pessoais e representam um caminho sem volta, no sentido de conferir maior proteção ao tratamento de dados pessoais, é necessário prever tal garantia no texto constitucional.
>
> No Brasil, o Constituinte Originário consagrou expressamente o princípio da dignidade humana como fundamento do Estado Democrático de Direito.
>
> Todavia, devido à constante evolução dos assuntos ligados à proteção e tratamento dos dados pessoais e à natureza desse tipo de relação em um cenário onde as desigualdades não se situam apenas na relação Estado/particular, mas também entre os próprios particulares, nas relações privadas, se faz imperioso acrescentar, de forma inequívoca, a proteção dos dados pessoais no rol das garantias individuais, ao lado de direitos fundamentais consagrados. Os direitos de quarta dimensão — apesar de não haver consenso na doutrina sobre qual o conteúdo dessa espécie de direito — são aqueles relacionados à democracia, à informação e ao pluralismo. [...] Desta análise, pode-se afirmar que questões efetivas e atuais como a eficácia horizontal dos direitos fundamentais, a proteção dos direitos da personalidade, principalmente a proteção à privacidade e intimidade, o direito ao esquecimento como atributo relativo ao direito da personalidade, trazem à baila a necessidade da proteção dos dados pessoais com enfoque constitucional.
>
> Nesse sentido, a PEC n. 17, de 2019, recepciona, em âmbito constitucional, o espírito da Lei n. 12.965/2014 (Marco Civil da Internet), que estabeleceu princípios, garantias, deveres e direitos para o uso da internet no País, e que assegurou ao cidadão brasileiro que o acesso à internet é essencial para o exercício da cidadania [...]. Da mesma forma, ampara as disposições trazidas na Lei n. 13.709, de 2018 (Lei Geral de Proteção de Dados), que regula o armazenamento e a transmissão de dados pessoais, e estabelece um padrão mínimo de proteção de dados, com o objetivo de proteger a liberdade, a privacidade e o livre desenvolvimento da personalidade da pessoa natural. [...]

Por fim, após toda a tramitação bicameral necessária, o texto foi aprovado em sessão plenária do Senado, ainda no ano de 2021 (20 de outubro), com sessenta e quatro votos no primeiro turno e setenta e seis votos no segundo (mas sempre de forma unânime). Meses depois, foi promulgado pelo presidente do Senado da República e do Congresso

(8) Disponível em: https://legis.senado.leg.br/sdleg-getter/documento?dm=7956540&disposition=inline#Emenda1. Acesso em: 10.2.2022.

Nacional, senador Rodrigo Pacheco, em 10 de fevereiro de 2022, como *Emenda Constitucional n. 115, de 10 de fevereiro de 2022*. O fato foi amplamente noticiado pela mídia nacional,[(9)] ante a sua relevância e a sua novidade: a proteção de dados pessoais passava a ter "abrigo constitucional", nas palavras da relatora Simone Tebet.

Desse modo, o art. 5º passou a contar com o inciso LXXIX, sob a seguinte redação:

> Art. 5º [...] LXXIX – é assegurado, nos termos da lei, o direito à proteção dos dados pessoais, inclusive nos meios digitais. (Grifos nossos)

Constitucionalizou-se, pois, o direito fundamental à proteção de dados pessoais, *inclusive* nos meios digitais. Engendrou-se, para tanto, uma *norma constitucional de eficácia contida ou restringível* (i.e., de efeitos imediatos, independentemente de qualquer regulamentação, conquanto possam ter a sua eficácia restringida ou modulada pela legislação infraconstitucional);[(10)] e, com efeito, coube à lei ordinária definir, inclusive, o que se deve entender por "dados pessoais" para os efeitos constitucionais (LGPD, art. 5º, I): o direito fundamental em testilha está dirigido a *pessoas naturais* (identificadas ou identificáveis), não a pessoas jurídicas.

1.2. Dimensão legal: A Lei n. 12.709/2018 (LGPD)

Em 2018, veio a lume a Lei n. 13.709, de 14 de agosto, que originalmente pretendia ser um "ajuste fino" no Marco Civil da Internet, reforçando as proteções à privacidade dos usuários da rede. Assim é que, pela sua emenda original, dispunha "*sobre a proteção de dados pessoais e altera*[va] *a Lei n. 12.965, de 23 de abril de 2014 (Marco Civil da Internet)*". Mais tarde, transformar-se-ia em um diploma bem mais compreensivo e transcendente.

E, com efeito, a LGPD brasileira, como sancionada em 2018, já não era um "apêndice" do Marco Civil da Internet. Projetava-se bem além dele, tanto *horizontalmente* — na medida em que não se limitou ao tratamento de dados no mundo digital (ao contrário, "*dispõe sobre o tratamento de dados pessoais,* inclusive *nos meios digitais*"[(11)] e "*aplica-se a qualquer operação de tratamento realizada por pessoa natural ou por pessoa jurídica de direito*

(9) V., *e.g.*: https://g1.globo.com/politica/noticia/2022/02/10/congresso-promulga-pec-que-transforma-protecao-de-dados-pessoais-em-direito-fundamental.ghtml; www12.senado.leg.br/tv/plenario-e-comissoes/sessao-solene-do-congresso-nacional/2022/02/congresso-promulga-emenda-constitucional-sobre-protecao-de-dados; www.acontecenors.com.br/noticia/41677/congresso-promulga-emenda-da-protecao-de-dados-na-quinta-feira; www.camara.leg.br/noticias/848902-congresso-promulga-emenda-da-protecao-de-dados-pessoais-na-quinta-feira/; www12.senado.leg.br/noticias/materias/2022/02/07/congresso-promulga-emenda-da-protecao-de-dados-na-quinta-feira; e assim sucessivamente. Acessos em: 10 e 11 fev. 2022. A matéria também ganhou destaque nos noticiários em televisão aberta, durante todo o dia 10 de fevereiro de 2022.

(10) V., por todos, DINIZ, Maria Helena. *Norma constitucional e seus efeitos*. 8. ed. São Paulo: Saraiva, 2009. p. 92 e ss.; TEMER, Michel. *Elementos de direito constitucional*. 14. ed. São Paulo: Malheiros. 1998, p. 23 e ss.

(11) LGPD, art. 1º, *caput* (Grifos nossos). No mesmo sentido, mais recentemente, a EC n. 115/2022.

público ou privado, independentemente do meio"[(12)] — como também, e sobretudo, *verticalmente* — porque não se ateve ao paradigma de proteção consumerista (como em boa medida fez a CCPA e, entre nós, a Lei n. 12.965/2014), mas aprofundou os mecanismos de tutela de direitos e liberdades fundamentais (notadamente quanto à inviolabilidade da intimidade e da vida privada) —, compondo um dos mais completos modelos jurídico-legais de proteção de dados atualmente em vigor.[(13)] Quanto à projeção vertical, a propósito, entenda-se bem: é indene de dúvidas que a proteção do consumidor também tem ancoragem constitucional (CFRB, arts. 5º, XXXII, e 170, V: ADCT, art. 48); mas se trata de uma tutela vinculada a um pano de fundo imerso em relações civis de trato patrimonial, ao passo que o debate em torno da proteção da "*privacy*" é mais extenso, mais profundo, mais antigo e essencialmente humanista, na melhor acepção de Fromm.[(14)]

Temos entendido, com Tepedino[(15)] e outros, que, a partir do último quartel do século XX, a legislação brasileira passou a se alinhar com os arquétipos da chamada "*era dos estatutos*". Com efeito, sob a influência de ondas renovatórias que impactaram o padrão jurídico ocidental nos últimos trinta anos, o direito nacional tem se inclinado para a densificação de *microssistemas jurídicos*, de base legislativa e dogmática, que já não obedecem às linhas divisórias inflexíveis dos grandes ramos jurídicos — tributários, por sua vez, da lógica binária que o direito moderno herdou do direito romano (e da "*summa divisio*" de Ulpiano: "*ius publicum*"/"*ius privatum*") —, mas se constroem e reconstroem sob uma lógica mais complexa, interativa e holística de transversalidade essencial. Essa era dos estatutos, própria de um criticismo jurídico "pós-moderno" (i.e., mais bem adaptado às fragmentações da pós-modernidade e infenso às "grandes narrativas explicativas"

---

(12) LGPD, art. 3º, *caput* (Grifos nossos).

(13) Tanto que foi referida, ao lado do GDPR, da CCPA e da POPIA, no *Worldwide Data Privacy Regulations Compared*, da *NetApp*, em 2021.

(14) *"A person who has not been completely alienated, who has remained sensitive and able to feel, who has not lost the sense of dignity, who is not yet 'for sale', who can still suffer over the suffering of others, who has not acquired fully the having mode of existence — briefly, a person who has remained a person and not become a thing — cannot help feeling lonely, powerless, isolated in present-day society. He cannot help doubting himself and his own convictions, if not his sanity. He cannot help suffering, even though he can experience moments of joy and clarity that are absent in the life of his 'normal' contemporaries"* (FROMM, Erich. *The art of being*. Londres: Bloomsbury Publishing, 1992, Parte I, subseção 11 – Grifos nossos).

(15) TEPEDINO, Gustavo. "Premissas metodológicas para a constitucionalização do Direito Civil". In: TEPEDINO, Gustavo (Org.). *Temas de Direito Civil*, 3. ed. Rio de Janeiro: Renovar, 2004, p. 8 e ss. V. ainda, para o caso específico do CDC, KLEE, Antonia Espíndola Longoni. "Constitucionalização do Direito Civil e sua influência para o surgimento do Código de Defesa do Consumidor". *Revista dos Tribunais*, São Paulo, v. 97, n. 870, abr. 2008, p. 81-104; e para o campo jurídico-civil em geral — citando, como exemplos desse novo tempo de "independentização de institutos, categorias e conceitos", o Estatuto da Mulher Casada (Lei n. 4.121/1962), o CDC, o ECA e o Estatuto da Cidade (Lei n. 10.257/2001) —, v. ISERHARD, Antônio Maria. "A ideia de sistema jurídico e o novo Código Civil: Contribuição ao desafio hermenêutico da aplicação do Direito". *Revista da Faculdade de Direito da Universidade Federal do Rio Grande do Sul*, n. 23, 2003, p. 37-46 (especialmente p. 42).

da modernidade),[16] sinaliza a superação da falsa ideia de completude e de suficiência que vinha animando, desde a viragem entre os séculos XVIII e XIX,[17] a era dos grandes códigos, compilados por ramos dogmáticos tradicionais (Código Civil, Código Comercial, Código Penal, Código de Processo Civil, Código de Processo Penal, Código Tributário etc.). Passa-se a privilegiar, nos planos institucional (inclusive legislativo) e científico, leis específicas de corte *setorial*, *temático* e *transversal*, menos patrimonialistas e mais conectadas às demandas sociais e culturais nascentes, próprias de uma sociedade em constante mutação e dos imprevisíveis avanços do estado da técnica. Como dissemos alhures,

> [...] [n]a "era dos estatutos", privilegia-se a *transversalidade legislativa*: setores inteiros foram retirados ou afastados do Código Civil [TEPEDINO] e do Código Penal, p. ex., para merecerem tratamento específico e autônomo em diplomas "temáticos". Vejam-se, no Brasil, o Estatuto da Criança e do Adolescente, o Estatuto do Idoso, o Estatuto do Torcedor, o Estatuto da Igualdade Racial e até mesmo o Código de Defesa do Consumidor (para nós, já um "estatuto"), todos produtos de uma "onda de estatutorização" que se iniciou na década de noventa do século passado.[18]

Agora, convém incluir, nesse mesmo rol, *a própria Lei Geral de Proteção de Dados*, que é, a rigor, um *estatuto* de proteção de dados pessoais. Dotada de inegável transversalidade, abre-se com um quadro geral de princípios sob ancoragem constitucional (*e.g.*, arts. 2º e 6º), seguindo-se a ele capítulos logicamente encadeados com regras interpoladas de Direito Civil (*e.g.*, arts. 42, *caput* e § 1º, 43, 44, 45 etc.), regras de Direito Processual Civil (*e.g.*, art. 42, §§ 2º e 3º), regras de Direito Administrativo (*e.g.*, arts. 23 a 30, 50 a 54 e 55-A a 55-L) e, a nosso ver, até mesmo regras materialmente constitucionais (*e.g.*, arts. 17 e 64).[19] Ademais, se a LGPD não é ainda mais transversal e interdisciplinar — como são, p. ex., o GDPR, a CCPA e a POPIA (inclusive com regras jurídico-penais e jurídico-laborais)[20] —, é porque o legislador nacional refreou-se sobremodo, ao tempo da tramitação, quanto às possibilidades abertas para o regramento nacional

(16) Sobre os impactos da pós-modernidade no Direito, cf., *e.g.*, FELICIANO, Guilherme Guimarães. *Por um processo...*, p. 291 e ss.; v. ainda, sobre as características da pós-modernidade e de um pretenso direito pós-moderno, LYON, David. *Postmodernity*. Buckingham: Open University, 1999, p. 9 e ss.; NIETO, Alejandro. "Prólogo". In: MARTÍNEZ-CARRASCO PIGNATELLI, *Concepción. Postmodernidad y derecho público.* Madri: Centro de Estudios Políticos y Constitucionales, 2002. p. 17-18.

(17) Fase de que o principal símbolo talvez seja o *Code Napoleón*, i.e., o código civil francês de 1804, que marcou o espírito do seu tempo.

(18) FELICIANO, Guilherme Guimarães. *Por um processo...*, p. 747, nota n. 2.249.

(19) *"Art. 64. Os direitos e princípios expressos nesta Lei não excluem outros previstos no ordenamento jurídico pátrio relacionados à matéria ou nos tratados internacionais em que a República Federativa do Brasil seja parte".* Observe-se, a propósito, a perfeita similitude com o preceito do art. 5º, § 2º, da CRFB.

(20) No GDPR, p. ex., vejam-se o art. 10 (*"processing of personal data relating to criminal convictions and offences"*) e o art. 88 (*"processing in the context of employment"*).

da proteção de dados pessoais. Assim, p. ex., evitou-se a matéria penal (diversamente do que se vê, p. ex., no ECA,(21) no CDC,(22) no Estatuto do Idoso(23) ou no Estatuto da Igualdade Racial(24)), provavelmente em razão do estrépito público negativo que se estabeleceu em torno da "Lei Azeredo", dita "AI-5 digital", e que antecedeu a discussão legislativa do Marco Civil da Internet e da própria LGPD.(25) Houve, ademais, uma falha injustificável quanto à matéria trabalhista. Essa omissão — que talvez se explique pelo insulamento dogmático e pelo desprestígio quase atávico que acompanha o Direito do Trabalho brasileiro desde as suas origens — passa a exigir grande energia intelectual para as derivações hermenêuticas necessárias ao trato da proteção de dados pessoais nas relações de trabalho, notadamente a partir dos fundamentos do art. 3º e das normas--princípios do art. 5º.

Há, portanto, fissuras e claros que decerto poderiam ter sido evitados (e que, de resto, poderão ser superados futuramente, a partir da própria atividade legislativa). Nada obstante, a LGPD tem envergadura de *estatuto* (como têm, ademais, as suas congêneres pelo mundo afora: o GDPR na Europa, a CCPA na Califórnia e a POPIA na África do Sul, p. ex.). E essa é, em boa medida, a sua característica dogmática mais candente.

2. Os princípios da Lei Geral de Proteção de Dados: Reconstrução crítica de sentidos

Nos termos do art. 6º da LGPD, as atividades de tratamento de dados pessoais deverão observar, no território brasileiro (e nas hipóteses de extraterritorialidade derivadas do art. 3º da LGPD),(26) os seguintes princípios: *(a)* o princípio da finalidade; *(b)* o princípio da adequação; *(c)* o princípio da necessidade; *(d)* o princípio do livre acesso; *(e)* o princípio da qualidade dos dados; *(f)* o princípio da transparência; *(g)* o princípio da segurança; *(h)* o princípio da prevenção; *(i)* o princípio da não discriminação; e *(j)* o princípio da responsabilização e prestação de contas ("*accountability*"). A partir do art. 2º, ademais, podem-se identificar outras normas-princípios aplicáveis à matéria, específicos (como, p. ex., o princípio da autodeterminação informativa: art. 1º, II) ou mais gerais

(21) Lei n. 8.069/1990 (arts. 225 e ss.).

(22) Lei n. 8.078/1990 (arts. 61 e ss.).

(23) Lei n. 10.741/2003 (arts. 93 e ss.).

(24) Lei n. 12.288/2010 (art. 24, VIII, art. 61).

(25) Outra provável razão, ademais, estaria no fato de que a questão processual penal atinente à inviolabilidade do sigilo de dados — inclusive quanto ao fluxo digital de dados dinâmicos — acabou tratada na Lei do Marco Civil da Internet (arts. 7º, I e II, 22 etc.).

(26) Casos em que, a rigor, a operação de tratamento de dados pessoais será regida pela LGPD, ainda que não se realize no território nacional brasileiro: se *(a)* a atividade de tratamento tiver por objetivo a oferta ou o fornecimento de bens ou serviços no território nacional; se *(b)* a atividade de tratamento tiver por objetivo o tratamento de dados de indivíduos localizados no território nacional; ou, ainda, se *(c)* os dados pessoais objeto do tratamento forem coletados no território nacional (i.e., se o titular desses dados pessoais estiver no território nacional no momento da coleta). Confiram-se, a respeito, os incisos II e III e o parágrafo 1º do art. 3º da LGPD.

(como, p. ex., os princípios da dignidade da pessoa humana, da livre-iniciativa e da livre concorrência, ali referidos como "fundamentos").

Dados os limites de espaço para o presente estudo, não será possível desdobrar todas as normas-princípios acima elencadas, evidenciando as suas principais aplicações no âmbito das relações laborais. Selecionamos, entretanto, seis deles — o princípio da autodeterminação informativa, o princípio da boa-fé, o princípio de finalidade, o princípio da necessidade, o princípio da adequação e o princípio da transparência — para demonstrar como *podem* e *devem* ser aplicados aos contratos individuais de trabalho, em situações concretas, a partir da abordagem crítico-construtiva que optamos por sustentar.

2.1. Ilustrando a abordagem crítico-construtiva (1): a autodeterminação informativa e a boa-fé

À primeira leitura, pareceria que todos os princípios infralegais de regência da proteção jurídica de dados estariam concentrados no art. 6º da LGPD. É, de fato, o que sinalizou o legislador. Mas uma segunda leitura mais atenta já revelará o equívoco: na verdade, há normas-princípios deitadas por diversos dispositivos da Lei Geral de Proteção de Dados, aquém e além do referido art. 6º.

Apenas para ilustrar, o art. 2º da LGPD estabelece, como *fundamentos* da disciplina legal de proteção de dados pessoais, *(i)* o respeito à privacidade, *(ii)* a autodeterminação informativa, *(iii)* a liberdade de expressão, de informação, de comunicação e de opinião, *(iv)* a inviolabilidade da intimidade, da honra e da imagem, *(v)* o desenvolvimento econômico e tecnológico e a inovação, *(vi)* a livre-iniciativa, a livre concorrência e a defesa do consumidor, e, por fim, *(vii)* os direitos humanos, o livre desenvolvimento da personalidade, a dignidade e o exercício da cidadania pelas pessoas naturais.

O "fundamento" da autodeterminação informativa, particularmente, tem inspiração na jurisprudência alemã ("*informationelles Selbstbestimmungsrecht*"), sendo certo que ainda no ano de 1971, precedendo a tramitação legislativa da *Bundesdatenschutzgesetz* — que, vimos, seria promulgada em 1977 —, o *Bundestag* já havia publicado um longo parecer que utilizava pioneiramente a expressão. Somente em 1983, porém, o conceito adquiriria os seus atuais contornos, tornando-se vital para a decisão do BvG em torno do microcenso alemão (*Microcenzus*) daquele ano. O governo alemão, com efeito, fez aprovar lei exigindo que os dados sobre profissão, moradia e local de trabalho dos cidadãos fossem disponibilizados ao Estado, sem quaisquer entraves ou barreiras, para que, a bem do planejamento político-econômico do país, fosse possível apurar com prontidão e frequência o estágio de crescimento populacional, a distribuição espacial da população e outros elementos de ordem demográfica e social; e, não bastasse, a lei ainda autorizava o Estado a comparar livremente as informações obtidas junto aos indivíduos com aquelas constantes dos registros públicos, colmatando as lacunas informativas acaso existentes nos órgãos públicos federais, estaduais e municipais para fins de execução administrativa.

Diante da insurgência geral, a questão finalmente chega ao BvG. E, ao final de um longo julgamento, o tribunal reconhece a inconstitucionalidade da lei, por engendrar um incontornável excesso na intervenção estatal. Com os recursos de processamento eletrônico de dados (na década de oitenta), a que se associaria a coleta ininterrupta de dados minuciosos sobre pessoas determinadas, passíveis de serem ilimitadamente armazenados, combinados, compartilhados e consultados, a qualquer tempo e distância, o Estado poderia formar perfis completos de personalidade a respeito de qualquer cidadão, sem que os titulares de dados pudessem minimamente controlar a exatidão desses perfis ou os seu usos potenciais e efetivos.(27) Violava-se, portanto, o direito fundamental à autodeterminação individual, que pressupõe, mesmo sob a sombra das atuais tecnologias de processamento de dados, um núcleo essencial inviolável de liberdade de decisão sobre as próprias ações (e, inclusive, sobre realizá-las ou não, sem ser por isso admoestado).(28) Na dicção do BvG,

> [...] quem não consegue determinar com suficiente segurança quais informações sobre sua pessoa são conhecidas [...] pode ser inibido substancialmente em sua liberdade de planejar ou decidir com autodeterminação. Uma ordem social e uma ordem jurídica que a sustente, nas quais cidadãos não sabem mais quem, o que, quando, e em que ocasião se sabe sobre eles, não seriam mais compatíveis com o direito de autodeterminação na informação.(29)

Desse modo, na perspectiva da dogmática alemã, o direito à autodeterminação informativa, de que arranca o regime constitucional de proteção de dados, é uma manifestação do *direito geral da personalidade*, igualmente reconhecido pelos tribunais alemães desde 1952,(30) a tutelar todas as dimensões da personalidade que acaso não tenham cobertura específica nos diversos dispositivos da GG. E, sob o pálio dessa construção pretoriana, passava-se a entender que não mais existem "dados insignificantes", diante das capacidades contemporâneas de processamento automatizado de dados, de

(27) BVerfGE 27, 1 (6).

(28) COÊLHO, Marcos Vinicius Furtado. "O direito à proteção de dados e a tutela da autodeterminação informativa". *Consultor Jurídico*, 28.6.2020, *passim*. Disponível em: https://www.conjur.com.br/2020-jun-28/constituicao-direito-protecao-dados-tutela-autodeterminacao-informativa#_ftn3. Acesso em: 30 jun. 2020. V. também MENDES, Laura Schertel Ferreira. "Autodeterminação...", *passim*; MENKE, Fabiano. "As origens alemãs e o significado da autodeterminação informativa". *Migalhas*, 30 out. 2020, *passim*. Disponível em: https://www.migalhas.com.br/coluna/migalhas-de-protecao-de-dados/335735/as-origens-alemas-e-o-significado-da-autodeterminacao-informativa. Acesso em: 15 out. 2021.

(29) BVerfGE 27, 1 (6). Cf. também MARTINS. Leonardo. *Tribunal Constitucional Federal Alemão:* decisões anotadas sobre direitos fundamentais. Dignidade humana. Livre desenvolvimento da personalidade, direito fundamental à vida e à integridade física e igualdade. São Paulo: Konrad-Adenauer Stiftung, 2016, vol. I, p. 56 e ss.

(30) A partir do art. 1º, I (dignidade humana) e do art. 2º, I, da GG, que consagra o "livre desenvolvimento da personalidade" (*"freie Entfaltung der Persönlichkeit"*).

modo que "*o risco do processamento de dados residiria mais na finalidade do processamento e nas possibilidades de processamento do que no tipo dos dados tratados*".(31)

Por esses passos, portanto, consolidou-se o conceito hodierno que agora está incorporado ao art. 2º, II, da nossa LGPD: o "fundamento" da autodeterminação informativa — ou, mais apropriadamente, o princípio da autodeterminação informativa — é o baldrame normativo que confere ao indivíduo o direito fundamental de determinar e controlar, a seu talante, os usos possíveis de seus dados pessoais.(32) Podem, pois, dispor livremente sobre esses dados pessoais, seja ocultando-os, seja compartilhando-os parcialmente, seja ainda expondo-os publicamente. Esse direito repercute, ademais, nas autonomias alheias, fincando limites consecutivos para as ações de terceiros; daí por que o Estado não pode utilizar os dados pessoais dos cidadãos, que em algum momento lhe foram confiados, para fins diversos daqueles aos quais se prestou a coleta (v., *e.g.*, LGPD, art. 7º, III), assim como as próprias pessoas privadas têm contenções legais para o compartilhamento dos dados que estejam tratando (v., *e.g.*, LGPD, art. 7º, § 5º). Em uma feliz síntese, afinal, pode-se dizer que a autodeterminação informativa é o direito de controlar a atividade privada e pública no tratamento de dados pessoais, instando à observância de boas práticas para a proteção dos dados pessoais e, por ela, a promoção da cidadania, da liberdade e da democracia.(33)

Para mais, fiel à estrutura "estatutária" da LGPD, o art. 6º positivou nada menos do que *dez princípios* que, ao lado da própria *boa-fé* (subjetiva/objetiva) — enraizada no *caput* e de natureza igualmente principiológica, atraindo para o tema da proteção de dados todo o arcabouço dogmático construído em torno dos arts. 187 e 422 do Código Civil —,(34) todos vinculantes para as atividades de tratamento de dados pessoais.

Em relação ao princípio da boa-fé (LGPD, art. 6º, I, c.c. CC, arts. 187 e 422), deve-se dele extrair, tanto no plano individual (relação empregador *vs.* empregado) como no plano coletivo (relações sindicais), o dever do controlador (art. 5º, VI), no trato dos

---

(31) MENDES, Laura Schertel Ferreira. "Autodeterminação...", p. 11. Com toda razão: nessa direção, justamente, estamos propondo uma abordagem hermenêutica que, no particular, priorize a funcionalidade dos princípios (como, *e.g.*, os princípios da finalidade, da adequação e da necessidade), não a fixidez das regras (como, p. ex., o conceito legal de dado pessoal sensível), inidônea para o trato de um substrato factual cada vez mais fluido, furtivo e dinâmico.

(32) CANOTILHO, J. J Gomes. *Direito..., passim.*

(33) NAVARRO, Ana Maria Neves de Paiva. "O direito à autodeterminação informativa sob a perspectiva das instituições". Dissertação de Mestrado. Programa de Pós-Graduação em Direito da Universidade Federal do Rio de Janeiro. Rio de Janeiro: Universidade Federal do Rio de Janeiro, 2012, *passim*. V. também NAVARRO, Ana Maria Neves de Paula. "O direito fundamental à autodeterminação informativa". Disponível em: http://www.publicadireito.com.br/artigos/?cod=86a2f353e1e6692c. Acesso em: 7 mar. 2021, *passim*. A autora refere, originalmente, tão somente o controle da "atividade administrativa", o que nos parece um equívoco, dada a abertura semântica que o próprio STF já reconheceu ao direito de autodeterminação informativa (v. STF, RE 673.707, rel. Min. Luiz Fux, TP, j. 17.6.2015; STF, ADIs 6.389, 6.390, 6.393, 6.388 e 6.387, rel. Min. Rosa Weber, TP, j. 7.5.2020).

(34) V., por todos, FELICIANO, Guilherme Guimarães. *Curso...*, subseção 6.2.3.

dados pessoais sob sua responsabilidade (como, *e.g.*, os de seus prestadores de serviço — empregados e trabalhadores sem vínculo empregatício —, se se tratar de tomadores de serviço, ou de seus associados, se trata de entidades sindicais), de agir com *boa-fé, lealdade* e *transparência*, sem dolo ou logro (= dimensão subjetiva) e sem frustrar legítimas expectativas socialmente justificadas (= dimensão objetiva). Note-se, portanto, que não estamos lidando apenas com a boa-fé *subjetiva* (de que é antípoda a ideia de *má-fé*), embora essa dimensão também esteja alcançada (assim, *e.g.*, na hipótese do art. 482, "*c*", da CLT: justa causa por negociação habitual desleal). Estamos envolvendo inclusive a chamada *boa-fé objetiva*, que independe da subjetividade dos sujeitos, bastando-se com a observância de padrões objetivos de conduta e com a preservação das expectativas correspondentes. Recorrendo à dogmática alemã, como fizemos alhures,(35) pode-se reduzir o universo das condutas contrárias à boa-fé objetiva ("exercícios inadmissíveis") a grandes paradigmas discursivos, como o do "*venire contra factum proprium*", o da "*supressio*" (= "*Verwirkung*"), o da "*surrectio*" (= "*Erwirkung*"), o da "*tu quoque*", o das *inalegabilidades formais* e o do *desequilíbrio no exercício jurídico* (nele se compreendendo o *exercício inútil danoso*).(36)

Não há espaço, neste estudo, para o desenvolvimento de cada um desses paradigmas, como fizemos em outro ensejo e ocasião.(37) Podem-se articular, todavia, alguns exemplos ilustrativos. O controlador estará malferindo a norma-princípio da boa-fé objetiva, ao arrepio do art. 6º, I, da LGPD — ainda que não agrida formal e explicitamente nenhuma das regras de conduta descritivamente postas —, se, por exemplo, atender prontamente à comunicação do titular sobre a revogação de seu consentimento (LGPD, art. 8º, § 5º, c.c. art. 15, III), terminando subitamente o tratamento de dados, sem dar ciência àquele titular de que o término súbito traduzir-se-á em imediato prejuízo, porque, p. ex., pende sobre ele, titular, investigação policial que poderia ser esclarecida, a seu favor, com a apresentação dos registros de vídeo de sua presença na empresa ao tempo do ato delituoso. No entanto, sabedor da preexistência do inquérito policial (ainda desconhecido do empregado), o empregador, de modo emulativo, atende à comunicação e, sem mais, deleta todos os registros. Nesse caso, o controlador — que é, em nosso exemplo, o empregador — age de modo desleal e opaco, valendo-se de uma informação privilegiada, que lhe advém por sua condição jurídica, por sua condição fático-econômica ou mesmo por acaso, e "permite" que o empregado se prejudique (= exercício inútil danoso). Poderá, a nosso sentir, ser instado a indenizar (art. 187 do CC).(38)

---

(35) *Curso...*, seção 6.2.3.

(36) V., por todos, CORDEIRO, António Manuel da Rocha e Menezes. *Da boa fé no Direito Civil*. Coimbra: Almedina, 2001. p. 719-860. Na apresentação metódica desses paradigmas, o grande civilista português refere-se aos "tratamentos típicos de exercícios inadmissíveis".

(37) *Id., ibid.*

(38) Como obtempera Paulo Nader, "*abuso de direito é espécie de ato ilícito, que pressupõe a violação de direito alheio mediante conduta intencional que exorbita o regular exercício de direito subjetivo*". (NADER, Paulo. *Curso*

Na realidade, apenas esse único aspecto do art. 6º já daria azo a uma monografia inteira. Mas impende ir além, explorando todos os seus incisos; e, por isso, deter-nos-emos neste ponto.

2.2. Ilustrando a abordagem crítico-construtiva (2): a proporcionalidade no tratamento de dados (finalidade, adequação, necessidade)

A teor do art. 6º da LGPD (*caput* e incisos I a III), as atividades de tratamento de dados devem observar o princípio da *finalidade*, pelo qual a realização do tratamento deve servir a propósitos *legítimos*, *específicos*, *explícitos* e *informados* ao titular, sem possibilidade de tratamento posterior de forma incompatível com essas finalidades; o princípio da *adequação*, pelo o tratamento deve ser *compatível* com as finalidades informadas ao titular, de acordo com o contexto do tratamento; e o princípio da *necessidade*, pelo qual o tratamento deve se limitar ao *mínimo necessário* para a realização de suas finalidades, com abrangência dos dados *pertinentes*, *proporcionais* e *não excessivos* em relação às finalidades do tratamento de dados.

Trata-se, a toda evidência, da positivação do *princípio da proporcionalidade* — e de três de seus elementos analítico-conceituais (finalidade, adequação, necessidade) — para a regência e os efeitos afetos à matéria disciplinada pela LGPD. Passemos, pois, a problematizar o princípio e a sua aplicabilidade específica.

À partida, cabe registrar que, em nosso entendimento, a proporcionalidade configura ontologicamente o que acima se disse: trata-se mesmo de uma *norma-princípio*, com *ancoragem constitucional* (adscrita aos preceitos dos arts. 1º, *caput* — Estado de Direito — e 5º, LII — devido processo substantivo[(39)] — da CRFB, entre outros) e caráter desenganadamente *instrumental*. Nada obstante, esse aspecto ontológico está longe de ser pacífico.

Com efeito, a depender do autor e de suas filiações teoréticas, dir-se-á de um "princípio da proporcionalidade", de uma "regra da proporcionalidade", de uma "máxima da proporcionalidade" ou até mesmo de um "enunciado da proporcionalidade" (ou, no idioma alemão, "*Prinzip*", "*Regel*", "*Grundsatz*" ou "*Satz*"). De nossa parte, como anotamos

---

de Direito Civil: Parte Geral. Rio de Janeiro: Forense, 2004. v. 1, p. 553). Nesse caso, o empregador/controlador terá exercido, de modo inútil e danoso, o seu "direito" (na verdade, um direito-dever) de deletar imediatamente todos os registros em vídeo do empregado, tão logo ele comunique a revogação do consentimento para a captação de imagens.

(39) Sobre o nexo de pertinência entre o *"substantive due process"* e o princípio (ou máxima) da proporcionalidade, cf., de nossa lavra, FELICIANO, Guilherme Guimarães. *Por um processo...*, subseção 12.2 (V). Como lá pontuamos, *"o devido processo legal substantivo é a garantia pela qual ninguém será privado de seu direito à vida, à liberdade ou à propriedade, ou dos demais direitos fundamentais que dimanam destes, sem a* devida proporcionalidade *(afora os justos limites que a contêm, que dizem com a* indenidade dos conteúdos essenciais, *e o aspecto mutável dela indissociável, que diz com a* capacidade de aprendizagem *das normas jusfundamentais)* [...]".

em outras obras,[(40)] filiamo-nos à dicotomia entre *normas-regras* e *normas-princípios*, tal como proposta por Robert Alexy,[(41)] já que nenhum outro modelo sistematiza e explica melhor a nomenclatura geral das espécies normativas na teoria geral do Direito; e, para mais, o modelo alexyano simplifica o debate, já que as limita a um único par conceitual. No particular — quanto à "natureza" da proporcionalidade —, entendemos por bem abandoná-lo, precisamente porque, a nosso sentir, a sua opção dogmática comprometeu a clareza sistemática. Alexy, com efeito, não se refere à proporcionalidade como um princípio, no mesmo sentido com que opõe normas-princípios e normas-regras; prefere utilizar a expressão "*Grundsatz*" (e não "*Prinzip*"). No vocabulário comum, bem poderiam ser ambos — "*Prinzip*" e "*Grundsatz*" — traduzidos como "princípio", mas, no vocabulário jurídico, se Alexy optou por esta última, deve-se reconhecer, com Virgílio Afonso da Silva, que "*Alexy evita denominá-la* [a proporcionalidade] *de princípio ('Prinzip'), justamente para evitar confusões em relação ao seu conceito de princípio como espécie de norma contraposta à regra*". Daí Virgílio ter traduzido a expressão alemã por "máxima da proporcionalidade".[(42)]

Estamos, porém, com aqueles que — inclusive na Alemanha[(43)] — reconhecem na proporcionalidade um *princípio*, quiçá não (apenas) como mandado de otimização ("*Optmierunggebot*"), mas (também) como *norma de calibração* do (sub)sistema. Nesse passo, serve bem a doutrina de Gomes Canotilho,[(44)] para quem há duas ordens distintas de princípios: os *princípios jurídicos* (em sentido estrito) e os *princípios hermenêuticos*. Se os princípios em geral têm três funções básicas (as que reportamos acima: função normativo-deontológica, função hermenêutica, função integrativa, função derrogatória etc.), os ditos princípios hermenêuticos detêm função predominantemente interpretativa, com aplicações sobretudo retórico-argumentativas; e já por isso ostentam, como antecipávamos, caráter *instrumental*: não têm função normativo-dentológica própria e autônoma, prestando-se basicamente à interpretação/aplicação das fontes formais e ao controle de constitucionalidade e integrando o sistema jurídico na condição de "regra [*rectius:* norma] de calibração".[(45)] É essa também, *v.g.*, a natureza do princípio da máxima efetividade,

---

(40) V., *e.g.*, FELICIANO, Guilherme Guimarães. *Por um processo...*, § 24º; *Curso...*, subseção 6.1.

(41) ALEXY, Robert. *Theorie....*, p. 71-99.

(42) SILVA, Luís Virgílio Afonso da. "Nota do Tradutor". In: ALEXY, Robert. *Teoria dos Direitos Fundamentais*. Trad. Luís Virgílio Afonso da. São Paulo: Malheiros, 2008. p.10. O próprio tradutor, porém, optou pela expressão "regra" — i.e., "regra da proporcionalidade" — em um de seus escritos anteriores (SILVA, Luís Virgílio Afonso da. "O proporcional e o razoável". *Revista dos Tribunais*, São Paulo, abr. 2002. n. 798, p. 23 e ss.).

(43) V., *e.g.*, POLLAK, Christiana. *Verhältnismässigkeitsprinzip und Grundrechtsschutz in der Judikatur des Europaischen Gerichtshofs und des Osterreichischen Verfassungsgerichtshofs*. Baden-Baden: Nomos Verlagsgesellschaft, 1991, *passim*.

(44) CANOTILHO, J. J. Gomes. *Direito Constitucional e Teoria da Constituição*. 3. ed. Coimbra: Almedina, 1999. p. 1.087.

(45) Cf. FERRAZ JR., Tércio Sampaio. *Introdução...*, p. 175-179. Para o autor, as regras de calibração conferem coesão ao sistema jurídico e lhe dão os atributos da flexibilidade, da rigidez, da estabilidade e/ou da

reportado por Canotilho[(46)] e outros autores. Na mesma vereda, o princípio da proporcionalidade é um princípio instrumental, intrassistemático, pleno de características gerais próprias das normas-princípios (*e.g.*, o elevado grau de abstração e o baixo grau de determinabilidade, demandando intervenções mediadoras do legislador ou do juiz); mas, por outro lado, dotado de baixa densidade normativa.[(47)]

Fixado o nosso ponto de partida, interessa discutir, ainda que brevemente, o *conceito*, os *elementos* e a *ubiquação* da proporcionalidade. Pode-se situar uma de suas origens contemporâneas no direito norte-americano, justamente como expressão manifesta do "*substantive due process*" (e sobretudo como *razoabilidade*);[(48)] mas o conceito e os elementos foram particularmente desenvolvidos pelos alemães, sob as expressões "*Verhältnismässigkeitsprinzip*"/ "*Verhältnismässigkeitsgrundsatz*" (da locução "*Abwägung nach Maßgabe des Verhältnismäßigkeitsgrundsatzes*"). Em 1971, o *BVerfG* reconheceu, pela primeira vez, a inconstitucionalidade de uma lei com base no princípio da proporcionalidade (o que evidencia, a propósito, uma das funções próprias das normas-princípios, como vimos acima: a *derrogatória*).

O princípio da proporcionalidade traduz a ideia de que, na esfera de conformação do legislador ("*gesetzgeberische Gestalungsfreiheit*") — e, por extensão, no âmbito das intervenções "restritivas" dos demais poderes públicos,[(49)] como também no âmbito de

---

transformação, conforme seus conteúdos. Tais regras são construídas pela jurisprudência, pela doutrina e pelos costumes, ou mais inadequadamente pelo próprio legislador; e, como se dá com o princípio da proporcionalidade, *"não chegam a formar um conjunto coerente, estão dispersas no sistema e são produzidas de diferentes modos"*.

(46) No escólio de Canotilho, o princípio da máxima efetividade *"é um princípio operativo em relação a todas e quaisquer normas constitucionais, e embora a sua origem esteja ligada à tese da atualidade das normas programáticas (THOMA), é hoje sobretudo invocado no âmbito dos direitos fundamentais (no caso de dúvidas deve preferir-se a interpretação que reconheça maior eficácia aos direitos fundamentais)"* (CANOTILHO, J. J. Gomes. *Direito...*, p. 227).

(47) Em publicações anteriores, chegamos a defender que a proporcionalidade, como princípio hermenêutico, não seria sequer uma *norma jurídica* (FELICIANO, Guilherme Guimarães. *Por um processo...*, § 24º). Revisamos esse entendimento; mas seguimos a compreender que, se tem natureza de norma jurídica, não tem a mesma densidade normativa de princípios como o da igualdade ou ou da legalidade, capazes de impor diretamente, ao Poder Público e aos cidadãos em geral, deveres de ação ou omissão, sem necessidade de se associarem a outras normas. Mas, por outro lado, decerto atua com funções tipicamente normativas, a ponto de autorizar inclusive decretos de Inconstitucionalidade de outras normas.

(48) Sobre a anterioridade da jurisprudência norte-americana no debate da proporcionalidade e de concordância prática (com outras designações), citando inclusive C. J. Antieau, cf. CANOTILHO, J. J. Gomes. *Direito Constitucional...*, p. 1.150 e nota n. 20 (identificando a concordância prática como um antigo *"canon of constitutional construction"* das cortes estadunidenses, muito anterior à obra de Konrad Hesse). Veja-se ainda toda a jurisprudência da *U.S. Supreme Court* na fase *do "non-economic due process"*. No sentido de que a jurisprudência norte-americana cunhou basicamente a ideia da *razoabilidade*, inconfundível com a de proporcionalidade, v. SILVA, Luís Virgílio Afonso da. *O proporcional..., passim*. Entendemos, de nossa parte, que, a rigor, o juízo de razoabilidade é *inerente* a todo juízo de proporcionalidade (FELICIANO, Guilherme Guimarães. *Por um processo...*, § 24º).

(49) Inclusive da Administração Pública (*"in casu"*, ao ensejo do exercício das funções regulamentares da ANPD) e do Poder Judiciário (na espécie, ao decidir litígios relacionados à proteção de dados pessoais).

ação das atividades privadas que afetem direitos humanos fundamentais[(50)] —, o *excesso* pode configurar a ilegitimidade constitucional de uma dada providência ou de sua abstenção,[(51)] por derivação do princípio do Estado de Direito,[(52)] que proíbe restrições de direitos fundamentais inadequadas à consecução dos fins a que se prestam; e, já por isso, há quem o identifique com o conceito de "*Übermaßverbot*" ("proibição de excesso"), conquanto a sua compleição dogmática mais exata permita alcançar também o conceito de "*Untermaßverbot*" ("proibição de insuficiência"). Essa é, a toda evidência, a ideia ínsita aos três primeiros incisos do art. 6º e, particularmente, do inciso III (c.c. inciso I) — "*limitação do tratamento ao mínimo necessário para a realização de suas finalidades*" —, tendo como destinatários da norma, porém, já não os poderes públicos, mas os *agentes de tratamento.*

Consequentemente, toda providência do controlador (especialmente) ou do operador de dados, ao restringir direitos fundamentais ("*in casu*", nomeadamente o direito à privacidade), sempre admitirá apreciação material à luz das finalidades a que se destina – que têm de ser *legítimas, específicas, explícitas* e *informadas* — e em face dos demais interesses juridicamente relevantes em jogo, esteja ela consubstanciada em ato legislativo, em ato administrativo ou em ato jurisdicional. Cuida-se então de saber se a atividade restritiva guarda, para com os seus *fins legítimos*, uma relação de *adequação* ("*Geeignetheit*") e de *necessidade* ("*Erforderlichkeit*"). E justamente aí se apresentam, a um tempo e nessa precisa ordem, os princípios de *finalidade* (6º, I), da *adequação* (art. 6º, II) e da *necessidade* (art. 6º, III), todos positivados pela LGPD. Noutras palavras, haverá violação desproporcional aos direitos fundamentais do titular de dados, por desconformidade com o princípio da proporcionalidade, sempre que se constatar, em um ato de tratamento de dados que de algum modo os restrinja, relação de *contraditoriedade, incongruência, irrazoabilidade* ou *inadequação* entre meios e fins.[(53)]

---

(50) Vindo a lume, aqui, a questão da *eficácia horizontal dos direitos humanos fundamentais* ("*Drittwirkung*") — quanto à (i)legitimidade de atividades privadas que restringem ou agridem direitos fundamentais de outrem —, examinada emblematicamente pelo Tribunal Federal Constitucional alemão, p. ex., no *case* Lüth (BVerfGE 7, 198-230, 1958), em que, lançando mão de um juízo de ponderação inerente ao princípio da proporcionalidade, considerou que as atividades de Erich Lüth ao expor publicamente o cineasta Veit Harlan como expoente cultural do período nazista e apoiador do respectivo regime não violava o direito de Harlan à privacidade/honra/imagem. V. SCHWABE, Jürgen. *Cinqüenta anos de jurisprudência do Tribunal Constitucional alemão*. Leonardo Martins (org.). Trad. Beatriz Hennig, Leonardo Martins, Mariana Bigelli de Carvalho, Tereza Maria de Castro e Vivianne Geraldes Ferreira. Montevidéu: Konrad Adenauer Stiftung, 2006. p. 381-395.

(51) Cf. FELICIANO, Guilherme Guimarães. *Direito à prova...*, p. 50 e ss.

(52) O argumento que deriva o princípio da proporcionalidade do princípio do Estado de Direito foi assentado pelo *BVerfG* em março de 1971. Subsequentemente, veja-se BVerfGE 90, 145 (173); BVerfGE 92, 277 (317). Cf., a respeito, MENDES, Gilmar Ferreira. *Controle de constitucionalidade*: Aspectos jurídicos e políticos. São Paulo: Saraiva, 1990. p. 38-54.

(53) V. SCHNEIDER, Hans. "Zur Verhältnismässigkeits-Kontrolle insbesondere bei Gesetzen". In: STARCK, Christian. *Bundesverfassungsgericht und Grundgesetz*. Tübingen: J. C. B. Mohr (Paul Siebeck), 1976, v. 2, p. 390-391 (tratando da proporcionalidade *em geral*, sem qualquer aplicação específica à proteção de dados).

Dissecando-o com maior cautela, Alexy[54] esclarece haver três elementos ínsitos a um juízo de proporcionalidade: a *adequação* (ou *idoneidade*), a *necessidade* (ou *exigibilidade*) e a *proporcionalidade em sentido estrito*. Esses três elementos é que inclusive definem, nos casos concretos, se houve ou não uma legítima "otimização" do interesse protegido, quando se diz — de acordo com a teoria dos princípios — que as normas-princípios são mandados de otimização ("*Optmierungsgeboten*"). Nessa ordem de ideias, os elementos — ou (sub)princípios — da adequação (art. 6º, II) e da necessidade (art. 6º, III) prestam-se a assegurar a maior realização possível do direito restringido (neste caso, a privacidade), "*de acordo com as possibilidades fáticas*" e sempre na relação *meio-fim* (art. 6º, I).

Já a proporcionalidade em sentido estrito "*expressa o que significa a otimização em relação aos princípios colidentes*", i.e., corresponde à *lei de ponderação* alexyana, pela qual "*quanto maior for o grau de não satisfação ou de afetação de um dos princípios, tanto maior deve ser a importância da satisfação do outro*".[55] Trata-se de um juízo puramente *jurídico-axiológico*, por envolver direitos, interesses e valores concretamente colidentes (à diferença dos dois anteriores — adequação e necessidade —, que são eminentemente *fáticos*). Em um caso concreto, não havendo norma-regra clara a respeito, caberá ao intérprete, num primeiro momento, avaliar qual o grau de restrição imposta à privacidade do titular de dados (e, pela lógica alexyana, atribuir um "peso" a esse grau); num segundo momento, avaliará qual a importância relativa da satisfação do interesse colidente (*e.g.*, o direito de propriedade, o direito de informação, a liberdade de expressão etc.), atribuindo-lhe igualmente um "peso"; e, por fim, num terceiro momento, avaliará, cotejando os pesos, se a importância da satisfação desse último interesse justificaria ou não a constrição daquele primeiro direito. Se a justificar, o juízo de proporcionalidade terá sido *positivo* (i.e., as restrições impostas pela atividade de tratamento de dados terão sido legítimas); se não a justificar, o juízo de proporcionalidade terá sido *negativo* (e a atividade de tratamento terá sido ilegítima, impondo-se a sua imediata interrupção, se ainda em curso, e/ou a respectiva reparação, *ut* arts. 42 e 43 da LGPD).

Alexy não nega que o juízo de proporcionalidade albergue um procedimento de resultados múltiplos (porque "*a ponderação não é um procedimento que, em casa caso, conduza exatamente a um mesmo resultado*"). Mas recusa a usual pecha de irracionalidade ou de solipsismo — recorrente inclusive na doutrina nacional[56] —, sob a premissa de que o princípio ("máxima") seja corretamente manejado. E para isso sugere, inclusive, um rigoroso modelo aritmético indicativo de tais juízos.[57]

---

(54) ALEXY, Robert. *Epílogo a la teoría de los derechos fundamentales*. Trad. Carlos Berbal Pulido. Madri: Colegio de Registradores de la Propiedad y Mercantiles de España (Centro de Estudios), 2004. p. 38 e ss.

(55) *Id., ibid.*

(56) V., por todos, STRECK, Lenio Luiz. *O que é isto* — Decido conforme minha consciência? 4. ed. Porto Alegre: Livraria do Advogado Editora, 2013. *passim*.

(57) ALEXY, Robert. *Theorie...*, p. 143-154 (fórmulas e gráficos aparecem às p. 141, 143, 147-148 etc.).

Deve-se ter em conta, enfim, que esses três elementos analítico-conceituais do princípio da proporcionalidade – adequação, necessidade, proporcionalidade em sentido estrito (que na LGPD radicará no "*finalidade*" do art. 6º, I) – guardam entre si uma relação de *subsidiariedade consecutiva*: principia-se, sempre, pela análise da adequação (art. 6º, II); subsequentemente, a análise da necessidade será exigível se e somente se o caso não puder ser resolvido com a análise da adequação; e, por fim, a análise da proporcionalidade em sentido estrito só será imprescindível se a questão não puder ser solucionada com as análises da adequação e da necessidade.[58]

Nesse diapasão, violará o princípio da proporcionalidade — na espécie, por agressão ao (sub)princípio da adequação (LGPD, art. 6º, II) — se o empregador/controlador coletar dados relativos aos endereços de residência dos novos empregados, com a finalidade de lhes garantir o direito ao vale-transporte (Lei n. 7.418/1995); mas ulteriormente, quando abertas vagas para promoção, valer-se desses mesmos dados — "compartilhados" pelo departamento pessoal a pedido da gerência imediata — para excluir da concorrência trabalhadores de bairros economicamente menos favorecidos (por considerar, p. ex., que um trabalhador domiciliado na periferia da cidade não estaria recomendado para um posto de maior visibilidade, com atos de representação da empresa, ante um presumido déficit de educação ou de "elegância"). Esse uso, incompatível com a finalidade de coleta dos dados (que poderá ter sido inclusive legítima, na suposição de que os vales-transporte foram efetivamente assegurados a partir delas), tanto violará o princípio da adequação (art. 6º, II) como, de resto, também o princípio da não discriminação (art. 6º, IX). Se, por outro lado, a "finalidade" de pagar vale-transporte foi um mero pretexto para a coleta originária dos dados de residência, então desde logo se malferiu o próprio princípio da finalidade: afinal, a finalidade alegada, se seria em tese legítima, era apenas uma *falsa* finalidade.

2.3. Ilustrando a abordagem principiológica (3): a transparência (remuneratória, cognitiva, informativa, comunicativa)

A teor do art. 6º, VI, da LGPD, todos os titulares de dados — e, para o nosso especial interesse, os empregados titulares de dados — têm a garantia legal de que obterão dos agentes de tratamento de dados não "quaisquer" informações (o que diz mais com o princípio do livre acesso), mas fundamentalmente "*informações claras, precisas e facilmente acessíveis sobre a realização do tratamento e os respectivos agentes de tratamento, observados os segredos comercial e industrial*". Eis, pois, o *princípio da transparência*, que igualmente vincula todas as pessoas e organizações que promovem tratamento de dados pessoais no território brasileiro.

A "fácil acessibilidade" liga-se, obviamente, ao princípio do art. 6º, IV (livre acesso), demonstrando a interconectividade dos princípios da LGPD. Já a *clareza* e a *precisão da*

(58) Cf. SILVA, Luís Virgílio Afonso da. *O proporcional...*, p. 34.

informação sobre os dados pessoais do titular é o que constitui, ao cabo e ao fim, o *Leitmovit* dessa norma-princípio. Não se está a tratar, entenda-se bem, da clareza e da precisão *dos dados pessoais em si*, porque isso diz com o princípio da qualidade (LGPD, art. 6º, V); e não se está a tratar, igualmente, da clareza e da precisão dos *propósitos* do tratamento de dados, porque isso diz com o princípio da finalidade (LGPD, art. 6º, I).(59) No princípio da transparência, o que está em causa é a clareza e a precisão da *informação que se pode obter*, pela via do livre acesso, a respeito dos dados pessoais. É, pois, por assim dizer, uma "metagarantia".

Sobre o princípio da transparência, há que reconhecer que suas raízes estão deitadas no próprio eito constitucional. Como princípio geral especialmente voltado às atividades dos poderes públicos — pela lógica de que "*se a corrupção é a doença, transparência é parte essencial do seu tratamento*"(60) —, encontramo-lo na Constituição de 5.10.1988, no *caput* do art. 37 (como uma das dimensões do princípio da publicidade administrativa),(61) e ainda no art. 212-A, X, "d" (quanto à destinação de recursos para o Fundeb por parte de Estados, Municípios e Distrito Federal), no art. 216-A (quanto às informações do Sistema Nacional de Cultura) e no art. 40, § 22, VII (quanto aos regimes próprios de previdência social já existentes ao tempo da EC 103/2019, aqui referido textualmente como *princípio*). Na legislação infraconstitucional, impende referir, sobre todas, a Lei n. 12.527/2011, dita "Lei do Acesso à Informação" ou "Lei da Transparência", pela qual se assegura, mediante regras, políticas e instrumentos diversos, "*o direito fundamental de acesso à informação*" (art. 3º), atribuindo-se a todos os órgãos e entidades dos poderes públicos o dever de "*gestão transparente de informação, propiciando amplo acesso a ela e sua divulgação*" (art. 6º, I). Aqui, porém, cuida-se essencialmente do *direito difuso de informação* e da *liberdade geral de acesso à informação*, que mais têm a ver com a publicidade do que com a privacidade.

No(s) plano(s) da privacidade, todavia, a transparência também é um valor de máxima relevância, na medida em que os titulares de dados pessoais precisam de informações fidedignas — "*claras, precisas e facilmente acessíveis*" — relativas à realização do tratamento de seus dados e aos respectivos agentes de tratamento. É, com efeito, uma "*conditio sine qua non*" para que a pessoa natural possa gerir e defender a sua esfera privada, inclusive retificando ou eliminando registros (= princípio da qualidade dos dados) e responsabilizando os agentes em caso de tratamentos viciados que carreiem danos patrimoniais ou extrapatrimoniais.

---

(59) A transparência diz, sim, com a clareza e a precisão da *comunicação* desses propósitos (que, a despeito de qualquer coisa, podem até ser — eles, os propósitos — legítimos, explícitos, específicos e "informados"; se, porém, forem informados deficientemente, sem clareza e precisão, restará violado o princípio da transparência).

(60) "*If corruption is a disease, transparency is essential part of its treatment*". A frase é de Kofi Annan, secretário-geral da Organização das Nações Unidas (1997-2006), em mensagem gravada para o 20º aniversário da Transparência Internacional, no ano de 2013.

(61) Nesse sentido — da íntima conexão constitucional entre a publicidade e a transparência —, cf., por todos, MARTINA JR., Wallace Paiva. *Transparência administrativa*. São Paulo: Saraiva, 2004. *passim*.

Nessa esteira, no âmbito da própria LGPD, o princípio da transparência ganha concreção ao longo de diversas normas-regras. O art. 10, § 2º estabelece, para o controlador de dados, o dever de "*adotar medidas para garantir a transparência do tratamento de dados baseado em seu legítimo interesse*" (i.e., para o apoio e a promoção de suas atividades e para a proteção, em proveito do titular, do exercício regular de seus direitos ou prestação de serviços que o beneficiem);(62) a transparência aqui funciona, portanto, como um contrapeso normativo para as hipóteses de legítimo interesse do controlador no tratamento de dados pessoais (que, em nossa opinião, dispensam o consentimento prévio do titular de dados, mas não lhe retiram o direito de oposição a se exercer "*ex post*"). Na mesma linha, o art. 20, § 1º, já estudado acima, dispõe que "*o controlador deverá fornecer, sempre que solicitadas, informações claras e adequadas a respeito dos critérios e dos procedimentos utilizados para a decisão automatizada, observados os segredos comercial e industrial*" (= transparência informacional algorítmica; voltaremos a isso). O art. 41, § 1º, enfim, estatui, também com espeque no princípio da transparência, que "[a] *identidade e as informações de contato do encarregado* [o DPO] *deverão ser divulgadas publicamente, de forma clara e objetiva, preferencialmente no sítio eletrônico do controlador*" (o que diz, a um tempo, com o direito difuso de informação, afeto a toda a sociedade civil, e com o direito subjetivo público de informação de cada um dos titulares de dados).

Por tudo isso, e em arremate, espera-se que os empregadores, sob a égide da LGPD, comuniquem aos seus empregados todos os tratamentos dos respectivos dados pessoais, e as finalidades correspondentes, sempre de modo *claro* e *preciso*, sem dubiedades, "*seja por um aviso de privacidade ou por uma política de privacidade, mas é indispensável haver essa informação aos titulares dos dados pessoais*".(63)

Já se percebem também esforços de concreção do princípio da transparência no tratamento de dados pessoais em favor de trabalhadores que não sejam necessariamente empregados (CLT, arts. 2º e 3º), como, p. ex., trabalhadores por aplicativos.(64) Cite-se,

---

(62) Nesse sentido, a propósito, o Grupo de Trabalho da União Europeia sobre a proteção de dados pessoais registrou, no ano de 2014 (e a propósito da Diretiva 95/46/CE), o seu convencimento de que, como regra geral, "*a utilização de dados biométricos por exigências gerais de segurança de bens ou de pessoas* [p. ex., videovigilância em agências bancárias] *é considerada um interesse legítimo* [do controlador] *sobre o qual prevalecem os interesses ou os direitos e liberdades fundamentais da pessoa em causa. Por outro lado, dados biométricos como a impressão digital e/ou o reconhecimento da íris podem ser utilizados para garantir a segurança de um local de alto risco, como um laboratório que esteja a investigar vírus perigosos, desde que o responsável pelo tratamento tenha apresentado provas concretas da existência de um risco considerável*" (Cf. GRUPO DE TRABALHO DO ART. 29º PARA A PROTEÇÃO DE DADOS. Parecer..., p. 68-69); e nesse caso, claro, independentemente do consentimento prévio do titular. Cf. ainda CARLOTO, Selma; ALMIRÃO, Mariana. *Lei...*, p. 63.

(63) CARLOTO, Selma; ALMIRÃO, Mariana. *Lei...*, p. 44.

(64) Abstraindo-se, aqui, o complexo debate da subordinação algorítmica (que reconhecemos) e da possibilidade de formação de vínculo empregatício diretamente entre o trabalhador *on demand* e a empresa de aplicativo (que igualmente admitimos, embora não entendamos que sempre se verifique, em caráter "necessário"; ao revés, compreendemos que se devam avaliar as circunstâncias de cada caso concreto: características do aplicativo e do "modelo de negócios", não eventualidade da prestação, níveis de

como exemplo, o Projeto de Lei n. 3.748/2020, da deputada Tábata do Amaral (PSB--SP), que "*institui e dispõe sobre o regime de trabalho sob demanda*". Nos termos do seu art. 6º, "[a]*s regras para fixação do valor a ser pago para o trabalhador por serviço devem ser claras e estar disponíveis para os trabalhadores, órgãos de fiscalização, sindicatos e entidades associativas de trabalhadores*". Da mesma maneira, pelo texto do projeto (art. 6º, § 1º), "[a] *plataforma deve disponibilizar aos trabalhadores e órgãos de fiscalização extrato discriminando, para cada serviço realizado, o tempo efetivo de prestação do serviço, o valor cobrado do cliente, promoções e descontos aplicados, o valor pago ao trabalhador, gorjetas pagas pelo cliente e outros dados relevantes para o cálculo da remuneração*". Eis a "alma" do princípio da transparência: para além da própria informação, os predicamentos da clareza e da precisão.

No plano externo, ademais, há importantes lições registradas ao longo dos *consideranda* da GDPR, que merecem menção nesse momento analítico. No item n. 39 das considerações de abertura, p. ex., pontifica-se que, pelo princípio da transparência ("*principle of transparency*"), as informações relacionadas com o tratamento de dados pessoais devem ser de fácil acesso e compreensão, formuladas em uma linguagem clara e simples, além de abranger, entre outras coisas, a identidade do responsável por aquele tratamento e as respectivas finalidades.(65) Adiante, no item n. 58, registra-se que, também por força

---

pessoalidade etc.). Em razão dessa franca possibilidade, aliás, foi de imensa infelicidade o parágrafo único do art. 1º do PL n. 3.748/2020, pelo qual "[a]*os trabalhadores em regime de trabalho sob demanda não se aplicam as disposições da Consolidação das Leis do Trabalho (CLT), aprovada pelo Decreto-lei n. 5.452, de 1º de maio de 1943*": aplicar-se-ão, por óbvio, se estiverem concretamente presentes os requisitos dos arts. 2º e 3º da CLT (sob pena de agressão ao princípio constitucional da isonomia). A esse respeito, para a nossa opinião, recomendamos a leitura de outro estudo: FELICIANO, Guilherme Guimarães; PASQUALETO, Olívia de Quintana Figueiredo. "(Re) descobrindo o Direito do Trabalho: *Gig economy*, uberização do trabalho e outras reflexões". In: FELICIANO, Guilherme Guimarães; MISKULIN, Ana Paula Silva Campos (coord.). *Infoproletários e a uberização do trabalho:* Direito e justiça em um novo horizonte de *possibilidades*. São Paulo: LTr, 2019. *passim*. V. ainda, de modo mais geral (e para uma competente rescensão bibliográfica do tema), FREITAS JR., Antonio Rodrigues de. *On demand*: Trabalho sob demanda em plataformas digitais. Belo Horizonte: Arraes, 2020. *passim*.

(65) *In verbis*: "*(39) Any processing of personal data should be lawful and fair. It should be transparent to natural persons that personal data concerning them are collected, used, consulted or otherwise processed and to what extent the personal data are or will be processed. The principle of transparency requires that any information and communication relating to the processing of those personal data be easily accessible and easy to understand, and that clear and plain language be used. That principle concerns, in particular, information to the data subjects on the identity of the controller and the purposes of the processing and further information to ensure fair and transparent processing in respect of the natural persons concerned and their right to obtain confirmation and communication of personal data concerning them which are being processed. Natural persons should be made aware of risks, rules, safeguards and rights in relation to the processing of personal data and how to exercise their rights in relation to such processing. In particular, the specific purposes for which personal data are processed should be explicit and legitimate and determined at the time of the collection of the personal data. The personal data should be adequate, relevant and limited to what is necessary for the purposes for which they are processed. This requires, in particular, ensuring that the period for which the personal data are stored is limited to a strict minimum. Personal data should be processed only if the purpose of the processing could not reasonably be fulfilled by other means. In order to ensure that the personal data are not kept longer than necessary, time limits should be established by the controller for erasure or for a periodic review. Every reasonable step should be taken to ensure that personal data which are inaccurate are rectified or deleted. Personal data should be processed in a manner that ensures appropriate security*

do princípio da transparência (agora também na perspectiva do direito difuso à informação), "*qualquer informação destinada ao público ou ao titular dos dados seja concisa, de fácil acesso e compreensão, bem como formulada numa linguagem clara e simples, e que se recorra adicionalmente, quando for apropriado, a recursos visuais*",[66] sendo certo que, para o público geral, tais informações poderão inclusive ser fornecidas por meio eletrônico (*e.g.*, por um sítio na Internet).[67] No item n. 78, lê-se que a proteção de dados "*by design*" e "*by default*" deve incluir a minimização do tratamento de dados pessoais, a pseudonimização desses dados o quão cedo possível,[68] a possibilidade de monitoramento por parte do titular de dados, a possibilidade de criação e incremento de soluções de segurança por parte do controlador de dados e, no que interessa a esta subseção, "*a transparência no que toca às funções e ao tratamento de dados pessoais*".[69] E, por fim, no item n. 100, consigna-se que, a fim de reforçar a transparência e o cumprimento do GDPR, os Estados-membros devem encorajar a criação/implementação de procedimentos de certificação e de selos

---

and confidentiality of the personal data, including for preventing unauthorized access to or use of personal data and the equipment used for the processing".

(66) *In verbis*: *"(58) The principle of transparency requires that any information addressed to the public or to the data subject be concise, easily accessible and easy to understand, and that clear and plain language and, additionally, where appropriate, visualization be used. Such information could be provided in electronic form, for example, when addressed to the public, through a website. This is of particular relevance in situations where the proliferation of actors and the technological complexity of practice make it difficult for the data subject to know and understand whether, by whom and for what purpose personal data relating to him or her are being collected, such as in the case of online advertising. Given that children merit specific protection, any information and communication, where processing is addressed to a child, should be in such a clear and plain language that the child can easily understand".*

(67) P. ex., no caso de publicidade digital, em que a multiplicidade de operadores e a complexidade tecnológica das práticas dificultam sobremodo o conhecimento, por parte do titular de dados, do fato mesmo da coleta de seus dados pessoais, como também da identidade do coletor e da finalidade de tal coleta.

(68) A "pseudonimização", diversamente da anonimização, admite um processo de reversão identificatória, por meio de informações adicionais que o controlador mantém em ambiente separado e seguro. Está prevista, entre nós, no art. 13, § 4º, da LGPD (em relação aos estudos em saúde pública por órgãos de pesquisa devidamente habilitados): "*Para os efeitos deste artigo, a pseudonimização é o tratamento por meio do qual um dado perde a possibilidade de associação, direta ou indireta, a um indivíduo, senão pelo uso de informação adicional mantida separadamente pelo controlador em ambiente controlado e seguro*".

(69) *In verbis*: *"(78) The protection of the rights and freedoms of natural persons with regard to the processing of personal data require that appropriate technical and organizational measures be taken to ensure that the requirements of this Regulation are met. In order to be able to demonstrate compliance with this Regulation, the controller should adopt internal policies and implement measures which meet in particular the principles of data protection by design and data protection by default. Such measures could consist, inter alia, of minimizing the processing of personal data, pseudonymizing personal data as soon as possible, transparency with regard to the functions and processing of personal data, enabling the data subject to monitor the data processing, enabling the controller to create and improve security features. When developing, designing, selecting and using applications, services and products that are based on the processing of personal data or process personal data to fulfil their task, producers of the products, services and applications should be encouraged to take into account the right to data protection when developing and designing such products, services and applications and, with due regard to the state of the art, to make sure that controllers and processors are able to fulfil their data protection obligations. The principles of data protection by design and by default should also be taken into consideration in the context of public tenders".*

de qualidade para a proteção de dados pessoais, de modo a permitir que os titulares de dados possam avaliar com rapidez o nível de tutela informacional disponível para aquele determinado produto ou serviço(70) (como, *e.g.*, a ISO 27701).

Já no texto regulamentar propriamente dito, o art. 5º, 1, do GDPR dispõe que os dados pessoais devem ser tratados com juridicidade ("*lawfulness*"),(71) boa-fé ("*fairness*") e de um modo transparente em relação ao titular de dados ("*in a transparent manner in relation to the data subject*"). Adiante, o art. 12 dispõe que o controlador deve tomar as medidas adequadas para fornecer as informações a que se referem os arts. 13 e 14, e proceder às comunicações dos arts. 15 a 22 e 34, em todo caso "*de forma concisa, transparente, inteligível e de fácil acesso, utilizando uma linguagem clara e simples, em especial quando as informações são dirigidas especificamente a crianças*"; e, para mais, dita que tais informações deverão ser prestadas por escrito ou por outros meios quaisquer, inclusive eletrônicos, sendo certo também que "*a informação pode ser prestada oralmente, desde que a identidade do titular seja comprovada por outros meios*".(72)

Nessa mesma ordem de ideias, mas com aplicações bem mais diversas e extensas — a revelar, também aqui, a tendência de ampliação horizontal do manto principiológico do direito à proteção de dados (algo natural, insista-se, se se entende que a norma-princípio é um "*Optmierunggebot*") —, veem-se já, no panorama regulatório mundial, claros desdobramentos do princípio da transparência informacional no âmbito das relações de trabalho "*in genere*" (e, logo, não apenas em relações de trabalho subordinado). Em 2018, com efeito, a Organização Internacional do Trabalho divulgou o relatório "*Digital labour platforms and the future of work: Towards decent work in the online world*",(73) em que sugeria, relativamente aos trabalhadores sujeitos às novas modalidades contratuais

(70) *In verbis*: *"(100)* In *order to enhance transparency and compliance with this Regulation, the establishment of certification mechanisms and data protection seals and marks should be encouraged, allowing data subjects to quickly assess the level of data protection of relevant products and services".*

(71) Ou — o que teria igual significado — "legalidade" em sentido material.

(72) *In verbis*: *"1. The controller shall take appropriate measures to provide any information referred to in Articles 13 and 14 and any communication under Articles 15 to 22 and 34 relating to processing to the data subject in a concise, transparent, intelligible and easily accessible form, using clear and plain language, in particular for any information addressed specifically to a child. The information shall be provided in writing, or by other means, including, where appropriate, by electronic means. When requested by the data subject, the information may be provided orally, provided that the identity of the data subject is proven by other means".*

(73) BERG, Janine; FURRER, Marianne; HARMON, Ellie; RANI, Uma; SILBERMAN, M. Six. *As plataformas digitais e o futuro do trabalho*: Promover o trabalho digno no mundo digital. Genebra: *Bureau* Internacional do Trabalho, 2018, p. 105 e ss. Disponível em: https://www.ilo.org/wcmsp5/groups/public/---europe/---ro-geneva/---ilo-lisbon/documents/publication/wcms_752654.pdf . Acesso em: 13 fev. 2021. Para a pesquisa, foram realizadas, em 2015 e 2017, dois inquéritos que abrangeram 3.500 pessoas residentes em setenta e cinco países e que trabalhavam em cinco grandes plataformas de microtarefas com escala global; tais inquéritos foram depois complementados com entrevistas de fundo e outros inquéritos qualitativos realizados por investigadores do IG Metall (Alemanha). Houve republicações do relatório em 2019 e 2020.

da *gig economy* — e, particularmente, os trabalhadores em *crowdsourcing* (por microtarefas virtuais)(74) —, a garantia dos seguintes direitos mínimos (entre outros):

(a) o direito de não serem incorretamente classificados como trabalhadores por conta própria (autônomos), se são, na prática, trabalhadores por conta de outrem;

(b) o direito de receber, em moeda real, o valor total pelo qual os clientes são faturados, sendo certo que, a reboque desse direito, todas as taxas e os métodos de cálculo devem ser indicados de forma transparente, aos trabalhadores e aos clientes no momento do pagamento (= *transparência remuneratória*);(75)

(c) o direito a que as condições da plataforma, nomeadamente no que respeita ao pagamento, à avaliação do trabalho e à resolução de litígios, sejam apresentadas ao trabalhador num formato legível por seres humanos (e não em "linguagem de máquina"), com clareza e concisão (= *transparência cognitiva*);(76)

(d) o direito de serem informados dos motivos das avaliações negativas emitidas pelos consumidores (= *transparência informativa*) — inclusive para eventual exercício do direito fundamental à resposta ou ao contraditório(77) —, bem como o direito de que as respectivas avaliações e classificações não se baseiem em estatísticas de pagamento (i.e., se a recusa de pagamento pelo consumidor for permitida, os índices individuais de pagamento ou de não pagamento não devem se prestar à avaliação do trabalho ou do trabalhador);(78) e

(e) o direito de visualizarem e exportarem, a qualquer momento, um histórico completo das tarefas executadas e dos seus dados "reputacionais", sempre em um

---

(74) Com conclusões obviamente extensíveis, sem maiores dificuldades, aos trabalhadores *on demand* (por aplicativos digitais de serviços e afins).

(75) Aqui, com acréscimos nossos em relação ao texto original do relatório da OIT.

(76) Quanto a isso, aliás, a OIT observou que, "*mutatis mutandis*", a Creative Commons desenvolveu versões "legíveis por humanos" das suas licenças de propriedade intelectual. Da mesma maneira, as empresas de aplicativos deveriam facultar aos trabalhadores versões legíveis por humanos das condições de serviço da plataforma.

(77) Sobre a aplicabilidade, às relações entre empregador e empregado (ou, neste caso, entre trabalhador e plataforma), da cláusula do devido processo ("*due process of law*") — de que o contraditório é uma das garantias (no campo judicial e, a depender do caso, também fora dele) —, v., por todos, VALE, Silvia Isabelle Ribeiro Teixeira do. "Devido processo legal na relação de emprego: contraditório e motivação — poder disciplinar e cessação do contrato de trabalho". 2018. Tese (Doutorado em Direito). São Paulo: Pontifícia Universidade Católica de São Paulo, 2018, *passim*. Compusemos, com muita honra, a banca examinadora.

(78) Como bem pondera o relatório, "[n]*ão se pode partir do princípio de que os clientes só recusam o pagamento quando o trabalho não é utilizável; os clientes utilizam processos imperfeitos de controlo da qualidade e, às vezes, recusam o pagamento como uma estratégia de redução de custos*". Nesse caso, há mesmo uma extensão parcial aos trabalhadores da *gig economy*, justa e devidamente, do chamado "princípio da alteridade", pelo qual os riscos da atividade econômica devem ser assumidos pelo empresário, não pelo trabalhador (v. CLT, art. 2º, *caput*).

formato concomitantemente legível por humanos e máquinas (= *transparência comunicativa*).

Compreendemos que, no caso brasileiro, diversas dessas dimensões e concreções do princípio da transparência no tratamento de dados — a rigor, praticamente todas elas — arrancam *diretamente* das normas-princípios do art. 5º, LXXIX, da CRFB, e do art. 6º, VI, da LGPD (ainda que não estejam expressas no texto legal); e, já por isso, são imediatamente "judiciáveis" (i.e., sindicáveis em juízo), podendo ser desde logo levadas às barras dos tribunais, independentemente de regulamentações prévias da ANPD(79) (v. art. 55-J, XIII). Nesse sentido, um trabalhador *on demand* já poderia exigir da plataforma a que está vinculado, neste exato momento, em juízo ou fora dele, informações claras e precisas sobre como as avaliações pessoais dos clientes a respeito de seus serviços estão sendo tratadas e de que modo estão impactando ou poderão vir a impactar em sua relação contratual com a plataforma (= transparência informativa). Em as reclamando em juízo, haveria de fazê-lo na Justiça do Trabalho, à vista do que dispõe o art. 114, I, da CRFB (que desde a EC n. 45/2004 atribui àquele ramo especializado a competência material para processar e julgar os litígios decorrentes das *relações de trabalho*, e já não apenas das relações de emprego).(80)

(79) Que, a virem, serão obviamente bem-vindas, por partirem do agente público que deve fazer, por excelência, a mediação concretizadora das normas-princípios do art. 6º da LGPD: a própria *ANPD* (arts. 55-A a 55-L), não o Poder Judiciário. Sobre mediações concretizadoras de princípios, v., por todos. CANOTILHO, J. J Gomes. *Direito...*, p. 1.086.

(80) Trata-se, evidentemente, do nosso entendimento pessoal. No âmbito do Superior Tribunal de Justiça — que detém a competência constitucional para dirimir os conflitos negativos e positivos de competência entre a Justiça do Trabalho e os outros ramos do Poder Judiciário (CRFB, art. 105, I, *"d"*) —, encontram-se já precedentes não qualificados que parecem sinalizar no sentido oposto, da competência material das justiças estaduais, ao argumento subjacente de que entre a empresa de plataforma e o trabalhador não haveria sequer "relação de trabalho" (antes mesmo, portanto, de se discutir se haveria ou não relação de emprego). V., *e.g.*, STJ, CC 164.544, 2ª Seção, rel. Min. Moura Ribeiro, j. 28.8.2019. A entendimentos desse gênero, a propósito, temos nos referido, em cursos e palestras, como a via do "negacionismo absoluto" (de modo evidentemente provocativo): o trabalhador de aplicativo, a rigor, não seria sequer "trabalhador", mas — na irônica expressão de Byung-Chul Han — "empresário de si mesmo" (v. HAN, Byung-Chul. *Sociedade do cansaço*. Trad. Enio Giachini. São Paulo: Vozes, 2015, *passim*; ANTUNES, Ricardo. *O privilégio da servidão*: O novo proletariado de serviços na era digital, 2. ed. São Paulo: Boitempo, 2020, *passim*). Existem ainda, paralelamente, outras três "vias" que temos apontado: a via do "negacionismo relativo" (em que se reconhece a competência material da Justiça do Trabalho, mas não a possibilidade mesma da relação de emprego: v., *e.g.*, TST, RR 10575-88.2019.5.03.0003, 4ª T., rel. Min. Alexandre Luiz Ramos, j. 9.9.2020); a via da equiparação *"tout court"* (v., *e.g.*, na Espanha, STS, Sala IV, j. 23.9.2020, envolvendo a Glovo, a Deliverro e a Uber Eates; na Itália, a Sentenza n. 3570/2020 (Palermo), publ. il 24.11.2020, em relação à Foodinho S.R.L.; ou, no Brasil, *e.g.*, TRT 3, RORSum 0010761-96.2019.5.03.0008, relª. Desª. Maria Cecília Alves Pinto, em relação à IFood); e, de resto, as vias das chamadas "soluções intermediárias" (como, p. ex., a da Califórnia, com a *Propositon 22* e a consequente *AB-5*, e a da Inglaterra, equiparando motoristas de aplicativos a *workers*, que, na dogmática britânica, compõem uma classe intermediária entre os *employees* e os *self-employed persons*; v. UK Supreme Court, Uber BV and others *v.* Aslam and Farrar, Lord G. Legatt, 19.2.2021).

Em litígios dessa natureza, a grande dificuldade será, o mais das vezes, identificar a tênue linha divisória entre a satisfação do direito à informação, pela via do princípio da transparência, e a salvaguarda dos segredos comerciais ou industriais da empresa (LGPD, art. 6º, VI, *in fine*). Dá-se, por assim dizer, uma *superposição de esferas excêntricas da privacidade*:[81] por um lado, as esferas da privacidade ("*stricto sensu*"), da intimidade e até do segredo (mais raramente) que têm como centro subjetivo o trabalhador; por outro, a esfera da intimidade — a intermediária — que tem como centro subjetivo o empregador.[82] Resolver "*de meritis*" tais lides exigirá do magistrado, ainda aqui, o manejo do princípio da proporcionalidade, já não na perspectiva que vínhamos de abordar (subseção 4.2) — da proporcionalidade *no tratamento de dados* "*a se*" (finalidade, adequação, necessidade) —, mas na perspectiva mais geral, do princípio constitucional e instrumental da proporcionalidade (quase como um *sobreprincípio*), que se entrelaça com as demais normas-princípios e permite definir, nos casos concretos, quais interesses devem prevalecer. Em síntese, "*hard cases*".[83] Difíceis, sim; mas solúveis.

---

(81) Dizemos "excêntrico", aqui, como antônimo de "concêntrico". Sobre os círculos concêntricos da proteção da privacidade, v., por todos, HENKEL, Heinrich. "Der Strafschutz des Privatlebens gegen Indeskrition". In: Deutschen Juristentages (Düsseldorf, 1957). Verhandlungen des 42. Deutschen Juristentages, Tübingen, B. II, T. D, Erste Abteilung, 1958. p. 80-ss.

(82) Até mesmo porque a inviolabilidade constitucional da intimidade e da vida privada também pode favorecer a pessoa jurídica e o ente despersonalizado, a depender do aspecto da privacidade que esteja em conflito. Veja-se ainda, sobre as esferas concêntricas da privacidade ("*lato sensu*") e seus conteúdos, uma vez mais, a subseção 1.2.

(83) Em termos singelos, "*hard cases*" são casos litigiosos concretos para os quais a solução não aparece claramente delineada nas legislações (especialmente para países de *civil law*) e/ou nos precedentes (especialmente para países de *common law*), o que sugeriria, para os adeptos da teoria positivista da adjudicação (refutada por Dworkin), que os juízes poderiam decidir com base em sua discricionariedade jurídica. V., por todos, DWORKIN, Ronald. "Hard cases". *Harvard Law Review*, vol. 88, n. 6, apr. 1975, p. 1.057-1.109. Ainda a propósito, na crítica a qualquer possibilidade de "discricionariedade judicial" para o julgamento de "*hard cases*", v. GRAU, Eros Roberto. "Crítica da discricionariedade e restauração da legalidade". In: ROCHA, Carmen Lucia Antunes (Coord.). *Perspectivas do direito público*: estudos em homenagem a Miguel Seabra Fagundes. Belo Horizonte: Del Rey, 1995, *passim*; GRAU, Eros Roberto. *Ensaio e discurso sobre a interpretação/aplicação do direito*. São Paulo: Malheiros, 2002. *passim*. De nossa parte, entendemos, com Cappelletti e outros, que "*um bom Juiz será, propriamente, aquele que se demonstre consciente, a um só tempo, dos limites e das intrínsecas fraquezas, mas, ainda, da única força da criação judiciária do Direito, força esta que consiste, sobremodo,* [...] *na conexão com os casos e problemas concretos e com as partes que os personificam; e, pois, no caráter participativo da função jurisdicional* [...]. *O bom juiz, assim consciente dos limites, mas também das potencialidades da sua função, será sensível às circunstâncias que lhe permitam conciliar um prudente* restraint *em certos casos, com um corajoso ativismo noutros casos*" (CAPPELLETTI, Mauro. *Processo, ideologias e sociedade*. Trad. Elício de Cresci Sobrinho. Porto Alegre: Sergio Antonio Fabris Editor, 2008. v. I, p. 19-20). Noutras palavras, compreendemos que os juízes têm, sim, *alguma* discricionariedade judicial, especialmente quando estão diante de textos normativos abertos (de que arrancam conceitos jurídicos indeterminados, normas-princípios etc.), limitada pelo dever constitucional de motivar e pela proibição geral dos julgamentos por equidade; mas, ainda assim, há margens de discrição, em que o magistrado efetivamente "cria" para além do que já criou o legislador; e entendemos, mais, que isso é absolutamente natural nos Estados democráticos (v. FELICIANO, Guilherme Guimarães. *Por um processo...*, p. 575 e ss., sobre o paradigma do "juiz construtivo"). V. ainda, a propósito, HART, Herbert Lionel Adolphus. *O conceito de Direito*. Trad. A. Ribeiro Mendes, 2. ed. São Paulo: Martins Fontes, 2012. *passim*.

Considerações finais

A tutela da privacidade na sociedade de informação já não se limita à proteção do indivíduo, nas suas esferas concêntricas da vida privada, da intimidade e do segredo, contra intromissões indevidas do Estado e de terceiros. Para além disso, protege-o nos mais diversos cenários, dinâmicos e desconhecidos, que se expandem e complexificam conforme o avanço do estado da técnica, relevando novas e maiores vulnerabilidades. No século XXI, os dados pessoais transformam-se em *commodities* e, porque traduzem atributos personalíssimos da pessoa natural, precisam ser especialmente protegidos, resguardando-se os direitos e liberdades individuais em contextos tão novos quanto desafiadores: o sigilo de comunicações telemáticas, as potencialidades e riscos da biome tria, a integridade do patrimônio e da identidade genética, os vieses discriminatórios de base inumana etc. As novas vulnerabilidades, ademais, ganham expressão e profundidade quando se somatizam as subalternidades, como se dá nas relações de emprego: os empregados hipersubordinam-se, confiando aos empregadores os seus dados pessoais e a eles se sujeitando já não apenas na relação empregado/empregador, mas na relação titular/controlador.

No mundo digital, com efeito, os fetichismos capitalistas abstratizam-se como nunca, tornando-se praticamente "metafetiches". Se ao longo dos últimos três séculos os processos produtivos autonomizaram-se e "normalizaram" as relações sociais pela sua própria régua, de modo que as relações passaram a ser percebidas a partir das coisas e não das próprias pessoas, os ambientes digitais do século XXI permitem que se crie valor de troca autônomo para novas "coisas" que, a rigor, sequer existem no mundo tridimensional. São, por assim dizer, "coisas" virtuais que representam coisas reais (essas já fetichizadas nas relações de mercado ordinárias): comandos binomiais — algoritmos — que, a rigor, representam mercadorias (*e.g.*, os códigos de barras), representam dinheiros (*e.g.*, as criptomoedas) e, mais recentemente, representam até mesmo pessoas (*e.g.*, os avatares do metaverso) e/ou os seus atributos personalíssimos (e eis que voltam à pauta os dados pessoais). E, bem se sabe, "mercadoria", "moeda" e "pessoa" já eram, por si só, expressões do fetichismo capitalista, que agora se "refetichizam".

Essas novas vulnerabilidades, ademais, ganham expressão e profundidade quando se somatizam as subalternidades, como revelaram, em nosso tempo, as relações de consumo ou, muito particularmente — e mais uma vez —, as relações de trabalho. Isso porque, tal como se deu nos albores da legislação trabalhista, a norma jurídica que deveria libertar os indivíduos e as coletividades simplesmente não é capaz de fazê-lo sem, antes, legitimar a opressão factualmente preestabelecida. O Direito do Trabalho apenas logrou estabelecer limites para o poder hierárquico patronal porque, antes, reconheceu-o e o autorizou (e tal reconhecimento plasmou-se, no discurso dogmático, como um conceito definidor das próprias relações de trabalho típicas: "subordinação jurídica"). Agora, é o "direito digital" – se é que já podemos tratá-lo assim, com essa autonomia categorial — o prestidigitador da vez: no marco normativo da proteção de dados, ele legitima o poder de fato amealhado por quem detém, à frente das empresas e organizações, o domínio das estruturas e dos procedimentos necessários para o tratamento dos dados pessoais (que, repise-se, nasce, como atividade organizada de valor agregado, com a própria empresa capitalista, muito antes de se "digitalizar"). Eis a figura do controlador de dados ("*data controller*"), reconhecida e institucionalizada. A partir disso, busca-se estabelecer limites, condições e responsabilidades; mas, nada obstante, legalizou-se a subalternidade. O direito fundamental à titularidade dos dados pessoais é, por assim dizer, um direito "tutelado", uma vez que necessariamente mediado por quem, detendo estrutura e procedimento, é capaz de captá-los e tratá-los para as mais diversas finalidades ("*sein*"); e, mais do que isso, *pode* fazê-lo ("*sollen*").

Daqui por que, no cerne dessa nova realidade híbrida — a um tempo, tridimensional e digital —, a LGPD deve ser interpretada/aplicada a partir de um marco valorativo humanista, assentado em seus fundamentos (art. 2º) e sobretudo em seus princípios (art. 6º), que, já por isso, *(i)* desafiam desdobramentos semânticos mais atentos e sensíveis, que reconheçam o papel instrumental (e não finalístico) das tecnologias; e *(ii)* têm proeminência em relação aos restantes dispositivos da LGPD e da legislação correlata, na plenitude de suas funções normativo-deontológica, hermenêutica, integrativa, normogenética (em relação ao legislador e à própria Autoridade Nacional de Proteção de Dados) e, no que couber, derrogatória.

Impende reconhecer, ademais, que a LGPD tem natureza de *estatuto*, à maneira de outros diplomas legislativos brasileiros contemporâneos (o Código de Defesa do Consumidor, o Estatuto da Criança e do Adolescente, o Estatuto do Idoso, o Estatuto da Cidade etc.), o que a distingue pela sua *sólida ancoragem constitucional* (notadamente a partir da EC n. 115/2022), pela sua *transcendência normativa subordinante* (de modo que as demais leis e regulamentos sobre proteção de dados devem ser "lidas" a partir dela — como, antes ainda, a partir do próprio art. 5º, X e LXXIX, da Constituição —, e não o contrário), pela *especial natureza tuitiva* (tutela de direitos e liberdades individuais que, nada obstante, realiza-se como proteção difusa e intergeracional) e pela *atual e potencial transversalidade* (dialogando com outras fontes formais do campo jurídico-tuitivo e, particularmente, com a CLT e a legislação trabalhista).

No Direito do Trabalho, enfim, os princípios do art. 6º da LGPD ganham especial densidade, incrementada pela interação com o princípio da proteção, de modo que, em razão das preditas subalternidades somatizadas, a proteção de dados pessoais do empregado torna-se mais abrangente (= inflexão horizontal) e mais consistente (= inflexão vertical) do que tende a ser, em geral, a proteção de dados reservada às demais pessoas naturais.

Eis o que se espera, com algum otimismo, para os anos vindouros de consolidação normativa, pelos caminhos regulatórios administrativos, como também — e sobretudo

— pelas veredas judiciárias. Os castelos jurídicos só têm razão de ser, do ponto de vista ético, se puderem dar aposentos à dignidade do ser. E ainda que isso soe ingênuo em muitos sentidos e visões, não pode haver direção diversa.

Referências

ALEXY, Robert. *Epílogo a la teoría de los derechos fundamentales*. Madri: Colegio de Registradores de la Propiedad y Mercantiles de España (Centro de Estudios), 2004. Trad. Carlos Berbal Pulido.

______. *Theorie der Grundrechte*. 3. ed. Frankfurt am Main: Suhrkamp, 1996.

ANTUNES, Ricardo. *O privilégio da servidão:* O novo proletariado de serviços na era digital. 2. ed. São Paulo: Boitempo, 2020.

BERG, Janine; FURRER, Marianne; HARMON, Ellie; RANI, Uma; SILBERMAN, M. Six. *As plataformas digitais e o futuro do trabalho:* Promover o trabalho digno no mundo digital. Genebra: *Bureau* Internacional do Trabalho, 2018. Disponível em: https://www.ilo.org/wcmsp5/groups/public/---europe/---ro-geneva/---ilo-lisbon/documents/publication/wcms_752654.pdf. Acesso em: 13 fev. 2021.

BERTOLLI, Emilia. "56 estatísticas de violação de dados para 2019". *Varonis* (Inside Out Security), 5.4.2019. Disponível em: https://www.varonis.com/pt-br/blog/56-estatisticas-de-violacao-de-dados-para-2019. Acesso em: 31 jan. 2021.

CANOTILHO, J. J. Gomes. *Direito Constitucional* e Teoria da Constituição. 3. ed. Coimbra: Almedina, 1999.

CAPPELLETTI, Mauro. *Processo, ideologias e sociedade*. v. I. Porto Alegre: Sergio Antonio Fabris Editor, 2008. Trad. Elício de Cresci Sobrinho.

CARLOTO, Selma; ALMIRÃO, Mariana. *Lei Geral de Proteção de Dados comentada:* Com enfoque nas relações de trabalho. São Paulo: LTr, 2021.

COÊLHO, Marcos Vinicius Furtado. "O direito à proteção de dados e a tutela da autodeterminação informativa." *Consultor Jurídico*, 28.6.2020. Disponível em: https://www.conjur.com.br/2020-jun-28/constituicao-direito-protecao-dados-tutela-autodeterminacao-informativa#_ftn3. Acesso em: 30 jun. 2020.

CORDEIRO, António Manuel da Rocha e Menezes. *Da boa fé no Direito Civil.* Coimbra: Almedina, 2001. p. 719-860. Na apresentação metódica desses paradigmas, o grande civilista português refere-se aos "tratamentos típicos de exercícios inadmissíveis".

DINIZ, Maria Helena. *Norma constitucional e seus efeitos*. 8. ed. São Paulo: Saraiva, 2009.

DWORKIN, Ronald. "Hard cases". *Harvard Law Review*, v. 88, n. 6, apr. 1975.

FELICIANO, Guilherme Guimarães. *Curso crítico de Direito do Trabalho:* Teoria Geral do Direito do Trabalho. São Paulo: Saraiva, 2012.

______. *Por um processo realmente efetivo*: Tutela processual de direitos humanos fundamentais e inflexões do "*due process of law*". São Paulo: LTr, 2016.

______; PASQUALETO, Olívia de Quintana Figueiredo. "(Re)descobrindo o Direito do Trabalho: *Gig economy*, uberização do trabalho e outras reflexões". *In*: FELICIANO, Guilherme Guimarães; MISKULIN, Ana Paula Silva Campos (Coords.). *Infoproletários e a uberização do trabalho*: Direito e justiça em um novo horizonte de *possibilidades.* São Paulo: LTr, 2019.

FERRAZ JR., Tércio Sampaio. *Introdução ao Estudo do Direito:* Técnica, decisão, dominação. São Paulo: Atlas, 1991.

FREITAS JR., Antonio Rodrigues de. *On demand:* Trabalho sob demanda em plataformas digitais. Belo Horizonte: Arraes, 2020.

FROMM, Erich. *The art of being*. Londres: Bloomsbury Publishing, 1992.

GRAU, Eros Roberto. "Crítica da discricionariedade e restauração da legalidade." In: ROCHA, Carmen Lucia Antunes (Coord.). *Perspectivas do direito público:* estudos em homenagem a Miguel Seabra Fagundes. Belo Horizonte: Del Rey, 1995.

______. *Ensaio e discurso sobre a interpretação/aplicação do direito*. São Paulo: Malheiros, 2002.

GRUPO DE TRABALHO DO ART. 29º PARA A PROTEÇÃO DE DADOS. "Parecer 06/2014 (WP 217) sobre o conceito de interesses legítimos do responsável pelo tratamento de dados na aceção do art. 7º da Diretiva 95/46/CE." Direção-Geral da Justiça da Comissão Europeia, 9.4.2014. Disponível em: https://www.uc.pt/protecao-de-dados/suporte/20140409_wp_217_partecer_2_2014_conceito_interesses_legitimos_resp_ trat_diretiva_95. Acesso em: 13 fev. 2022.

HAN, Byung-Chul. *Sociedade do cansaço*. São Paulo: Vozes, 2015. Trad. Enio Giachini.

HART, Herbert Lionel Adolphus. *O conceito de Direito*. 2. ed. São Paulo: Martins Fontes, 2012. Trad. A. Ribeiro Mendes.

HENKEL, Heinrich. "Der Strafschutz des Privatlebens gegen Indeskrition. 42. Deutschen Juristentages (Düsseldorf, 1957)." In: *Verhandlungen des 42. Deutschen Juristentages*. Band II, Teil D, Erste Abteilung, Tübingen, 1958.

ISERHARD, Antônio Maria. "A ideia de sistema jurídico e o novo Código Civil: Contribuição ao desafio hermenêutico da aplicação do Direito." *Revista da Faculdade de Direito da Universidade Federal do Rio Grande do Sul*, n. 23, 2003.

KLEE, Antonia Espíndola Longoni. "Constitucionalização do Direito Civil e sua influência para o surgimento do Código de Defesa do Consumidor." *Revista dos Tribunais*, São Paulo, v. 97, n. 870, abr. 2008.

LYON, David. *Postmodernity*. Buckingham: Open University, 1999.

MARTINA JR., Wallace Paiva. *Transparência administrativa*. São Paulo: Saraiva, 2004.

MARTINS. Leonardo. *Tribunal Constitucional Federal Alemão:* decisões anotadas sobre direitos fundamentais. Dignidade humana. Livre desenvolvimento da personalidade, direito fundamental à vida e à integridade física e igualdade, v. I. São Paulo: Konrad-Adenauer Stiftung, 2016.

MENDES, Gilmar Ferreira. *Controle de constitucionalidade:* Aspectos jurídicos e políticos. São Paulo: Saraiva, 1990.

MENDES, Laura Schertel Ferreira. "Autodeterminação informativa: A história de um conceito". *Pensar*: Revista de Ciências Jurídicas. Fortaleza, vol. 25, n. 4, out./dez. 2020.

______. "*Habeas Data* e autodeterminação informativa: dois lados da mesma moeda." *Revista Direitos Fundamentais & Justiça*, ano 12, n. 39, jul./dez. 2018. Disponível em: https://doi.org/10.30899/dfj.v12i39.655. Acesso em: 10 jan. 2020.

MENKE, Fabiano. "As origens alemãs e o significado da autodeterminação informativa." *Migalhas*. Migalhas de Proteção de Dados, 30.10.2020. Disponível em: https://www.migalhas.com.br/coluna/migalhas-de-protecao-de-dados/335735/as-origens-alemas-e-o-significado-da-autodeterminacao-informativa. Acesso em: 15 out. 2021.

NADER, Paulo. *Curso de Direito Civil:* Parte Geral. v. 1. Rio de Janeiro: Forense, 2004.

NAVARRO, Ana Maria Neves de Paiva. *O direito à autodeterminação informativa sob a perspectiva das instituições*. Dissertação de Mestrado. Programa de Pós-Graduação em Direito da Universidade Federal do Rio de Janeiro. Rio de Janeiro: Universidade Federal do Rio de Janeiro, 2012.

______. "O direito fundamental à autodeterminação informativa". Disponível em: http://www.publicadireito.com.br/artigos/?cod=86a2f353e1e6692c. Acesso em: 7 mar. 2021.

NETAP. *Worldwide Data Privacy Regulations Compared* (*e-Book*). Disponível em: https://content.cloud.netapp.com/s/fe7d1028. Acesso em: 2 fev. 2022.

NIETO, Alejandro. "Prólogo." In: MARTÍNEZ-CARRASCO PIGNATELLI, Concepción. *Postmodernidad y derecho público*. Madri: Centro de Estudios Políticos y Constitucionales, 2002.

POLLAK, Christiana. *Verhältnismässigkeitsprinzip und Grundrechtsschutz in der Judikatur des Europaischen Gerichtshofs und des Osterreichischen Verfassungsgerichtshofs*. Baden-Baden: Nomos Verlagsgesellschaft, 1991.

SCHNEIDER, Hans. "Zur Verhältnismässigkeits-Kontrolle insbesondere bei Gesetzen." In: STARCK, Christian. *Bundesverfassungsgericht und Grundgesetz*. v. 2. Tübingen: J. C. B. Mohr (Paul Siebeck), 1976.

SCHWABE, Jürgen. *Cinquenta anos de jurisprudência do Tribunal Constitucional alemão*. Leonardo Martins (Org.). Montevidéu: Konrad Adenauer Stiftung, 2006. Trad. Beatriz Hennig, Leonardo Martins, Mariana Bigelli de Carvalho, Tereza Maria de Castro e Vivianne Geraldes Ferreira.

SILVA, José Afonso. *Curso de Direito Constitucional positivo*. 41. ed. São Paulo: Malheiros, 2018.

SILVA, Luís Virgílio Afonso da. "Nota do Tradutor." In: ALEXY, Robert. *Teoria dos Direitos Fundamentais*. São Paulo: Malheiros, 2008. Trad. Luís Virgílio Afonso da.

______. "O proporcional e o razoável." *Revista dos Tribunais*, São Paulo, abr. 2002. n. 798.

STRECK, Lenio Luiz. *O que é isto* — Decido conforme minha consciência? 4. ed. Porto Alegre: Livraria do Advogado Editora, 2013.

TEMER, Michel. *Elementos de direito constitucional*. 14. ed. São Paulo: Malheiros, 1998.

TEPEDINO, Gustavo. "Premissas metodológicas para a constitucionalização do Direito Civil." In: TEPEDINO, Gustavo (Org.). *Temas de Direito Civil*. 3. ed. Rio de Janeiro: Renovar, 2004.

VALE, Silvia Isabelle Ribeiro Teixeira do. *Devido processo legal na relação de emprego:* contraditório e motivação — poder disciplinar e cessação do contrato de trabalho. 2018. Tese (Doutorado em Direito). São Paulo: Pontifícia Universidade Católica de São Paulo, 2018.

2

O *print* de tela de *WhatsApp* é válido como meio de prova?

Ana Paula Silva Campos Miskulin

Danielle Bertachini

Platon Teixeira de Azevedo Neto

Resumo: O objetivo deste artigo é demonstrar que o fato de o *print* de tela de *WhatsApp* ser suscetível de adulteração, tal fato não é suficiente para se concluir pela sua invalidade *a priori*. A pesquisa se deve à utilização expressiva do aplicativo pela população e consequente juntada de imagens das conversas nos processos judiciais. Com isso, surge o questionamento sobre a validade do *print* de tela do *WhatsApp* como meio de prova nos processos. Para responder à pergunta se utilizará o método hipotético-dedutivo e será feita uma pesquisa exploratória. Foram identificados três aspectos que devem ser observados para se analisar a validade ou invalidade dessa prova documental. Como conclusão, constatou-se que o fato de a prova documental ser suscetível de adulteração, não é suficiente para que se descarte esse meio de prova *a priori*, cuja validade e valoração dependerão de outros aspectos.

Introdução

Atualmente, o *WhatsApp* é utilizado por aproximadamente 2,78 bilhões de pessoas no mundo (Dourado, 2023). Em 2023 foi a rede social mais usada no Brasil, representando 93,4% dos usuários de internet, o que equivale a aproximadamente 169 milhões de usuários. A maioria dos usuários do aplicativo *WhatsApp* o utilizam para trocar mensagens de texto (89%) e de áudio (80%) (Salgado, 2023), o que evidencia o protagonismo assumido por esse novo formato de comunicação, em âmbito mundial.

Consequentemente, é esperado que em algum momento a interação feita por esse novo meio de comunicação seja utilizada para comprovar as alegações das partes nos processos judiciais. Logo, diversas questões jurídicas têm surgido em torno do tema, especialmente no que tange à forma adequada de levar esse registro de fatos aos processos para que esse meio de prova seja considerado válido.

Apesar de algumas notícias veiculadas na mídia (Lopes, 2022, Moreira, 2023) afirmarem que *print* de tela não é válido como meio de prova, essa afirmação não condiz como toda e qualquer situação fática dos processos, as quais dependerão das circunstâncias, conforme se pretende demonstrar ao longo deste artigo.

Merecem comentários algumas postagens nas redes sociais que afirmam serem os *prints* de tela meios de prova considerados inválidos na Justiça do Trabalho. A fim de que não se alastrem incompreensões acerca do tema, intentaremos abordar o assunto de modo técnico-jurídico, valendo-nos de disposições do Código de Processo Civil.

Efetivamente, vigora no Processo Civil brasileiro o princípio da ampla liberdade probatória, previsto no art. 369 do CPC, segundo o qual é direito das partes "empregar todos os meios legais, bem como os moralmente legítimos", ainda que não especificados no Código, para provar fatos que embasem a petição inicial ou a defesa.

Assim, o simples fato de o *print* de tela ser suscetível a adulteração não significa que se possa concluir por sua invalidade *a priori*. Não é demais lembrar que da mesma forma que um *print* pode ser alterado, o mesmo ocorre com recibos, cartões de ponto ou termos de rescisão contratual, e tal argumento nunca serviu para dizer que essas provas documentais não seriam válidas como meio de prova.

A conclusão sobre a validade do *print* de tela perpassa, inicialmente, por diversos aspectos, como: a busca da verdade, a existência e teor da impugnação feita pela parte contrária, a possibilidade de se extraírem os arquivos originais por meio da exportação das conversas e também de inspecionar as mensagens diretamente no aparelho celular. Além disso, o magistrado também pode determinar a expedição de ofício ao aplicativo para verificar metadados que sejam capazes de demonstrar os horários das mensagens, a ocorrência ou não de exclusão, entre outras informações que podem corroborar a validade do *print* de tela.

O objetivo deste artigo é demonstrar que o fato de o *print* de tela ser suscetível de adulteração, isso não é suficiente para se concluir pela sua invalidade *a priori*. A análise da validade ou invalidade dessa prova documental dependerá de três aspectos: a busca da verdade como norteadora do procedimento probatório, a importância da impugnação específica e seu teor e a análise desse meio probatório, conjuntamente com os demais elementos de prova.

1. A verdade como finalidade do processo

O processo é um instrumento para realização da justiça. Ainda que nem sempre se a efetive, resta indubitável que a finalidade do processo é buscar a verdade e assegurar que se conceda o direito a quem for devido. Carlo Furno (1954) dizia que a verdade não é um problema a se discutir, mas sim um problema a se resolver. Trata-se, pois, de uma questão prática. O que se pretende, ao fim e ao cabo, é reconstituir fielmente aquilo que ocorreu a fim de se permitir que o juiz decida com a máxima convicção.

Não se trata, evidentemente, de se buscar a verdade a todo custo, tampouco de se aceitar o atropelamento de direitos fundamentais, mas de se encontrar um equilíbrio entre o contraditório, a ampla defesa e as formas de se investigarem os fatos ocorridos. Nessa esteira, deve-se reconstruir, de forma histórico-crítica, o panorama da realidade vivida. Para isso, os registros de conversas do *WhatsApp* oferecem um enorme manancial de dados do passado.

A grande questão é, então, saber trabalhar com esses dados da melhor maneira. Vislumbram-se duas saídas, pois: 1) simplesmente descartá-los; ou 2) tentar explorá-los de modo que se chegue ao máximo daquilo que eles podem oferecer. E o que se pretende aqui é seguir a trilha da segunda alternativa, pois não parece razoável desprezar o meio de comunicação mais utilizado pelos brasileiros na atualidade, se há meios disponíveis para se aferir a sua autenticidade.

Sabe-se que não se alcançará a verdade absoluta. Que se chegue, pois, à verdade histórica. Ao menos se deseja encontrar um mínimo de certeza, do ponto de vista subjetivo. Nas palavras de Carlo Furno (1954), a certeza é um estado de conhecimento individual; é a configuração subjetiva de verdade. Esta pode assumir a forma de uma certeza matemática ou alcançar uma convicção. Num processo trabalhista não se espera alcançar a certeza matemática, porém se pretende que a decisão seja dada com convicção. Para tanto, não se exige o esforço do juiz Hércules de Dworkin, mas uma dedicação mínima em prol da verdade possível.

Nessa toada, inicialmente, é importante entender a natureza jurídica do *print* de tela, como meio de prova para, a seguir, se demonstrar o caminho que pode ser percorrido na análise dessa prova, seja em relação à sua validade, seja em relação à sua valoração como um elemento capaz de influenciar na convicção do magistrado.

2. Natureza jurídica do *print* de tela

Quando se pensa numa prova documental, geralmente se faz referência a um documento público ou privado redigido e assinado pelos signatários, como, por exemplo, um contrato, uma escritura, um recibo, uma nota promissória ou uma nota fiscal. Esses documentos sempre tiveram grande prestígio para comprovar transações comerciais e têm grande aceitação no mundo dos negócios e nos processos judiciais.

No entanto, a depender do sistema jurídico adotado, a prova documental pode apresentar um conceito mais ou menos amplo, abarcando tanto representações escritas quanto outras expressas por imagens, vídeos, fotografias ou símbolos. Os documentos públicos confeccionados ou validados por um agente público são considerados mais confiáveis que um documento particular, feito apenas com a participação dos seus signatários ou envolvidos, sem o reconhecimento de autenticidade por um terceiro com fé pública.

Segundo Michele Taruffo (2008), alguns sistemas jurídicos apresentam uma definição ampla da prova documental, para nela incluir "qualquer coisa que represente um fato", como documentos escritos ou não, registros computadorizados, pinturas, vídeos, gravações e outros. Por outro lado, há sistemas em que o conceito é menos inclusivo e "equivale ao conceito tradicional de documento escrito".

No Brasil, Dinamarco (2001) considera que "documento, como fonte de prova, é todo ser composto de uma ou mais superfícies portadoras de símbolos capazes de transmitir ideias e demonstrar a ocorrência de fatos", o que incluiria letras, palavras e frases, imagens ou sons gravados e registros magnéticos em geral. Esses seres poderiam ser coisas, principalmente, papéis ou mesmo um ser humano que tenha um símbolo ou gravação, como uma tatuagem que demonstre algum fato.

Nesse sentido, entende-se que relatórios, planilhas e fotos, por exemplo, são considerados documentos por natureza. Tais documentos, segundo a sua origem, podem ser classificados em dois tipos: *a)* documento eletrônico, que é aquele que foi produzido no meio físico e trazidos aos autos de forma digitalizada, como é inerente ao próprio PJe, ou *b)* documento digital, que já nasce no meio digital, por meio de um código binário e que somente pode ser acessado por um sistema computacional.

Em ambos os casos, em se tratando de documentos juntados no processo, esses serão apreciados dentro do sistema processual vigente, aplicando-se, para a sua valoração, o procedimento previsto nos arts. 405 a 441 do Código de Processo Civil, com aplicação subsidiária em outras áreas, como em processos eleitorais, trabalhistas ou administrativos, nos termos do art. 15 do CPC.

Assim, tem-se que o *print* de tela é considerado um documento. Trata-se de uma imagem e, como tal, equipara-se a uma fotografia, cuja utilização como meio de prova está prevista expressamente na legislação brasileira, mais especificamente no art. 422 do CPC, que inclusive menciona as fotografias digitais.

De acordo com o *caput* desse artigo, "qualquer reprodução mecânica, como a fotográfica, a cinematográfica, a fonográfica ou de outra espécie, tem aptidão para fazer prova dos fatos ou das coisas representadas", a não ser que haja a impugnação da sua conformidade com o documento original. Esse dispositivo também se aplica à forma impressa de mensagem eletrônica, por determinação expressa do seu parágrafo terceiro.

No mesmo sentido é o art. 225 do Código Civil, que prevê que as reproduções fotográficas e quaisquer outras reproduções mecânicas ou eletrônicas fazem prova plena destes se a parte contra quem lhe forem exibidos não lhes impugnar com exatidão.

Portanto, não há que se falar em invalidade do *print* de tela como meio de prova se o documento não for impugnado, conforme se verá a seguir.

3. A relevância da impugnação

O Código de Processo Civil possui vinte e cinco artigos (do número 405 ao 429) dedicados à questão da força probante dos documentos e, também, outros quatro que regulamentam a arguição de falsidade. Tais dispositivos, no entanto, não podem ser aplicados isoladamente, devendo-se observar o modelo atual do Direito Processual Civil, que adota o sistema do livre convencimento motivado (ou persuasão racional) e o ônus da impugnação específica.

O sistema do livre convencimento motivado permite que o julgador avalie cada prova e lhe atribua valor juntamente com as demais provas produzidas nos autos. Não vigora no ordenamento jurídico vigente o sistema da prova legal, segundo o qual o papel do julgador se resume a reconhecer o valor que o legislador atribuiu a cada prova (Didier, Braga e Oliveira, 2023).

Já o ônus da impugnação específica, previsto no art. 341 do CPC, atribui ao réu o ônus de se manifestar precisamente sobre as alegações de fato constantes da petição inicial, sob pena de elas se presumirem verdadeiras. Assim, diante de um *print* de tela, espera-se que o magistrado analise, inicialmente, se há elementos que demonstrem a autoria do documento, sua integridade e temporalidade. Todavia, o fio condutor para a valoração dessa prova será, necessariamente, o teor da impugnação feita pela parte contra quem o documento produzido.

A não ser que o documento esteja incompleto, rasurado ou ilegível, o seu valor probante dependerá, principalmente, da existência de uma impugnação específica feita pela parte contrária. Nesse sentido, o art. 225 do Código Civil exige que a impugnação de reprodução fotográfica, como é caso da imagem do *print* de tela do *WhatsApp*, seja feita com exatidão.

Não basta a parte que teve o documento produzido contra si dizer que "o *print* de tela não é válido como meio de prova" ou que "esse meio de prova é uma prova ilícita" ou que "não é possível saber se esse documento foi feito com a participação do autor (ou do réu)". A impugnação tem que ser feita com exatidão.

Nesse sentido, a autenticidade do *print* de tela, por exemplo, seja em relação ao seu elemento subjetivo (autoria), seja em relação ao elemento objetivo (origem) deve ser especificamente impugnados, nos termos do art. 411, III, do CPC, que considera autêntico o documento quando não houver impugnação da parte contra quem foi produzido o documento.

A reprodução fotográfica de um documento, como é o caso do *print* de tela, tem aptidão para fazer prova dos fatos ali representados, se a sua conformidade com o documento original não houver sido impugnada. Para tanto, é importante notar que a parte que teve a prova produzida contra si pode exportar a integralidade das mensagens que trocou com quem produziu o documento. Existe, ainda, a possibilidade de ambas as partes fazerem essa exportação, de maneira que o magistrado possa comparar o conteúdo das mensagens das duas partes, comparando com as imagens correspondentes aos *prints* de tela.

Mesmo em caso de devida impugnação, não é qualquer tipo de impugnação genérica que será considerada válida, como, por exemplo, a alegação de que a parte não aceita determinada fotografia (*print* de tela, no caso), pois “não tem como saber se foi adulterada ou criada”. Ora, o art. 436, parágrafo único, do CPC, traz a exigência de impugnação específica, fundamentada em casos de alegação de falsidade ou dúvida quanto ao seu conteúdo, sendo que, pelo quanto previsto no art. 429 (I e II) do CPC, o ônus da prova é, em se tratando de falsidade, da parte que arguiu e, em se tratando de impugnação à autenticidade, da parte que produziu o documento. Há inclusive obrigação de se preservarem esses dados, esses registros, “no original”. Isto é, as mensagens deverão ser examinadas, seja para demonstrar a impugnação, seja para confrontar com outra, como se admite também no art. 441 do CPC.

Uma outra possibilidade é que o magistrado tome o depoimento das partes e, a partir do conteúdo dos depoimentos, elucide se o *print* de tela é de sua autoria, se a conversa ali constante efetivamente existiu e se o seu conteúdo foi adulterado ou não. Nesse sentido, além da possibilidade citada de ambas as partes exportarem as conversas até mesmo durante a audiência telepresencial, não se descarta a possibilidade de se marcar uma sessão para extração desses dados ou de se fazer uma inspeção judicial para visualização das conversas no próprio aparelho.

Se por um lado, uma das partes pode se recusar à produção dessas provas, submetendo-se aos ônus daí decorrentes, por outro, é bem provável que a parte a favor de quem a prova foi produzida tenha interesse na sua produção e opte por fazê-lo. Sem falar que se a controvérsia for apenas a respeito da autenticidade e temporalidade do documento, a simples expedição de ofício ao aplicativo de mensageria poderá atestar se naquele dia e horário especificados no *print* de tela, houve a troca de mensagens entre os interlocutores ali envolvidos.

Portanto, o primeiro ponto a ser considerado é: se não houve impugnação quanto ao que foi apresentado, o *print* de tela valerá sim como prova, a não ser que tenha sido obtido ilegalmente. E sempre será possível e oportuna a valoração pelo magistrado quanto à necessidade de se obterem dados adicionais que lhe tragam maior tranquilidade, e assertividade, se assim entender pertinente, como por exemplo, na hipótese de um trecho da conversa não ter sido impugnado e o magistrado solicitar a exportação de toda a respectiva conversa para entender seu contexto.

Essa possibilidade é garantida pelo disposto no art. 765 da CLT, que faculta ao magistrado sair de uma postura de total inércia na busca da formação de seu convencimento, agindo, por certo, pautado pela razoabilidade, proporcionalidade e com pertinência ao quanto determinado. Aliás, como já se faz também há tempos, *verbi gratia*, nos casos de oitiva da testemunha referida, da confissão obtida pelo interrogatório da parte mesmo em casos de revelia ou da inspeção judicial em casos de dúvidas acerca de determinado fato. E, em todas essas hipóteses, decerto, sempre estarão garantidos o devido processo legal e o contraditório.

Fato é que todas essas possibilidades têm que ser tratadas dentro da dinâmica das conversas de *WhatsApp*, sendo certo que existe a possibilidade de se configurar uma limpeza periódica das conversas. No entanto, também se deve ressaltar que pode ser possível a recuperação das mensagens, seja por meio de *backup* ao reinstalar o aplicativo, seja por meio de ferramentas pagas, como *DrPhone* ou até por meio de uma perícia computacional.

Relevante frisar que hoje em dia existem várias ferramentas privadas que auxiliam na preservação desses dados e metadados, gerando um comprovante seguro dessas conversas, de áudios e de arquivos de mídia, as quais têm sido tranquilamente admitidas pelas instâncias judiciais, a exemplo da *Verifact*, a *OriginalMy*, a *DataCertify*. Além disso, também existe a própria ata notarial, não obstante seu alto custo, sua relativa imprecisão técnica e o problema da temporalidade.

Delimitado o ponto controvertido, a partir da impugnação da prova documental é que se passará à fase seguinte da valoração da prova para, somente após a análise detida do conjunto probatório se concluir pela validade ou não do *print* de tela, como se demonstrará adiante.

4. A validade do *print* de tela e o conjunto probatório

Carnelutti (1999) afirmava que as provas poderiam ser representativas, também chamadas de históricas, e críticas. A prova representativa constitui uma narração dos fatos passados, tendo a função de tornar presente um objeto ausente, ou constituir um equivalente da presença do objeto. A prova crítica, por sua vez, configura-se por um juízo por meio do qual a reconstrução da imagem do fato é feita. Assim, a prova crítica é obtida pela reconstrução pela razão, ou seja, por meio de um juízo de existência de determinado fato, enquanto a prova representativa fornece a imagem direta do fato a avaliar.

Quando um *print* de tela é apresentado num processo trabalhista, tem-se a imagem direta do fato a ser avaliado. Essa imagem pode corresponder fielmente ao que aconteceu ou pode ter sido adulterada.

Esclarecidos os fatos quanto ao documento apresentado, passa-se então à sua respectiva valoração dentro de todo um contexto probatório muito mais amplo, sendo considerado junto a outros elementos, já existentes ou a serem apresentados, se ainda assim for o caso, para a formação do convencimento e tomada de decisão.

Assim, sendo o documento impugnado, o magistrado possui inúmeros meios para buscar a validade ou não do *print* de tela antes de desconsiderá-lo. Uma das formas mais eficazes de se atestar o conteúdo é indagar às partes sobre o teor das conversas retratadas nos *prints*. Muitas vezes ambas as partes reconhecem o que está constante, apresentando versões dissonantes na interpretação daquilo que se encontra registrado. Cabe ao juiz, então, interpretar o conteúdo sem descartar o *print*. Confessada a existência e a extensão da conversa, valida-se o *print* de tela.

A falta de impugnação adequada, conforme mencionado acima, também é capaz de validar o *print* de tela, constituindo, ao menos, uma admissão tácita do teor do registro.

Dizer pura e simplesmente que *print* de tela não é válido como prova no processo do trabalho seria o mesmo que dizer que os recibos não serão mais aceitos, pois a assinatura pode ter sido falsificada, ou não aceitar um TRCT, pois ele pode ter sido criado e, também, ter a assinatura falsificada, ou ainda não aceitar um atestado médico, pois sua data pode ter sido modificada.

Esse equívoco decorre da importação de decisões e conceitos obtidos do processo penal, que há muito tempo utiliza dados e registros em investigações criminais, e cuja sistemática processual é muito diferente da cível e da trabalhista, inclusive quanto aos requisitos de validade das provas e sua respectiva valoração, a exemplo do quanto prescrito no art. 386, II, do CPP, que prevê que o juiz absolverá o réu desde que reconheça não haver prova inequívoca da existência do fato.

Nesse sentido, ressalta-se que desde o surgimento dos telegramas como meio de prova, ou da utilização de fax para transmissão de petições, que Dinamarco (2011) afirma que o rigor quanto à autenticação não é condizente com o regime probatório do CPC, que dispensa prova dos fatos não contestados e incita uma interpretação sistemática, exceto nas hipóteses de impugnação da autenticidade ou da reprodução, e naquelas em que magistrado tiver razões para não confiar na prova.

Logo, no Processo do Trabalho, o caminho a ser percorrido quando da análise da validade do *print* de tela levará em conta os seguintes fatores: 1) natureza de documento do *print* de tela; 2) necessidade de uma impugnação específica; 3) aptidão para a produção da prova guiada pela distribuição dinâmica do ônus da prova; 4) escopo de esclarecer os fatos controvertidos para o convencimento do magistrado que poderá, assim, proferir uma decisão mais assertiva, mais correta e, portanto, mais justa, garantindo maior segurança jurídica e pacificação social.

Destaca-se que a validade da prova não se confunde com a sua valoração. A validade está mais ligada aos conceitos doutrinários de prova lícita — assim considerada aquela obtida em conformidade com o direito material ou ilegítima, quando não observa o direito processual. Já a valoração guarda relação com o valor probante do documento que leva em conta a sua impugnação ou não, o ônus da prova, a aptidão para a prova, dentro de um conjunto probatório, cujo objetivo é buscar a verdade.

Considerações finais

Os dados produzidos em smartphones, assim como vários outros, há muito tempo são trazidos aos processos trabalhistas para fins de demonstração de alguma tese específica, no intuito de auxiliar na formação da convicção do magistrado, a exemplo dos relatórios de horários de uso de transporte público, dos registros digitais de acesso a áreas restritas, como UTI em um hospital, espelhos de ponto biométrico, ou ainda fotografias digitais e os *prints* de tela, os quais, neste formato, àquelas se equiparam, ou seja, a fotografias digitais.

A difusão das conversas de *WhatsApp* em aparelhos de celular gera uma quantidade incalculável de dados que podem ser utilizados em processos trabalhistas. Não se pode simplesmente ignorar essa realidade. Descartar *a priori* a possibilidade de utilizar esses registros nos processos configura uma perda gigantesca de dados que poderiam servir à busca da verdade.

E como diz o ditado, "não se deve jogar o bebê fora com a água do banho". Não é porque parte do texto da conversa de *WhatsApp* pode estar potencialmente contaminada, e ainda que de fato esteja, se houver algo a ser aproveitado isso pode ser muito útil. O fato é que não se tem nenhuma certeza da verdade do registrado e, a não ser por uma reconstrução cuidadosa e detalhada do passado, ignorar o documento apresentado não passa de um "lavar as mãos".

É a partir do fundamento da impugnação que o magistrado poderá direcionar a conduta para a busca de outros dados e elementos para verificar sobre a validade ou não do documento apresentado, por exemplo: 1) solicitando a exportação na íntegra da mensagem — para superar a alegação de que houve adulteração desse arquivo (possível, pelo formato de exportação), deve-se pedir aos interlocutores que o façam, uma vez que se trata de uma conversa e, como tal, é bilateral, de forma que duas versões precisam estar espelhadas, facilitando muito a análise de qualquer adulteração por uma das partes; 2) pode-se analisar diretamente as conversas no aparelho, seja em audiência presencial, ou em audiência telepresencial; 3) solicitar os *logs* de registro ao provedor, sobretudo nas alegações de negativa da existência das trocas de mensagens; 4) buscar os arquivos de mídia na nuvem ou ainda, e em último caso, 5) determinar a realização de perícia computacional.

O ideal é buscar aproveitar ao máximo o documento apresentado por uma ou ambas as partes. Pode o documento ser integralmente aceito se não impugnado. Pode ainda ser impugnado de forma genérica e ainda será aceito. Ou pode ser especificamente impugnado, mas de modo parcial, sendo o restante não impugnado aproveitado. Além disso, pode ser totalmente impugnado de forma específica, mas outros meios de prova podem levar ao convencimento do juiz de que se trata de um documento válido, como no caso de confissão em depoimento, de confronto com a prova apresentada pela outra parte, inclusive utilizando-se de exportação de conversa ou de dados enviados pela operadora e, por último, o que é difícil, mas em tese possível, do revelado em perícia computacional.

Enfim, espera-se que a discussão seja a mais ampla possível e se admita o *print* de tela como regra, sendo invalidada apenas a prova cuja autenticidade for impugnada e desde que não seja confirmada a sua veracidade. Em se tratando de prova obtida licitamente e de forma legítima, o *print* de tela é válido como meio de prova, com base no art. 369 do CPC, ficando a sua valoração condicionada à postura processual das partes, à valoração da prova pelo magistrado e os demais meios de prova do conjunto probatório.

Foi-se o tempo em que a forma de determinado documento poderia impedir sua valoração como meio de prova. O ordenamento jurídico brasileiro evolui juntamente com a sociedade, a qual não deseja que uma prova seja considerada sem que se analise detidamente a sua validade, mas ao mesmo tempo, não se conformará com o desprezo de documento, cuja autenticidade, integridade e temporalidade podem ser facilmente detectados. A tecnologia está aí para isso. Para andar junto com o Direito e para auxiliar o juiz e a sociedade.

Referências

CARNELUTTI, F. *Teoria geral do direito*. São Paulo: Lejus, 1999. Trad. de Antônio Carlos Ferreira.

DINAMARCO, C.R. *Instituições de Direito Processual Civil*. vol. III. São Paulo: Malheiros, 2001.

DIDIER JR., F., BRAGA, P. S., OLIVEIRA, R .A. *Curso de Direito Processual Civil*. vol. 2. Salvador: JusPodivm, 2023.

DOURADO, B. "Ranking: as redes sociais mais usadas no Brasil e no mundo em 2023, com insights, ferramentas e materiais." *Resultados Digitais*, 2023. Disponível em: https://resultadosdigitais.com.br/marketing/redes-sociais-mais-usadas-no-brasil/. Acesso em: 19 dez. 2023.

FURNO, C. *Teoria de la prueba legal*. Madri: Editorial Revista de Derecho Privado, 1954.

LOPES, Vitor Hugo. "STJ inviabiliza uso de *prints* de *WhatsApp* como meio de prova." *Migalhas*, 9.2.22. Disponível em: https://www.migalhas.com.br/depeso/359527/stj-inviabiliza-uso-de-prints-de-WhatsApp-como-meio-de-prova. Acesso em: 19 dez. 2023.

MOREIRA, Fernando Mil Homens. "Razões da imprestabilidade probatória dos *prints* de conversas por *WhatsApp.*" *Conjur*, 24 ago. 2023. Disponível em: https://www.conjur.com.br/2023-ago-24/fernando-moreira-prints-WhatsApp-anexados-processos/#:~:text=%5B18%5D%20%22A%20utiliza%C3%A7%C3%A3o%20de,%2C%202%C2%AA%20C%C3%A2mara%20C%C3%ADvel%2C%20Ap. Acesso em: 19 dez. 2023.

SALGADO, D. "*WhatsApp* no Brasil: pesquisa revela dados sobre o comportamento do brasileiro." *Opinion Box*, 31 maio 2023. Disponível em: https://blog.opinionbox.com/pesquisa-WhatsApp-no-brasil/. Acesso em: 19 dez. 2023.

TARUFFO, M. *La prueba*. Madri: Marcial Pons, 2008.

3

Pressupostos de validade e de utilidade das provas digitais

Camila Ceroni Scarabelli

Resumo: A Revolução 4.0 tornou o mundo cada vez mais digital, aumentando as interações sociais de forma eletrônica e digital, o que reflete no Poder Judiciário, tanto em seus processos que passaram a ser eletrônicos, quanto também nos meios de prova.

A prova digital surge para atender a demanda do mundo digital, onde a quantidade de dados pessoais, informações, áudios, vídeos, mensagens circulam maciçamente pela rede mundial de computadores e precisam ser coletados e armazenados com as devidas cautelas e segurança, para evitarem alteração e modificação de conteúdo, a fim de que possam servir como meio de prova mais específico no processo judicial, compatível com os dados, informações e conteúdo originariamente digitais.

O objetivo deste artigo é analisar a prova digital e seus requisitos de validade, bem como sua utilidade como meio de prova no processo judicial. Para tanto, foi utilizado o método técnico-científico, mediante pesquisa qualitativa, explicativa e bibliográfica em doutrina, legislação e jurisprudência, objetivando identificar a utilidade dessa prova e os requisitos necessários para sua validade. Como resultado dessa pesquisa, identificou-se que para se evitar a volatilidade e a fragilidade dessa prova, a prova digital será válida se cumprir os pressupostos de autenticidade, de integridade e de preservação da cadeia de custódia. Concluiu-se que no mundo ideal, desde logo a parte litigante interessada em fazer uso desse meio de prova, deve apresentá-la no processo judicial comprovando o cumprimento dos presupostos de validade da prova digital, mas, não o fazendo, a validade ou não desse meio de prova estará vinculada à inexistência ou não de impugnação de sua formalidade e/ou de seu conteúdo pela parte contrária, nos termos disciplinados pela legislação processual.

Introdução

O presente artigo abordará os pressupostos de validade das provas digitais, precipuamente, de autenticidade, de integridade e de preservação da cadeia de custódia. Também se dedica a mencionar algumas ferramentas que podem ser utilizadas na atualidade para que tais provas possam ser apresentadas no processo judicial com mais segurança jurídica, preservando os seus requisitos de validade.

Vivemos hoje em dia uma chamada "sociedade digital", referida pelos doutrinadores como fruto da 4ª Revolução Industrial, a qual, em razão da velocidade das mudanças da profundas e o avanço tecnológico, trouxe consigo um impacto sistêmico decorrente dessa imersão nessas novas tecnologias. Com a pandemia da Covid-19 que assolou o país e o mundo desde março de 2020, houve um aprofundamento ainda maior na utilização de recursos tecnológicos na sociedade, sendo que a maior parte das pessoas passou a fazer praticamente tudo no mundo digital, pois estão nas redes sociais, conversam por *WhatsApp* e *smartphones*, utilizam bancos e fazem compras pela *internet* etc., sendo que para isso acaba fortalecendo seus dados pessoais aos respectivos aplicativos.

Tudo que fazemos nesse mundo digital gera uma enorme quantidade de dados, denominada de *Big Data*, o que acaba deixando vestígios e "pegadas" nossas nesse mundo digital, assim como tem gerado impacto nas relações de trabalho, ocasionando debates sobre as novas formas de trabalho, como aqueles decorrentes da utilização de plataformas digitais para trabalho.

No entanto, o presente artigo não abordará os impactos dos avanços tecnológicos no campo do Direito Material, mas apenas o aspecto processual probatório.

É necessário esclarecer que as provas digitais não vieram para substituir e eliminar a prova testemunhal, sendo meio probatório adicional, que pode ser utilizado quando compatibilizado com o respeito aos direitos fundamentais e desde que cumpridos seus pressupostos específicos de validade.

A prova oral continua sendo um dos principais meios probatórios utilizados no processo cível, especial e principalmente no trabalho, onde impera o princípio da oralidade. E por meio da prova oral, poderão ser esclarecidas circunstâncias fáticas que, por meio da prova digital, não se conseguiu esclarecer ou porque houve impugnação da prova digital por descumprimento de algum de seus requisitos de validade.

Portanto, os meios de prova não são excludentes, mas complementares. E é nesse contexto que deve ser acolhida e aceita a prova digital nos processos judiciais, desde que cumpridos os pressupostos necessários para sua validade.

1. Sociedade hiperconectada

Para melhor compreensão dos impactos desse mundo digital, há que se comparar que em 2016, a população brasileira era de 206,08 milhões de habitantes segundo dados divulgados pelo Instituto Brasileiro de Geografia e Estatística — IBGE,[1] e a quantidade de dispositivos conectados à internet somavam 244 milhões à época, um pouco mais de dispositivos conectados do que a quantidade de população brasileira.

Apesar da retração da população em 2022, para cerca de 203 milhões de habitantes,[2] de acordo com a 34ª Pesquisa Anual da FGV sobre Panorama do uso de TI no Brasil,[3] apurou que em 2023 a população estava bem mais hiperconectada, pois havia 1,2 *smartphone* por habitante e cerca de 1 computador por habitante, além de outros dispositivos portáteis, havendo 249 milhões de celulares inteligentes em uso no Brasil e 364 milhões de dispositivos portáteis (*Notebooks* e os *Tablets*) totalizando cerca de 613 milhões de equipamentos digitais, sendo que o fato de a população passar a trabalhar e estudar de forma híbrida, contribuiu para o aumento do uso e venda de dispositivos digitais.

E quanto mais dispositivos conectáveis à internet existirem, maior também será a atividade das pessoas nesse meio, aumentando a quantidade de registros digitais e vestígios digitais que podem servir como prova digital em processos judiciais.

2. Prova digital *versus* outros meios de prova

O próprio Poder Judiciário também sofreu reflexos das inovações tecnológicas e vem as implantando paulatinamente, desde a Lei n. 11.419/2006, vindo a efetuar a abolição dos antigos processos físicos para a implementação dos modernos processos eletrônicos, à luz da Resolução n. 185/2013 do Conselho Nacional de Justiça — CNJ.[4]

Desde então, com o objetivo de aumentar a sua eficiência, reduzir os gastos, ampliar o acesso digital e disponibilizar informações em tempo real, o Conselho Nacional de Justiça vem normatizando, e os Tribunais implementando, as modernizações ao processo judicial que compõem o Microssistema de Justiça Digital,[5] envolvendo o sistema de Processo Judicial Eletrônico — PJe, a realização de audiências no formato telepresencial ou por videoconferência, a adesão ao Juízo 100% Digital, a implantação dos Núcleos de Justiça 4.0, a adoção do Programa Justiça 4.0, a implantação da Plataforma Digital do Poder Judiciário (PDPJ), inclusive com a produção de provas digitais.

---

(1) IBGE. "Brasil já tem 206 milhões de habitantes". *Agência Brasil*. 30 ago. 2016. Disponível em: https://agenciabrasil.ebc.com.br/geral/noticia/2016-08/ibge-brasil-ja-tem-206-milhoes-de-habitantes#:~:text=O%20Brasil%20tem%20206%2C08,ano%2C%20206.081.432%20habitantes.

(2) IBGE. "De 2010 a 2022, população brasileira cresce 6,5% e chega a 203,1 milhões". *Agência IBGE Notícias*, 28 jun. 2023. Disponível em: https://agenciadenoticias.ibge.gov.br/agencia-noticias/2012-agencia-de-noticias/noticias/37237-de-2010-a-2022-populacao-brasileira-cresce-6-5-e-chega-a-203-1-milhoes.

(3) FGV. *Pesquisa do Uso de TI*, abril/2023. Disponível em: https://eaesp.fgv.br/producao-intelectual/pesquisa-anual-uso-ti.

(4) Disponível em: https://atos.cnj.jus.br/atos/detalhar/1933.

(5) SCARABELLI, Camila Ceroni. "Microssistema de Justiça Digital." *Revista do Tribunal Regional do Trabalho da 15ª Região Campinas/SP*, n.. 63, jul./dez. 2023, p. 173-195.

Embora não se defenda a total substituição e eliminação das provas orais e documentais pelas provas digitais, há que se compreender que a vantagem que a prova digital tem sobre as provas orais é que esta última está sujeita à fragilidade da memória humana e dos riscos de distorções decorrentes da falsa memória, o que relativiza os efeitos pretendidos pela prova testemunhal.

No entanto, a memória humana não interfere no conteúdo da prova digital, que permanecerá, mesmo com o decurso do tempo, preservando a precisão originária sobre o registro do fato, exceto se levianamente adulterada ou se não for adequadamente preservada.

As provas digitais também não eliminaram a existência de documentos particulares e documentos públicos, os quais continuam possuindo valor probatório e produzindo seus efeitos no mundo jurídico.

Não é possível considerar que a prova digital esteja repleta apenas de vantagens, nem que os demais meios de provas apenas contenham desvantagens. Cada meio de prova tópico e atípico contém seus pontos positivos e negativos, custo, forma de preservação e produção, dentre outras peculiaridades, incumbindo ao Poder Judiciário atribuir o valor probatório devido a cada uma delas, observando-se o Microssistema de Justiça Digital implantado, o respeito aos direitos fundamentais e a garantia da segurança e validade da prova digital.

Diante da realidade vivenciada em um mundo cada vez mais digital, não se pode cogitar de viver eternamente alheio aos avanços tecnológicos nessa sociedade hiperconectada, de forma que aos profissionais da área jurídica é indispensável se capacitarem e se manterem atualizados a respeito de toda essa temática para poderem atuar adequadamente e com eficiência nessa Sociedade Digital, que se espalha também na seara processual.

3. Provas digitais e direitos fundamentais

As provas digitais reúnem grande volume de dados e vestígios digitais, dentre os quais também há dados pessoais, havendo necessidade de compatibilizar a busca da verdade processual — que não é propriamente apenas e exclusivamente a verdade real, mas sim a verdade mais justa possível — com a proteção de direitos fundamentais, dentre os quais a intimidade e vida privada (art. 5º, X, da CF), sigilo das comunicações e dos dados em trânsito (art. 5º, XII, da CF), proteção aos dados pessoais, inclusive nos meios digitais (art. 5º, LXXIX, da CF).

De acordo com o estabelecido na Constituição Federal, não há vedação em nosso país para a utilização de comunicações e dados em trânsito para instrução de investigação criminal ou instrução processual penal.

Embora não haja vedação constitucional para a utilização de dados estáticos e armazenados para fins não criminais, há necessidade de cautela adicional para não serem afrontados os direitos fundamentais à proteção de dados, à proteção de dados digitais, à proteção à intimidade e à vida privada (art. 5º, X e LXXIX, da CF), havendo necessidade de compatibilizá-los para fins de se chegar à verdade mais justa possível, ou seja, a verdade mais próxima possível da realidade que o processo conseguir apurar.

E a devida compreensão a respeito se faz necessária, haja vista que as provas digitais estão relacionadas diretamente a dados pessoais, tais como identificação de dados de geolocalização, de *sites* consultados, mensagens eletrônicas e digitais enviadas e recebidas, com quais pessoas cada interlocutor interage nas redes sociais e pela internet, dados de data e horário de cada acesso, conexão, interação e atividade "*on line*", de forma que o cruzamento desses dados, que são coletados e armazenados pelos aplicativos (dados de conexão e dados de aplicativo) podem chegar a compor um mapeamento completo do ser humano, inclusive quanto a características pessoais e a posturas comportamentais, até sobre sua forma de pensar e de agir.

Por isso, é de crucial importância a proteção trazida pela LGPD aos dados pessoais, estabelecendo como um de seus fundamentos a "autodeterminação informativa" (art. 2º, II), segundo a qual é direito de cada pessoa natural controlar e proteger seus dados pessoais, como garantia que cada cidadão possui para analisar e controlar as informações e dados a seu próprio respeito que podem ser coletados, armazenados e tratados.

A Lei do Marco Civil na Internet, Lei n. 12.965/2014, assegura o dever de guarda em ambiente controlado e de segurança, sob sigilo e por um ano, os dados e registro de conexão pelo provedor de conexão à internet (art. 13), incumbindo ao provedor de aplicações de internet manter a guarda dos registros de acesso a aplicações de internet, também sob sigilo, em ambiente controlado e de segurança, mas pelo prazo de 6 meses (art. 15). Referidos registros poderão ser requeridos pela autoridade policial ou administrativa e pelo Ministério Público, sendo que sua exibição também poderá ser determinada judicialmente (art. 13 e 15), sendo que a disponibilização de conteúdo a terceiros sem a prévia autorização judicial ou autorização dos próprios participantes implicará responsabilização do provedor (art. 21).

A devida compreensão a respeito da necessidade de compatibilização desses direitos fundamentais com o direito à produção probatória, bem como a aferição da proporcionalidade e da razoabilidade da sua utilização são necessárias para dar legitimidade à utilização de provas digitais.

Uma das primeiras Constituições a assegurar a proteção de dados como direito fundamental foi a Constituição Portuguesa, de 1976, demonstrando a preocupação com a proteção em face do uso da informática e dos dados pessoais.

Mas em pleno século XI existem países que não possuem proteção constitucional aos dados como direito fundamental.

O Tribunal Constitucional de Portugal, analisando a constitucionalidade dos arts. 4º, 6º e 9º da Lei n. 32/2008, que estabelecia o dever de os fornecedores de serviços de comunicações eletrônicas publicamente disponíveis ou de rede pública de comunicações efetuarem a guarda por um ano dos dados de tráfego e localização das comunicações eletrônicas, cujo fornecimento somente poderia ser feito após autorização judicial por despacho fundamentado de juiz da instrução, se a diligência fosse realmente indispensável para a descoberta da verdade, proferiu o acórdão 268/2022, através do qual declarou a inconstitucionalidade dos arts. 4º e 6º da mencionada lei europeia pela devassa indiscriminada na intimidade, vida privada e autodeterminação informativa das pessoas, sem distinção, por isso não atendendo aos critérios da proporcionalidade., assim como declarou inconstitucional o art. 9º da mesma lei porque não prevê a comunicação à pessoa que teve seus dados investigados, em nenhum momento da investigação:

> III. DECISÃO
>
> Pelos fundamentos expostos, o Tribunal Constitucional decide:
>
> a) Declarar a inconstitucionalidade, com força obrigatória geral, da norma constante do art. 4º da Lei n. 32/2008, de 17 de julho, conjugada com o art. 6º da mesma lei, por violação do disposto nos números 1 e 4 do art. 35º e do n. 1 do art. 26º, em conjugação com o n. 2 do art. 18º, todos da Constituição;
>
> b) Declarar a inconstitucionalidade, com força obrigatória geral, da norma do art. 9º da Lei n. 32/2008, de 17 de julho, relativa à transmissão de dados armazenados às autoridades competentes para investigação, deteção e repressão de crimes graves, na parte em que não prevê uma notificação ao visado de que os dados conservados foram acedidos pelas autoridades de investigação criminal, a partir do momento em que tal comunicação não seja suscetível de comprometer as investigações nem a vida ou integridade física de terceiros, por violação do disposto no n. 1 do art. 35º e do n. 1 do art. 20º, em conjugação com o n. 2 do art. 18º, todos da Constituição.
>
> (...)
>
> DECLARAÇÃO DE VOTO CONJUNTA
>
> Subscrevemos integralmente a decisão. No entanto, e tal como sustentou a requerente, consideramos que as normas dos arts. 4º e 6º da Lei n. 32/2008, 17 de julho, materializam também uma restrição desproporcionada do direito à inviolabilidade das comunicações, consagrado nos ns. 1 e 4 do art. 34º da Constituição, ao determinarem a conservação generalizada dos dados de tráfego gerados pelas comunicações entre pessoas (ou sua tentativa).
>
> A garantia de inviolabilidade das comunicações, que vincula as entidades privadas (cfr. Acórdão n. 464/2019), dirige-se à proteção de uma esfera de privacidade e de sigilo no específico domínio das comunicações interpessoais. A Constituição consagra uma garantia constitucional autónoma face àquela que já decorreria do n. 1 do art. 26º da Constituição; uma defesa constitucional independente quanto à proteção das comunicações,

com um regime de inviolabilidade mais intenso e cujas exceções são constitucionalmente determinadas. E que abrange não apenas o conteúdo da comunicação como os dados de tráfego gerados a seu propósito (Acórdão n. 403/2015).

Nessa medida, ainda que se considerasse que a agressão ao direito à inviolabilidade das comunicações pudesse ser incluída no âmbito da "matéria de processo criminal", tendo especialmente em conta que se procede a uma ingerência nas comunicações entre pessoas que não estão, sequer remotamente, ligadas a qualquer processo criminal, consideramos que deveria ter sido mobilizado como parâmetro do juízo positivo de inconstitucionalidade o direito consagrado nos ns. 1 e 4 do art. 34º da Constituição.[6]

Em âmbito nacional, a proteção de dados, inclusive nos meios digitais, alcançou proteção constitucional somente com a Emenda Constitucional n. 115, de 10.2.2022, quando foi incluída como direito fundamental no art. 5º, LXXIX, da Constituição Federal.

No entanto, o Supremo Tribunal Federal já havia decidido nos precedentes contidos nos julgamentos das Ações Diretas de Inconstitucionalidade 6.387, 6.388, 6.389, 6.393, 6.390 que a privacidade do indivíduo, como direito fundamental que é, somente poderá ser mitigada diante da justificativa legítima, haja vista que tanto a garantia da inviolabilidade da intimidade e da vida privada quanto a proteção de dados pessoais — e com ela a autodeterminação informativa — são direitos fundamentais, portanto, não absolutos, mas que precisam ser protegidos, não podendo ser vilipendiados injustificadamente e nem mesmo quando isso for desnecessário.

No Brasil, havia sido adotada a Medida Provisória n. 954, de 17.4.2020, determinando o compartilhamento de dados por empresas de telecomunicações prestadoras de Serviço Telefônico Fixo Comutado e de Serviço Móvel Pessoal com a Fundação Instituto Brasileiro de Geografia e Estatística — IBGE, para fins de suporte à produção estatística oficial durante a situação de emergência de saúde pública de importância internacional decorrente do novo coronavírus Sars-CoV2, causador da Covid-19, fundamentando tal necessidade de compartilhamento de danos como sendo uma medida de enfrentamento da pandemia, nos termos da Lei n. 13.979, de 6 de fevereiro de 2020.

Contudo, o Supremo Tribunal Federal, no julgamento da ADI 6.387, ajuizada pelo Conselho Federal da OAB, decidiu por suspender a eficácia da MP n. 954/2020, em razão da violação constitucional aos direitos fundamentais à intimidade e à vida privada:

MEDIDA CAUTELAR EM AÇÃO DIRETA DE INCONSTITUCIONALIDADE. REFERENDO. MEDIDA PROVISÓRIA N. 954/2020. EMERGÊNCIA DE SAÚDE PÚBLICA DE IMPORTÂNCIA INTERNACIONAL DECORRENTE DO NOVO CORONAVÍRUS (COVID-19). COMPARTILHAMENTO DE DADOS DOS USUÁRIOS DO SERVIÇO TELEFÔNICO FIXO COMUTADO E DO SERVIÇO MÓVEL PESSOAL, PELAS EMPRESAS PRESTADORAS, COM O INSTITUTO BRASILEIRO DE

---

(6) PORTUGAL. Tribunal Constitucional Portugal. Plenário. *Processo n. 828/2019*. Acórdão n. 268/2022. Relator Conselheiro Afonso Patrão. Votação majoritária. Data de Julgamento: 19.4.2022. Disponível em: https://www.tribunalconstitucional.pt/tc/acordaos/20220268.html.

GEOGRAFIA E ESTATÍSTICA. *FUMUS BONI JURIS. PERICULUM IN MORA*. DEFERIMENTO. 1. Decorrências dos direitos da personalidade, o respeito à privacidade e à autodeterminação informativa foram positivados, no art. 2º, I e II, da Lei n. 13.709/2018 (Lei Geral de Proteção de Dados Pessoais), como fundamentos específicos da disciplina da proteção de dados pessoais. 2. Na medida em que relacionados à identificação – efetiva ou potencial – de pessoa natural, o tratamento e a manipulação de dados pessoais hão de observar os limites delineados pelo âmbito de proteção das cláusulas constitucionais assecuratórias da liberdade individual (art. 5º, *caput*), da privacidade e do livre desenvolvimento da personalidade (art. 5º, X e XII), sob pena de lesão a esses direitos. O compartilhamento, com ente público, de dados pessoais custodiados por concessionária de serviço público há de assegurar mecanismos de proteção e segurança desses dados. 3. O Regulamento Sanitário Internacional (RSI 2005) adotado no âmbito da Organização Mundial de Saúde exige, quando essencial o tratamento de dados pessoais para a avaliação e o manejo de um risco para a saúde pública, a garantia de que os dados pessoais manipulados sejam "adequados, relevantes e não excessivos em relação a esse propósito" e "conservados apenas pelo tempo necessário" (art. 45, § 2º, alíneas *"b"* e *"d"*). 4. Consideradas a necessidade, a adequação e a proporcionalidade da medida, não emerge da Medida Provisória n. 954/2020, nos moldes em que editada, interesse público legítimo no compartilhamento dos dados pessoais dos usuários dos serviços de telefonia. 5. Ao não definir apropriadamente como e para que serão utilizados os dados coletados, a MP n. 954/2020 desatende a garantia do devido processo legal (art. 5º, LIV, da CF), na dimensão substantiva, por não oferecer condições de avaliação quanto à sua adequação e necessidade, assim entendidas como a compatibilidade do tratamento com as finalidades informadas e sua limitação ao mínimo necessário para alcançar suas finalidades. 6. Ao não apresentar mecanismo técnico ou administrativo apto a proteger, de acessos não autorizados, vazamentos acidentais ou utilização indevida, seja na transmissão, seja no tratamento, o sigilo, a higidez e, quando o caso, o anonimato dos dados pessoais compartilhados, a MP n. 954/2020 descumpre as exigências que exsurgem do texto constitucional no tocante à efetiva proteção dos direitos fundamentais dos brasileiros. 7. Mostra-se excessiva a conservação de dados pessoais coletados, pelo ente público, por trinta dias após a decretação do fim da situação de emergência de saúde pública, tempo manifestamente excedente ao estritamente necessário para o atendimento da sua finalidade declarada. 8. Agrava a ausência de garantias de tratamento adequado e seguro dos dados compartilhados a circunstância de que, embora aprovada, ainda não vigora a Lei Geral de Proteção de Dados Pessoais (Lei n. 13.709/2018), definidora dos critérios para a responsabilização dos agentes por eventuais danos ocorridos em virtude do tratamento de dados pessoais. O fragilizado ambiente protetivo impõe cuidadoso escrutínio sobre medidas como a implementada na MP n. 954/2020. 9. O cenário de urgência decorrente da crise sanitária deflagrada pela pandemia global da Covid-19 e a necessidade de formulação de políticas públicas que demandam dados específicos para o desenho dos diversos quadros de enfrentamento não podem ser invocadas como pretextos para justificar investidas visando ao enfraquecimento de direitos e atropelo de garantias fundamentais consagradas na Constituição. 10. *Fumus boni juris* e *periculum in mora* demonstrados. Deferimento da medida cautelar para suspender a eficácia da Medida Provisória n. 954/2020, a fim de prevenir danos irreparáveis à intimidade e ao sigilo da vida privada de mais de uma centena de milhão de usuários dos serviços de telefonia fixa e móvel. 11. Medida cautelar referendada". (STF. Pleno. ADI 6387 MC-REF / DF. Relatora Ministra Rosa Weber. Votação majoritária. *DJe* 11.11.2020)

Na Justiça do Trabalho, essa temática das provas digitais está muito em voga, haja vista o entrelaçamento profundo dos avanços tecnológicos e implementação de tecnologia e informação nos contratos de trabalho para as mais variadas finalidades, desde a celebração digital de contratos, o controle de jornada eletrônico, biométrico, fotográfico e/ou por geolocalização, registro eletrônico de data e horário do recebimento de tarefas, bem assim do início e término de cada serviço executado, envio de ordens por superior hierárquico e comunicações em geral por mensageria eletrônica, aplicativos ou plataformas digitais, também utilizadas para apresentação de atestados, dentre inúmeras outras implementações na seara da relação de trabalho.

Portanto, se são realizados registros eletrônicos, biométricos e digitais de dados em geral e de dados pessoais do trabalhador e do empregador durante a relação de emprego, também advém na Justiça do Trabalho o interesse pela utilização de provas digitais, sendo também desse ramo do Poder Judiciário a reflexão da utilidade e necessidade das provas digitais, diante da necessidade de se compatibilizar a coleta, armazenamento e disponibilização desses dados em processos judiciais, ante a necessidade de proteção aos direitos fundamentais já mencionados anteriormente.

A esse respeito, o Tribunal Regional do Trabalho da 15ª Região (Campinas-SP) já se debruçou sobre a controvérsia relativa à proteção aos direitos fundamentais à intimidade, privacidade e proteção de dados pessoais *versus* utilidade da disponibilização de dados de geolocalização para comprovação de jornada de trabalho em ação trabalhista, conforme ementa que ora se transcreve:

> DADOS DE GEOLOCALIZAÇÃO. MEDIDA EXCEPCIONAL. AUSÊNCIA DE CERCEAMENTO DE DEFESA. A obtenção dos dados de geolocalização, especialmente em relação às operadoras de telefonia, é permitida no processo do trabalho. No entanto, *sua utilização pode implicar colisão de direitos fundamentais* (direito à prova por parte do empregador *versus* direito à intimidade e privacidade do empregado e de terceiros), devendo ser resolvida pelas regras da utilidade, proporcionalidade e razoabilidade à luz do caso concreto. É o que se depreende da aplicação subsidiária do disposto no art. 22, II, da Lei n. 12.965/2014 (uso da Internet no Brasil). Em outras palavras, *se for possível utilizar outro meio para a produção da prova, não será necessária a obtenção dos dados de geolocalização*. Segundo a reclamada, o gestor deverá envidar esforços para que os serviços sejam prestados dentro da jornada de trabalho, compreendida entre o login que dá acesso aos recursos de informática e o logout. Portanto, do prisma exclusivo da reclamada, toda a jornada estará compreendida nesse período, sendo que somente ela poderia oferecê-los ao Juízo para provar as suas alegações. Como não juntou o relatório desses dados, que só ela possui, não pode querer expor os dados sensíveis da reclamante. Cerceamento de defesa não configurado. (TRT 15ª Região, 3ª turma, 5ª Câmara, ROT 0010411-62.2019.5.15.0077, relator Desembargador Samuel Hugo Lima. votação unânime. Data de Julgamento: 23.8.2022, *DEJT*: 26.8.2022)

O Tribunal Regional do Trabalho da 12ª Região (Santa Catarina), analisando decisão em dissídio individual, constatou que embora a prova digital de geolocalização seja permitida por lei em nosso país, naquele caso específico estava em desacordo com os arts. 7º, 10 e 12 da Lei n. 12.965/2014, que dispõe sobre o Marco Civil na Internet no Brasil e art. 5º, X e XII, da CF/88, não bastando requerimento da parte interessada em acesso a dados de geolocalização, justamente porque atinge a esfera da vida privada das pessoas, sendo indispensável apresentar contundente argumentação de que os fatos que pretende comprovar não podem ser demonstrados de outra forma, nem pelos meios ordinários de prova, sendo necessária a produção de prova por meio diferenciado, respeitada a proporcionalidade e a necessidade de atendimento do interesse público:

> **MANDADO DE SEGURANÇA. PROVA DIGITAL DE GEOLOCALIZAÇÃO. REDISTRIBUIÇÃO DOS AUTOS POR APOSENTADORIA DA RELATORA ORIGINAL. MATÉRIA JÁ ESGOTADA NO ÂMBITO DO AGRAVO INTERNO INTERPOSTO À DECISÃO UNIPESSOAL DA ENTÃO RELATORA. CONCESSÃO DA SEGURANÇA EM DEFINITIVO. MANUTENÇÃO DA DECISÃO DO COLEGIADO, RESSALVADO POSICIONAMENTO PESSOAL DISTINTO DO NOVO RELATOR. ESPECIFICIDADE DO CASO.** Conquanto reconheça a autorização legal da prova digital de geolocalização, entendeu esta Seção Especializada que, no caso dos autos, a sua determinação, sem sequer terem sido ouvidas as partes e testemunhas, se revelou precoce, pelo risco de violabilidade da intimidade do trabalhador, o que, portanto, sugeriria excepcionalidade da medida em comento. Redistribuídos os autos a novo relator, por aposentadoria da relatora primigênia, a decisão unipessoal por ela lançada, uma vez confirmada pelo Colegiado em sede de agravo interno, implica agora a concessão da segurança em definitivo, ainda que com ressalva do posicionamento distinto do atual relator da ação, conforme especificidade do caso em debate, e fundamentos apresentados no presente acórdão. (TRT14. SDI2. MSCiv 0000658-34.2021.5.12.0000. Relator Narbal Antônio de Mendonça Fileti. votação unânime. Data de Julgamento: 14.2.2022. *DEJT* 21.2.2022)

Destaca-se, pela relevância para o tema ora em análise, o seguinte trecho do voto proveniente desse mandado de segurança:

> Tendo em vista essas premissas, e alinhando-as ao caso em tela, duas são as razões pelas quais entendo que a prova digital pretendida pela ré nos autos originaria e então autorizada pela autoridade dita coatora ainda não se faz necessária.
>
> A um, porque o pedido da autora versa sobre horas extras em uma semana por mês, durante a contratualidade, sendo matéria que, sabidamente, pode ser dirimida mediante a apresentação de documentos e produção de prova testemunhal, meios estes que foram expressamente requeridos pelas partes (inicial e defesa).
>
> A dois, porque ainda não ouvidas as partes e testemunhas até o presente momento, pelo que não esgotados, ainda, os meios ordinários de prova de forma a justificar o deferimento da prova digital. Precoce, portanto, a autorização judicial.
>
> Portanto, reitero que, embora autorizada por lei, a prova em questão há de ser ponderada com as garantias constitucionais de preservação da intimidade e do sigilo de dados de telefonia (ainda que aqui se trate de dados de internet), situação, a meu ver, não observada no caso em apreço, e que autoriza o deferimento da liminar pretendida, por violação a direito líquido e certo assegurado no art. 5º, X e XII, da Carta Magna.

No entanto, não se trata aqui de qualquer intento em defender a impossibilidade de apresentação de provas digitais em processos judiciais para defesa de direitos fundamentais, os quais não são absolutos, comportando análise da proporcionalidade e da necessidade x benefício, bem como o equilíbrio entre o direito fundamental à prova e o direito fundamental à privacidade e à intimidade.

Em caso paradigmático, o Superior Tribunal de Justiça, fazendo a análise de conformidade entre diversos direitos fundamentais em colidência, acolheu a validade da prova digital proveniente de conversas obtidas pelo aplicativo de *WhatsApp*, por entender que não estão resguardadas pelo direito constitucional de sigilo de correspondências pessoais:

> RECURSO ESPECIAL. *PROVA OBTIDA DE REGISTRO DE CONVERSAS MANTIDAS VIA APLICATIVO WHATSAP. COMPUTADOR PERTENCENTE À EMPRESA VÍTIMA.* E-MAIL *CORPORATIVO.* VIOLAÇÃO DO DIREITO A INTIMIDADE. NULIDADE. NÃO OCORRÊNCIA. INTIMAÇÃO ACERCA DA EXPEDIÇÃO DE CARTA PRECATÓRIA. DEFESA CIENTE. NULIDADE RELATIVA. CERCEAMENTO DE DEFESA. INEXISTÊNCIA. QUESTÃO NÃO ARGUIDA NA FASE DE ALEGAÇÕES FINAIS. PRECLUSÃO. AUSÊNCIA DE DEMONSTRAÇÃO DO PREJUÍZO. PRINCÍPIO *PAS DE NULLITÉ SANS GRIEF.* ALEGADA VIOLAÇÃO DE SÚMULA. IMPOSSIBILIDADE. INCIDÊNCIA DA SÚMULA 518/STJ. RECURSO ESPECIAL CONHECIDO EM PARTE E NÃO PROVIDO. 1. *O* e-mail *corporativo, por se tratar de uma ferramenta de trabalho, fornecida pelo empregador, não se equipara às correspondências pessoais*, não havendo falar em violação à intimidade do recorrente quando o empregador acessa arquivo de mensagens que se encontrava em computador utilizado como ferramenta de trabalho e de propriedade da empresa. 2. As nulidades ocorridas durante a instrução do feito devem ser arguidas na fase de alegações finais. Inteligência do art. 571, II, do CPP (HC 31.218/MG, Rel. Ministro NEFI CORDEIRO, SEXTA TURMA, julgado em 18.11.2014, *DJe* 4.12.2014). Se a matéria não foi suscitada em sede de alegações finais, inegável a preclusão do tema. 3. As nulidades em processo penal observam ao princípio *pas de nullité sans grief* inscrito no art. 563 do Código de processo Penal, segundo o qual não será declarada a nulidade do ato sem a efetiva comprovação do prejuízo experimentado pela parte, o que, como se observa, não ocorreu na espécie. 4. "Para fins do art. 105, III, a, da Constituição Federal, não é cabível recurso especial fundado em alegada violação de enunciado de súmula. Exegese do enunciado 518 da Súmula do STJ". (AgRg nos EDcl no REsp 1860178/RS, rel. Ministro ROGERIO SCHIETTI CRUZ, SEXTA TURMA, julgado em 16.06.2020, *DJe* 26.06.2020) 5. Recurso especial conhecido em parte e, nessa parte, não provido (STJ. 6ª Turma. REsp 1.875.319 – PR (2020/0117825-7). Relator Ministro Nefi Cordeiro. Votação unânime. Data de Julgamento: 15.9.2020.

Temos muito ainda a evoluir em termos de compatibilização das provas digitais com os direitos fundamentais. Ainda que no Brasil não haja vedação constitucional ao acesso aos dados estáticos das pessoas em processos desprovidos de natureza criminal, há inúmeras questões ainda por serem esclarecidas, tais como: se devem ser utilizadas as provas digitais em preferência aos demais meios probatórios típicos, ou se as provas digitais somente devem ser admitidas quando os fatos controvertidos não puderem ser comprovados por outros meios de prova menos invasivos da privacidade e da intimidade;

há necessidade de delimitação de até que ponto os dados pessoais podem ser acessados; quando os dados pessoais podem ser acessados; para quais finalidades os dados pessoais podem ser acessados. Portanto, é mais sensato que, nessa fase de evolução da adoção da prova digital em processo judicial, se verifique a proporcionalidade na utilização da prova digital no processo em geral com o que necessita ser comprovado no processo civil e no processo do trabalho, cuja potencialidade de lesividade da vida privada e da intimidade é proporcionalmente mais elevada e diferenciada em relação aos demais meios probatórios.

É mais sensato, portanto, nessa fase de evolução do uso da prova digital em processo judicial, que se observe a proporcionalidade na utilização dessa prova no processo em geral como que necessita ser comprovado no processo civil e no processo do trabalho, cuja potencialidade de lesividade da vida privada e da intimidade é proporcionalmente mais elevada e diferenciada em relação aos demais meios probatórios.

4. Evolução legislativa e fundamentos legais das provas digitais

A digitalização do processo e de atos processuais já são consideradas questões antigas no sistema processual nacional.

A Medida Provisória n. 2.200/01 já dispunha sobre garantir às declarações contidas nos documentos eletrônicos a presunção de veracidade quanto aos destinatários, desde que presente a certificação digital.

A Lei n. 11.419/06 determinava que os extratos digitais e documentos digitalizados juntados aos autos têm a mesma força probante dos originais, ressalvada a alegação motivada e fundamentada de adulteração antes ou durante o processo de digitalização.

Na última década ocorreu uma intensificação da digitalização, até pela maior inserção no Mundo Digital, havendo mais conexões à internet do que usuários individualizados, em que pese ainda remanesçam na sociedade alguns excluídos digitais, como bem reconhece o Conselho Nacional de Justiça na Recomendação n. 101/2021.

Os arts. 369 do CPC e 765 da CLT asseguram, entre os meios atípicos de prova, a possibilidade de utilização das provas digitais no processo civil e no processo do trabalho, por se tratar de meio moralmente legítimo de prova, destinado a comprovar a verdade dos atos e capaz de influenciar de forma efetiva na convicção judicial.

A Lei n. 12.965/2014, que dispõe sobre o Marco Civil da Internet, disciplinando o uso da internet no país, dispõe sobre a proteção aos registros, aos dados pessoais e às comunicações provadas (art. 10), sobre a guarda de registro de conexão (ar. 13), sobre a guarda de registros de acesso a aplicações de internet (art. 15) e sobre a requisição judicial desses registros (art. 22). Por oportuno, vale destacar que essa lei estabelece os requisitos específicos para ser procedida a requisição judicial dos registros de conexão e de acesso a aplicações, sob pena do respectivo requerimento ser considerado inadmissível e, por consequência, ser indeferido:

> Art. 22. A parte interessada poderá, com o propósito de formar conjunto probatório em processo judicial cível ou penal, em caráter incidental ou autônomo, requerer ao juiz que ordene ao responsável pela guarda o fornecimento de registros de conexão ou de registros de acesso a aplicações de internet.
>
> Parágrafo único. *Sem prejuízo dos demais requisitos legais, o requerimento deverá conter,* **s**ob pena de inadmissibilidade:
>
> *I – fundados indícios da ocorrência do ilícito;*
>
> *II – justificativa motivada da utilidade dos registros solicitados para fins de investigação ou instrução probatória; e*
>
> *III – período ao qual se referem os registros.*
>
> Art. 23. Cabe ao juiz tomar as providências necessárias à garantia do sigilo das informações recebidas e à preservação da intimidade, da vida privada, da honra e da imagem do usuário, podendo determinar segredo de justiça, inclusive quanto aos pedidos de guarda de registro. (Sem destaque no original)

A Lei n. 13.709/2018, que institui a Lei Geral de Proteção de Dados Pessoais — LGPD, disciplina a coleta de dados, diferencia dados sensíveis dos dados pessoais, estabelecendo as cautelas na coleta de dados e providências para armazenamento e guarda, bem assim a responsabilização pelo fornecimento indevido de dados a terceiros sem autorização do titular dos dados pessoais, se desprovido de ordem judicial para sua disponibilização.

No que diz respeito à legislação processual, verifica-se que o Código de Processo Civil de 2015 não instituiu expressamente a prova digital como meio típico de prova, nem regulamentou os seus requisitos de validade, apenas disciplinando *aspectos secundários dos documentos eletrônicos e digitais* (arts. 422 e 425, V e VI):

> Art. 422. Qualquer reprodução mecânica, como a fotográfica, a cinematográfica, a fonográfica ou de outra espécie, tem aptidão para fazer prova dos fatos ou das coisas representadas, se a sua conformidade com o documento original não for impugnada por aquele contra quem foi produzida.
>
> § 1º As fotografias digitais e as extraídas da rede mundial de computadores fazem prova das imagens que reproduzem, devendo, se impugnadas, ser apresentada a respectiva autenticação eletrônica ou, não sendo possível, realizada perícia.
>
> § 2º Se se tratar de fotografia publicada em jornal ou revista, será exigido um exemplar original do periódico, caso impugnada a veracidade pela outra parte.
>
> § 3º Aplica-se o disposto neste artigo à forma impressa de mensagem eletrônica.
>
> Art. 425. Fazem a mesma prova que os originais: (...)

> V – os extratos digitais de bancos de dados públicos e privados, desde que atestado pelo seu emitente, sob as penas da lei, que as informações conferem com o que consta na origem;
>
> VI – as reproduções digitalizadas de qualquer documento público ou particular, quando juntadas aos autos pelos órgãos da justiça e seus auxiliares, pelo Ministério Público e seus auxiliares, pela Defensoria Pública e seus auxiliares, pelas procuradorias, pelas repartições públicas em geral e por advogados, ressalvada a alegação motivada e fundamentada de adulteração.

A legislação processual civil também disciplinou os *requisitos de validade e eficácia do registro do ato processual eletrônico* (art. 195), nos seguintes termos:

> Art. 195. O registro de ato processual eletrônico deverá ser feito em padrões abertos, que atenderão aos requisitos de autenticidade, integridade, temporalidade, não repúdio, conservação e, nos casos que tramitem em segredo de justiça, confidencialidade, observada a infraestrutura de chaves públicas unificada nacionalmente, nos termos da lei.

Outros diplomas legais como a Medida Provisória n. 2.200-2/2001[(7)] (Infraestrutura de Chaves Públicas Brasileira — ICP-Brasil) e as Leis 11.419/2006[(8)] (informatização do processo judicial) e 12.527/2011[(9)] (acesso a informações) também cuidaram de disciplinar, genericamente, *alguns elementos dos documentos eletrônicos e digitais*, a exemplo da autenticidade, integridade e preservação dos dados, bem como das informações registradas em qualquer meio, suporte ou formato.

Mas temos também a NBR ISO/IEC 27037:2013, sobre *Diretrizes para identificação, coleta, aquisição e preservação de evidência digital*[(10)], a qual padroniza as atividades específicas no tratamento de evidências digitais desde a identificação, coleta, quitação e preservação da evidência digital, dispondo sobre a necessidade de auditabilidade, repetibilidade, reprodutibilidade e justificabilidade, detalhando cada etapa da produção da prova digital e dispondo, inclusive, em seu item 6.9.2, sobre o processo de preservação

---

(7) BRASIL. *Medida Provisória n. 2.200-2, de 24.8.2001*. Institui a Infraestrutura de Chaves Públicas Brasileira — ICP-Brasil, transforma o Instituto Nacional de Tecnologia da Informação em autarquia, e dá outras providências. Disponível em: http://www.planalto.gov.br/ccivil_03/mpv/antigas_2001/2200-2.htm.

(8) BRASIL. *Lei n. 11.419, de 19.12.2006*. Dispõe sobre a informatização do processo judicial; altera a Lei n. 5.869, de 11 de janeiro de 1973. Código de Processo Civil; e dá outras providências. Disponível em: http://www.planalto.gov.br/ccivil_03/_ato2004-2006/2006/lei/l11419.htm.

(9) BRASIL. *Lei n. 12.527, de 18.11.2011*. Regula o acesso a informações previsto no inciso XXXIII do art. 5º, no inciso II do § 3º do art. 37 e no § 2º do art. 216 da Constituição Federal; altera a Lei n. 8.112, de 11 de dezembro de 1990; revoga a Lei n. 11.111, de 5 de maio de 2005, e dispositivos da Lei n. 8.159, de 8 de janeiro de 1991; e dá outras providências. Disponível em: http://www.planalto.gov.br/ccivil_03/_ato2011-2014/2011/lei/l12527.htm.

(10) OLIVEIRA, Vinícios Machado de. ABNT NBR ISO/IEC 27037:2013. *Academia de Forense Digital*. Disponível em: https://academiadeforensedigital.com.br/iso-27037-identificacao-coleta-aquisicao-e-preservacao-de-evidencia/.

dessa prova, acerca da manutenção da integridade, autenticidade e da cadeia de custódia, os quais são indispensáveis para a validade da prova digital.

O Código de Processo Penal, em seu Capítulo II, dispõe sobre o exame de corpo de delito, das perícias em geral e também, e principalmente, sobre a cadeia de custódia e rastreamento de vestígio:

> Art. 158-A. Considera-se cadeia de custódia o conjunto de todos os procedimentos utilizados para manter e documentar a história cronológica do vestígio coletado em locais ou em vítimas de crimes, para rastrear sua posse e manuseio a partir de seu reconhecimento até o descarte.
>
> § 1º O início da cadeia de custódia dá-se com a preservação do local de crime ou com procedimentos policiais ou periciais nos quais seja detectada a existência de vestígio.
>
> § 2º O agente público que reconhecer um elemento como de potencial interesse para a produção da prova pericial fica responsável por sua preservação.
>
> § 3º Vestígio é todo objeto ou material bruto, visível ou latente, constatado ou recolhido, que se relaciona à infração penal.

Na Câmara dos Deputados tramita o projeto de Lei n. 4.939/2020, que se predispõe a estabelecer diretrizes do Direito da Tecnologia da Informação e regular a obtenção e admissibilidade de provas digitais em investigações e processos judiciais, estabelecendo em seu art. 5º a exigência de disponibilização dos metadados e a descrição dos procedimentos de custódia e tratamento suficientes para a verificação da autenticidade e da integridade da prova digital,(11) bem como distingue a prova natodigital (gerada originalmente em meio digital) da prova digitalizada (existe originalmente no meio físico e posteriormente migrada para um meio digital ou passa a ser armazenada em meio eletrônico, conceituando cada requisito da prova digital, distinguindo interceptação de dados estáticos (em repouso), dentre outros disciplinamentos importantes.

5. Volatilidade e fragilidade da prova digital

A prova digital é duradoura, mas por determinados eventos pode se tornar volátil e frágil.

A sua volatilidade decorre da facilidade ao desaparecimento da prova digital, em decorrência de eventos como a falta de bateria no dispositivo eletrônico onde está armazenada, pela gravação de novas informações sobre as antigas (gravação de nova versão de um texto sobre a versão anterior, substituindo o original em sua integralidade), pelo

---

(11) BRASIL. Câmara dos Depurados. *Projeto de Lei n. 4.939/2020*. Dispõe sobre as diretrizes do direito da Tecnologia da Informação e as normas de obtenção e admissibilidade de provas digitais na investigação e no processo, além de outras providências. Disponível em: https://www.camara.leg.br/proposicoesWeb/prop_mostrarintegra?codteor=1936366&filename=PL%204939/2020.

fato de a prova estar contida em um arquivo temporário, quando se apaga total ou parcialmente mensagens de conversas por *WhatsApp*, por salvar uma nova fotografia com mesmo nome que outra fotografia que era diversa. Portanto, a volatilidade corresponde à perda do conteúdo anterior, originário, da prova digital.

A sua fragilidade decorre da possibilidade de contaminação dos dados que se pretende coletar, pela impropriedade do método de coleta utilizado que pode alterar as suas características ou seu estado, corrompendo o material probatório. A adoção do procedimento correto para produção da prova digital, preservando a sua cadeia de custódia, garantirá a fidedignidade da prova digital desde a sua coleta, seu armazenamento até sua apresentação no processo judicial.

A possibilidade de alteração e adulteração da prova digital ocasiona sua fragilidade, sendo de extrema importância a análise dos pressupostos de validade das provas digitais, os quais, se e quando cumpridos, assegurarão a máxima segurança na utilização desse meio probatório. Portanto, a prova digital apresentada no processo judicial deve assegurar que não sofreu adulterações voluntárias intencionais, nem houve descuido na manipulação do equipamento onde estava a prova, nem mesmo no manuseio entre o translado da origem para o processo, que possam tê-la corrompido.

Quando a prova digital apresentada no processo judicial não possuir os requisitos que assegurem sua validade, a desconfiança quanto à sua fragilidade demandará a realização de metaprova ("meta-evidence"), uma espécie de prova produzida sobre outra prova acerca da qual se questiona sua fragilidade, distinguindo-se das demais provas em geral, porque não objetiva comprovar fatos controvertidos, mas dar segurança quanto à validade de outra prova anteriormente produzida. Assim, a produção da metaprova pode servir para diminuir ou robustecer a confiabilidade da prova digital, por exemplo com a produção de metadados da respectiva prova digital e de fotografias digitais, os quais envolvem informações testáveis, tais como aparelho utilizado para fotografar, data, horário, localização, tamanho, características de iluminação, abertura da objetiva etc.

Assim sendo, se a prova digital apresentada no processo judicial não for impugnada, ela produzirá todos os efeitos de uma prova válida. Mas se a prova digital for impugnada, há que se verificar se ela foi apresentada com todos os pressupostos necessários para ser considerada uma prova válida, contendo todos os seus requisitos e estando desprovida de qualquer possibilidade de alteração, adulteração e falsificação.

6. Pressupostos de validade das provas digitais

Não basta reconhecer a prova digital como meio de prova permitida pela legislação processual nacional, para ser utilizada não apenas no processo criminal, mas também no cível e no trabalhista.

É indispensável compreender que a prova digital, para ser considerada válida, não pode ser aleatoriamente coletada, devendo seguir princípios orientadores e o correto procedimento de coleta, de armazenamento e de produção, para que possa ser considerada uma prova admissível, autêntica, completa, confiável e crível. Somente assim se extirparão dúvidas e controvérsias a respeito de sua volatilidade e alegação de sua fragilidade.

Assim sendo, são pressupostos de validade e utilidade da prova digital: a *autenticidade* (quanto à origem da prova e a identificação do seu autor), a *integridade* (quanto ao seu conteúdo, estando isenta de modificação em seu estado ou adulteração desde o momento da realização do fato até a apresentação do resultado da prova) e a *preservação da cadeia de custódia*.

6.1. Da autenticidade

O primeiro requisito de validade da prova digital, a autenticidade, tem previsão expressa no art. 195 do Código de Processo Civil, nos seguintes termos:

> Art. 195. O registro de ato processual eletrônico deverá ser feito em padrões abertos, que atenderão aos requisitos de autenticidade, integridade, temporalidade, não repúdio, conservação e, nos casos que tramitem em segredo de justiça, confidencialidade, observada a infraestrutura de chaves públicas unificada nacionalmente, nos termos da lei.

A autenticidade da prova digital tem correlação com a confiabilidade e correteza quanto à sua origem e à sua autoria.

Assim dispõe o Código de Processo Civil acerca da autenticidade do documento:

> Art. 411. Considera-se autêntico o documento quando:
>
> I – o tabelião reconhecer a firma do signatário;
>
> II – a autoria estiver identificada por qualquer outro meio legal de certificação, inclusive eletrônico, nos termos da lei;
>
> III – não houver impugnação da parte contra quem foi produzido o documento.

Na prova documental, a autenticidade era identificada de acordo com seu subscritor, sendo considerado autor do documento quem o assinasse (arts. 408 do CPC e 219 do CC), sendo que eventual impugnação estaria sujeita ao incidente de falsidade, instruído mediante perícia grafotécnica.

Na prova digital, a assinatura não é física como existentes em documentos particulares disciplinados pelo Código Civil e pelo Código de Processo Civil. Na prova digital, a assinatura é digital, mediante utilização de certificado digital e senha pessoal, tal como prevê o CPC para a subscrição de procuração (art. 105, § 1º); assinatura digital de peças processuais pelos advogados, termos processuais pelos servidores e decisões judiciais pelos magistrados (art. 209, § 1º); assinatura por meio eletrônico com certificação digital de alienação judicial eletrônica (art. 882, § 2º).

Assim sendo, ostentará a garantia de autenticidade de autoria a prova digital que é identificável pelo par de chaves, do autor da assinatura digital ou eletrônica, observado o regramento estabelecido para a Infraestrutura de Chaves Públicas Brasileira — ICP--Brasil, disciplinada pela Medida Provisória 2.200-1, de 2001, sendo que a emissão de certificados digitais deve ser feita por autoridades certificadoras integrantes da ICP--Brasil.

No que diz respeito à autenticidade quanto à sua origem, a Lei n. 11.419/2006, que dispõe sobre a informatização do processo judicial, assim disciplina:

> Art. 11. Os *documentos produzidos eletronicamente* e juntados aos processos eletrônicos com *garantia da origem e de seu signatário*, na forma estabelecida nesta Lei, *serão considerados originais* para todos os efeitos legais.
>
> § 1º Os *extratos digitais e os documentos digitalizados* e juntados aos autos pelos órgãos da Justiça e seus auxiliares, pelo Ministério Público e seus auxiliares, pelas procuradorias, pelas autoridades policiais, pelas repartições públicas em geral e por advogados públicos e privados *têm a mesma força probante dos originais*, ressalvada a alegação motivada e fundamentada de adulteração antes ou durante o processo de digitalização.

Nesse contexto, da importante lição de Pastore:(12)

> (...) duas premissas que interessam ao tratamento da prova digital: primeiro, que o conteúdo de um documento tem a sua força probante condicionada à sua origem e, em vista dela, à credibilidade que possa merecer o que nele se inscreveu; e, segundo, que a fidelidade das informações, quando não se tem acesso direto ao original, depende da fé de quem as transporta para a forma documental que ingressará nos autos do processo.

Portanto, a origem da prova digital é tão importante para a confiabilidade e credibilidade a tal meio de prova que, se a origem não for conhecida e autêntica, maculará diretamente o conteúdo da própria prova, tornando-a integralmente inválida.

Quanto à origem, há que se considerar a porta lógica de origem da conexão ou de acesso a um serviço ou aplicação, a origem da informação, o endereço de Protocolo de Internet (IP), os extratos de origem dos dados (art. 425, V, do CPC), se a reprodução corresponde ao que consta na sua origem, meios e equipamentos através dos quais a prova digital foi produzida, os quais constam nos metadados da prova digital.

---

(12) PASTORE, Guilherme de Siqueira. "Considerações sobre a autenticidade e a integridade da prova digital". *Cadernos Jurídicos*, São Paulo, ano 21, n. 53, p. 63-79, jan./mar. 2020, p. 4.

A título ilustrativo, para melhor compreensão desse primeiro requisito de validade das provas digitais, pode se citar que a prova digital que parte de um perfil *fake* em redes sociais é desprovida do requisito de autenticidade quanto à autoria.

Se a parte negar que a foto apresentada no processo supostamente extraída da sua rede social não foi por ele produzida, há controvérsia quanto à origem, havendo necessidade de se resgatar os metadados dela para confronto com o teor da impugnação e verificar-se se a fotografia é ou não autêntica quanto à origem.

Se um dos litigantes contra quem a prova digital é produzida negar a sua autoria, haverá vício nessa prova digital em razão da ausência de autenticidade, passível de invalidação dessa prova.

Se algum litigante apresentar prova digital desprovida de metadados, portanto, desprovida de provas confiáveis de sua origem e a parte *ex adversa* impugnar a origem dessa prova digital, em razão do vício de origem que macula a sua autenticidade, também será passível de invalidação.

6.2. Da integridade

O segundo requisito de validade da prova digital é a sua integridade.

A integridade corresponde à certeza quanto ao conteúdo da prova não ter sido modificado em seu estado, corrompido ou adulterado desde o momento da realização do fato até a apresentação do resultado da prova, enquanto estava em circulação na rede, ou mesmo na extração da prova ou após sua extração.

O requisito da integridade dos dados digitais não é uma novidade no sistema processual brasileiro, pois a Lei n. 11.419, de 19 de dezembro de 2006, que disciplinou a informatização do processo digital, passou a admitir a conservação dos autos em meio exclusivamente eletrônico, desde que garantida a integridade dos dados:

> Art. 12. A conservação dos autos do processo poderá ser efetuada total ou parcialmente por meio eletrônico.
>
> § 1º Os autos dos processos eletrônicos deverão ser protegidos por meio de sistemas de segurança de acesso e armazenados em meio que garanta a preservação e integridade dos dados, sendo dispensada a formação de autos suplementares.

Especificamente quanto à integridade da prova digital, cita-se, como exemplo, a apresentação integral do conteúdo da conversa por *WhatsApp* e da mensagem por *e-mail*, sem supressão ou acréscimo de conteúdo, é indispensável para a integridade da prova digital que se pretende utilizar em processo judicial. A fotografia apresentada no processo, se questionado seu conteúdo quanto a eventual manipulação da imagem, aponta-se para vício quanto à sua integridade.

Portanto, a inalterabilidade do seu conteúdo é indispensável para a integridade da prova digital, devendo estar presente a certeza de estar isenta de qualquer mínima modificação.

Se o litigante não nega que a origem da prova digital tenha partido de seu *e-mail*, computador, *tablet* ou *WhatsApp*, não possui vício de autenticidade, mas se alegar que o conteúdo em si nele armazenado não é aquele que foi apresentado no processo ou está adulterado, ou ainda alegar que seu computador foi invadido e hackeado com alteração do teor da mensagem enviada por *e-mail*, haverá vicio de integridade quanto ao conteúdo, passível de invalidar essa prova digital.

6.3. Da preservação da cadeia de custódia

O terceiro pressuposto de validade da prova digital é a preservação da sua cadeia de custódia.

Embora, como ponderado anteriormente, não exista ainda no país uma lei específica para regulamentar os requisitos de validade e utilização da prova digital, há definição legal do que seja a cadeia de custódia, terceiro pressuposto de validade das provas digitais.

O Código de Processo Penal, em seu Capítulo II – Do Exame de Corpo de D, da Cadeia de Custódia e Das Perícias em Geral, conceitua cadeia de custódia nos seguintes termos:

> Art. 158-A. Considera-se cadeia de custódia o conjunto de todos os procedimentos utilizados para manter e documentar a história cronológica do vestígio coletado em locais ou em vítimas de crimes, para rastrear sua posse e manuseio a partir de seu reconhecimento até o descarte.
>
> § 1º O início da cadeia de custódia dá-se com a preservação do local de crime ou com procedimentos policiais ou periciais nos quais seja detectada a existência de vestígio.
>
> § 2º O agente público que reconhecer um elemento como de potencial interesse para a produção da prova pericial fica responsável por sua preservação.
>
> § 3º Vestígio é todo objeto ou material bruto, visível ou latente, constatado ou recolhido, que se relaciona à infração penal.

A norma regulamentadora NBR ISO/IEC 27037:2013 conceitua como sendo "um documento identificando a cronologia de movimento e do manuseio da potencial evidência digital".

As etapas para preservação da cadeia de custódia estão disciplinadas no Código de Processo Penal, nos seguintes termos, e de forma mais detalhada quanto ao respectivo procedimento na NBR ISO/IEC 27037:2013.

> Art. 158-B. A cadeia de custódia compreende o rastreamento do vestígio nas seguintes etapas:

I – reconhecimento: ato de distinguir um elemento como de potencial interesse para a produção da prova pericial;

II – isolamento: ato de evitar que se altere o estado das coisas, devendo isolar e preservar o ambiente imediato, mediato e relacionado aos vestígios e local de crime;

III – fixação: descrição detalhada do vestígio conforme se encontra no local de crime ou no corpo de delito, e a sua posição na área de exames, podendo ser ilustrada por fotografias, filmagens ou croqui, sendo indispensável a sua descrição no laudo pericial produzido pelo perito responsável pelo atendimento;

IV – coleta: ato de recolher o vestígio que será submetido à análise pericial, respeitando suas características e natureza;

V – acondicionamento: procedimento por meio do qual cada vestígio coletado é embalado de forma individualizada, de acordo com suas características físicas, químicas e biológicas, para posterior análise, com anotação da data, hora e nome de quem realizou a coleta e o acondicionamento;

VI – transporte: ato de transferir o vestígio de um local para o outro, utilizando as condições adequadas (embalagens, veículos, temperatura, entre outras), de modo a garantir a manutenção de suas características originais, bem como o controle de sua posse;

VII – recebimento: ato formal de transferência da posse do vestígio, que deve ser documentado com, no mínimo, informações referentes ao número de procedimento e unidade de polícia judiciária relacionada, local de origem, nome de quem transportou o vestígio, código de rastreamento, natureza do exame, tipo do vestígio, protocolo, assinatura e identificação de quem o recebeu;

VIII – processamento: exame pericial em si, manipulação do vestígio de acordo com a metodologia adequada às suas características biológicas, físicas e químicas, a fim de se obter o resultado desejado, que deverá ser formalizado em laudo produzido por perito;

IX – armazenamento: procedimento referente à guarda, em condições adequadas, do material a ser processado, guardado para realização de contraperícia, descartado ou transportado, com vinculação ao número do laudo correspondente;

X – descarte: procedimento referente à liberação do vestígio, respeitando a legislação vigente e, quando pertinente, mediante autorização judicial.

Assim sendo, podemos definir a cadeia de custódia como sendo o procedimento de preservação da autenticidade e integridade da prova digital durante todas as etapas da produção dessa prova (desde sua identificação, coleta, extração de resultados até sua apresentação no processo), envolvendo a guarda segura da prova digital e/ou do dispositivo no qual foi produzida ou está armazenada, o que deve ser mantido (preservado) diante de toda a etapa de produção da prova, de acordo com a aplicação da metodologia técnico-científica que assegure a solidez da prova digital.

Nos processos judiciais, habitualmente as partes apresentam *printscreen* de mensageria, *link* de áudio sem identificar a fonte/origem e os interlocutores, a apresentação de arquivo de vídeo sem informação de onde foi extraído e não identificando sua temporalidade, juntada de cópia de *homepages* e sites sem conter URL, mas desprovidos de preservação da cadeia de custódia, o que não assegura confiabilidade quanto ao conteúdo, sem segurança quanto a autoria, temporalidade e integridade, sem assegurar estar isento de ter sofrido risco de alterações, adulteração, corrupção no ínterim entre identificação, coleta, armazenamento e apresentação no processo judicial.

A documentação adequada da cadeia de custódia dará a confiabilidade e a segurança necessárias para permitir que o Poder Judiciário possa vincular a prova digital ao fato ou ato ilícito que com essa prova se pretende comprovar. Já a documentação incompleta ou incorreta da cadeia de custódia, assim como a ausência de sua documentação, demonstrará a volatilidade da prova digital e sua fragilidade, podendo gerar impugnações da prova digital apresentada no processo que, por estar desprovida de comprovação de atendimento de todos seus pressupostos de validade não gerará confiabilidade quanto ao seu conteúdo, e por consequência poderá vir a ser desconsiderada em sua integralidade pelo Poder Judiciário.

Somente sendo demonstrada a certeza de a prova digital ser autêntica, estar completa, que não foi manipulada, nem modificada, que está isenta de adulteração desde a origem do fato considerado digital até o momento que foi apresentada no processo judicial, e que retrata efetivamente um conteúdo crível em relação à origem do fato digital, será considerada uma prova digital confiável e produzirá todos os seus efeitos.

Para tanto, ganha relevância a compreensão sobre a decomposição e a análise individualizada dos elementos da cadeia de custódia, as quais são realizadas considerando os seguintes elementos necessários:

a) auditabilidade — todas as etapas realizadas na produção da prova digital devem ser documentadas e precisam ficar disponíveis para avaliação das partes e, se for o caso, também de um perito, que é um terceiro independente, para que este último possa efetivamente auditá-la se e quando necessário. A prova digital somente será considerada auditável se o perito conseguir repetir todas as ações de acesso, de armazenamento e de transferência da prova documentada, assim como se, assim procedendo, conseguir-se obter o mesmo resultado apresentado pela parte no processo judicial. Nesse contexto, se o perito chegar a resultado diverso daquela prova apresentada no processo judicial, ela não será confiável, por não ser autêntica e íntegra, sendo inválida e ficando desprovida de valor probatório.

b) confiabilidade — o registro da cadeia de custódia precisa se mostrar confiável, de forma a inexistirem dúvidas sobre a autenticidade e a integridade das provas digitais coletadas e produzidas, não podendo existir nada na forma como essa prova foi coletada e produzida que caracterize sua volatilidade, nem demonstre fragilidade ou levante dúvidas sobre sua autenticidade, veracidade, integridade e temporariedade.

c) publicidade — A publicidade de todos os atos processuais assim como o processo judicial como um todo são públicos, conforme estabelece o art. 93, inciso IX, da Constituição Federal, salvo nos casos em que a lei autorizar a sua prática em segredo de justiça (art. 189 do CPC). Da mesma forma, a prova digital deve ostentar essa qualidade de publicidade, salvo se os dados a que ela se refere necessitarem permanecer sigilosos em razão de sua natureza privada ou para preservação da intimidade. É essa publicidade que fortalecerá a confiabilidade dos sujeitos do processo na prova digital apresentada.

7. Ônus da prova e valor probatório das provas digitais

Há controvérsia sobre o momento processual oportuno para o litigante comprovar os requisitos de validade da prova digital que pretende utilizar no processo judicial.

Esta autora defende que quando o litigante apresenta a prova digital no processo judicial deve, desde logo, apresentá-la conjuntamente com a demonstração de estarem presentes todos os seus pressupostos de validade e utilidade, fornecendo seus metadados, identificando autoria e origem, demonstrando estar inalterada e com seu conteúdo integral, bem assim que desde a coleta, o armazenamento e a produção da prova observou-se a necessidade de preservação da cadeia de custódia.

No entanto, ainda não há no país uma lei que imponha expressamente que, para a validade da prova digital, deve ser comprovado que ela cumpre todos os pressupostos para sua validade desde logo quando apresentada no processo judicial, por isso, há quem defenda que a prova digital poderia ser apresentada pela parte interessada, mesmo que desprovida dos cuidados inerentes à sua autenticidade, integridade e preservação da cadeia de custódia, respondendo pela imprestabilidade da prova digital, caso venha a ser impugnada pela parte contrária.

No entanto, pondera-se, que a adoção desse segundo entendimento, além de provocar retardamento na tramitação processual — porque exigirá a abertura de etapa processual intermediária para comprovação da validade e fidedignidade da prova digital — ainda pode intensificar a tese de volatilidade e fragilidade da prova digital, menosprezando a sua importância e desmerecendo toda a sua capacidade probatória. E se a parte que pretende utilizar a prova digital a possui em seu poder, tem fácil e pleno acesso a todos os elementos da prova, não passando de simples providência a coleta, o armazenamento e a apresentação da prova com a demonstração de sua autenticidade (quanto à autoria e à origem), coleta e extração da forma correta a preservar todas as suas características (cadeia de custódia) e apresentação com fidedignidade e integridade (quanto ao conteúdo), ainda mais pela ausência de custos para geração de código *hash* e para utilização do Acervo de Mídia do sistema de Processo Eletrônico — Pje-JT, que está disponível para os usuários desde a implantação da versão 2.6, tendo sido disponibilizada especificamente no Tribunal Regional do Trabalho da 15ª Região a utilização do Acervo Digital para peticionamento de mídias, sua consulta e exclusão com a versão 2.7.1, implantada em 28.11.2021,(13) cujas orientações e procedimento para sua utilização está disponível no *site* do respectivo Tribunal.(14)

Será considerada prova plenamente válida a prova digital apresentada em processo digital, ainda que desprovida de produção com preservação da cadeia de custódia e ainda que não tenham sido comprovados desde logo que estão asseguradas integridade e autenticidade, se nunca for impugnada por quaisquer dos litigantes, já que nenhuma controvérsia existirá a respeito dos pressupostos de validade da prova digital. Nesse sentido, dispõe o art. 422, *caput,* do Código de Processo Civil:

> Art. 422. Qualquer reprodução mecânica, como a fotográfica, a cinematográfica, a fonográfica ou de outra espécie, tem aptidão para fazer prova dos fatos ou das coisas representadas, se a sua conformidade com o documento original não for impugnada por aquele contra quem foi produzida. (...)
>
> § 3º Aplica-se o disposto neste artigo à forma impressa de mensagem eletrônica.

No entanto, uma vez impugnada a prova digital por ausência de algum dos seus pressupostos de validade ou porque algum de seus requisitos foi adulterado ou corrompido, cessará a validade da prova digital pretendida.

A esse respeito, são aplicáveis analogicamente as disposições contidas nos arts. 427 a 429 do CPC, primeiramente quanto à cessação de fé e de confiança na veracidade da prova, quando declarada a sua falsidade:

> Art. 427. Cessa a fé do documento público ou particular sendo-lhe declarada judicialmente a falsidade.
>
> Parágrafo único. A falsidade consiste em:
>
> I – formar documento não verdadeiro;
>
> II – alterar documento verdadeiro.
>
> Art. 428. Cessa a fé do documento particular quando:
>
> I – for impugnada sua autenticidade e enquanto não se comprovar sua veracidade;
>
> II – assinado em branco, for impugnado seu conteúdo, por preenchimento abusivo.
>
> Parágrafo único. Dar-se-á abuso quando aquele que recebeu documento assinado com texto não escrito no todo ou em parte formá-lo ou completá-lo por si ou por meio de outrem, violando o pacto feito com o signatário.

(13) TRT15. *Histórico de Versões*. Disponível em: https://portalpje.trt5.jus.br/historico-versoes.

(14) TRT15. *Inclusão de Mídias em Processos*. Disponível em: https://trt15.jus.br/pje/midias.

Nesse contexto, incumbirá à parte que impugnar a integridade da prova digital, arguindo a modificação do conteúdo da prova ou alegar a sua adulteração, o ônus de comprovar a alegada falsificação. No entanto, se a impugnação for quanto à autenticidade da autoria ou da origem da prova, incumbirá à parte que produziu a prova reapresentá-la, comprovando a sua autenticidade, pois é ela quem detém acesso à prova original, em seu meio de produção e armazenamento original, e tem acesso aos metadados da prova original, para viabilizar essa comprovação.

Nesse sentido, é aplicável à prova digital, analogicamente, o art. 429 do CPC, ainda que idealizado para casos de acusação de falsificação de prova documental, haja vista sua plena compatibilidade com o instituto da prova digital:

> Art. 429. Incumbe o ônus da prova quando:
>
> I – se tratar de falsidade de documento ou de preenchimento abusivo, à parte que a arguir;
>
> II – se tratar de impugnação da autenticidade, à parte que produziu o documento.

A respeito especificamente das provas digitais por mídias digitais, quando impugnadas, aplica-se o disposto nos §§ do art. 422 do CPC, segundo os quais:

> Art. 422. (...).
>
> § 1º As fotografias digitais e as extraídas da rede mundial de computadores fazem prova das imagens que reproduzem, devendo, se impugnadas, ser apresentada a respectiva autenticação eletrônica ou, não sendo possível, realizada perícia.
>
> § 2º Se se tratar de fotografia publicada em jornal ou revista, será exigido um exemplar original do periódico, caso impugnada a veracidade pela outra parte.
>
> § 3º Aplica-se o disposto neste artigo à forma impressa de mensagem eletrônica.

No processo do trabalho, a maioria das provas digitais apresentadas desde logo com a petição inicial e por vezes com a contestação, envolve conversas por aplicativos de mensagens, mas juntadas ao processo judicial na modalidade de *printscreen*, desprovidas de metadados e cujas conversas não foram extraídas pelo recurso de "exportação de dados e mídias" existente no próprio aplicativo, sequer observando procedimento para preservar a cadeia de custódia.

A esse respeito, o Superior Tribunal de Justiça consolidou sua jurisprudência no sentido de não atribuir validade às capturas de tela do *WhatsApp*, por inviabilidade de se conferir temporariedade, pela impossibilidade de se conferir a autoria da mensagem, pela possibilidade de exclusão permanente de mensagens, pela volatilidade que possibilidade de perda do conteúdo e até criação de simulação de conversas falsas por aplicativos gratuitos disponíveis na rede mundial de computadores.

PENAL E PROCESSUAL PENAL. RECURSO ORDINÁRIO EM *HABEAS CORPUS*. CORRUPÇÃO ATIVA E PASSIVA. PRECLUSÃO TEMPORAL. *CAPTURAS PARCIAIS DAS TELAS DO WHATSAPP. INVIABILIDADE DE CONFERÊNCIA DAS DATAS APONTADAS*. AUSÊNCIA DE PERÍCIA. NÃO ENQUADRAMENTO DAS CONDUTAS NARRADAS NOS INDICADOS TIPOS PENAIS. NÃO APRECIAÇÃO DOS TEMAS PELO TRIBUNAL DE ORIGEM. SUPRESSÃO DE INSTÂNCIA. PRECLUSÃO *PRO JUDICATO*. NÃO INCIDÊNCIA EM MATÉRIA DE INSTRUÇÃO PROBATÓRIA. PRINCÍPIOS DA BUSCA DA VERDADE E DO LIVRE CONVENCIMENTO MOTIVADO. DENÚNCIA ANÔNIMA E CAPTAÇÃO DE CONVERSAS POR TERCEIRO NÃO INTERLOCUTOR. NULIDADE NÃO EVIDENCIADA. POSSIBILIDADE DE PROMOÇÃO DE DILIGÊNCIAS PELO PODER PÚBLICO. IDENTIDADE OCULTA DAS TESTEMUNHAS. LEGALIDADE. MANIFESTAÇÃO PRÉVIA DO MINISTÉRIO PÚBLICO. PRESCINDIBILIDADE. DECRETAÇÃO DA INTERCEPTAÇÃO TELEFÔNICA E CORRESPONDENTES PRORROGAÇÕES. FUNDAMENTAÇÃO IDÔNEA. RECURSO ORDINÁRIO IMPROVIDO. 1. Questões não enfrentadas pela Corte de origem não podem ser apreciadas diretamente por este Superior Tribunal de Justiça, sob pena de indevida supressão de instância. 2. Em matéria de instrução probatória, não incide para o Juiz a preclusão *pro judicato*, em razão dos princípios da busca da verdade e do livre convencimento motivado. Precedente. 3. Não se descurando do direito à intimidade e da vedação do anonimato, previstos na Constituição Federal, ecoa nos tribunais o entendimento de que possível se mostra a inauguração de investigações preliminares para *averiguar a veracidade de comunicação apócrifa*, desaguando em um cenário que sirva como supedâneo para um subsequente procedimento investigatório formal — inquérito policial —, caso existentes indícios da autoria e materialidade delitiva (HC 229.205/RS, relª. Ministra Maria Thereza de Assis Moura, Sexta Turma, *DJe* de 24.4.2014). 4. O inciso IV do art. 7º da Lei n. 9.807/99, de forma especial, dispõe sobre a possibilidade de se preservar a identidade, a imagem e os dados pessoais de testemunha, observadas a gravidade e as circunstâncias do caso concreto (precedentes) (RHC 68.767/ES, rel. Ministro Felix Fischer, Quinta Turma, *DJe* 5.5.2017). 5. A ausência de manifestação prévia por parte do Ministério Público não é causa de nulidade da interceptação telefônica. Precedentes. 6. Encontrando-se a decisão que decretou a interceptação telefônica devidamente fundamentada na presença de indícios de autoria e na imprescindibilidade da medida, inexiste flagrante ilegalidade. 7. Recurso ordinário improvido. (STJ. 6ª Turma. RHC 79.848 – PE (2017/0000411-6). Relator Ministro Nefi Cordeiro. Votação unânime. Data de Julgamento: 21.8.2018)

RECURSO ORDINÁRIO EM *HABEAS CORPUS*. PENAL E PROCESSO PENAL. TRÁFICO DE DROGAS E ASSOCIAÇÃO AO TRÁFICO. *AUTORIZAÇÃO JUDICIAL DE ESPELHAMENTO, VIA* WHATSAPP *WEB, DAS CONVERSAS REALIZADAS PELO INVESTIGADO COM TERCEIROS*. ANALOGIA COM O INSTITUTO DA INTERCEPTAÇÃO TELEFÔNICA. IMPOSSIBILIDADE. PRESENÇA DE DISPARIDADES RELEVANTES. ILEGALIDADE DA MEDIDA. RECONHECIMENTO DA NULIDADE DA DECISÃO JUDICIAL E DOS ATOS E PROVAS DEPENDENTES. PRESENÇA DE OUTRAS ILEGALIDADES. LIMITAÇÃO AO DIREITO DE PRIVACIDADE DETERMINADA SEM INDÍCIOS RAZOÁVEIS DE AUTORIA E MATERIALIDADE. DETERMINAÇÃO ANTERIOR DE ARQUIVAMENTO DO INQUÉRITO POLICIAL. FIXAÇÃO DIRETA DE PRAZO DE 60 (SESSENTA) DIAS, COM PRORROGAÇÃO POR IGUAL PERÍODO. CONSTRANGIMENTO ILEGAL EVIDENCIADO. RECURSO PROVIDO. 1. Hipótese em que, após *coleta de dados do aplicativo* WhatsApp, *realizada pela Autoridade Policial mediante apreensão judicialmente autorizada de celular e subsequente espelhamento das mensagens recebidas e enviadas*, os Recorrentes tiveram decretadas contra si prisão preventiva, em razão da suposta prática dos crimes previstos nos arts. 33 e 35 da Lei n. 11.343/2006. 2. *O espelhamento das mensagens do* WhatsApp *ocorre em sítio eletrônico disponibilizado pela própria empresa, denominado* WhatsApp

Web. *Na referida plataforma, é gerado um tipo específico de código de barras, conhecido como Código QR* (Quick Response), *o qual só pode ser lido pelo celular do usuário que pretende usufruir do serviço***.** Daí a necessidade de apreensão, ainda que por breve período de tempo, do aparelho telefônico que se pretende monitorar. 3. Para além de permitir o acesso ilimitado a todas as conversas passadas, presentes e futuras, a ferramenta *WhatsApp Web* foi desenvolvida com o objetivo de possibilitar ao usuário a realização de todos os atos de comunicação a que teria acesso no próprio celular. O emparelhamento entre celular e computador autoriza o usuário, se por algum motivo assim desejar, a conversar dentro do aplicativo do celular e, simultaneamente, no navegador da internet, ocasião em que as conversas são automaticamente atualizadas na plataforma que não esteja sendo utilizada. 4. Tanto no aplicativo, quanto no navegador, é possível, com total liberdade, o envio de novas mensagens e a exclusão de mensagens antigas (registradas antes do emparelhamento) ou recentes (registradas após), tenham elas sido enviadas pelo usuário, tenham elas sido recebidas de algum contato. Eventual exclusão de mensagem enviada (na opção "Apagar somente para Mim") ou de mensagem recebida (em qualquer caso) não deixa absolutamente nenhum vestígio, seja no aplicativo, seja no computador emparelhado, e, por conseguinte, não pode jamais ser recuperada para efeitos de prova em processo penal, tendo em vista que a própria empresa disponibilizadora do serviço, em razão da tecnologia de encriptação ponta a ponta, não armazena em nenhum servidor o conteúdo das conversas dos usuários. 5. Cumpre assinalar, portanto, que o caso dos autos difere da situação, com legalidade amplamente reconhecida pelo Superior Tribunal de Justiça, em que, a exemplo de conversas mantidas por *e-mail*, ocorre *autorização judicial para a obtenção, sem espelhamento, de conversas já registradas no aplicativo* WhatsApp, *com o propósito de periciar seu conteúdo.* 6. É impossível, tal como sugerido no acórdão impugnado, proceder a uma analogia entre o instituto da interceptação telefônica (art. 1º, da Lei n. 9.296/1996) e a medida que foi tomada no presente caso. 7. Primeiro: ao contrário da interceptação telefônica, no âmbito da qual o investigador de polícia atua como mero observador de conversas empreendidas por terceiros, no espelhamento via *WhatsApp Web* o investigador de polícia tem a concreta possibilidade de atuar como participante tanto das conversas que vêm a ser realizadas quanto das conversas que já estão registradas no aparelho celular, haja vista ter o poder, conferido pela própria plataforma *online*, de interagir nos diálogos mediante envio de novas mensagens a qualquer contato presente no celular e exclusão, com total liberdade, e sem deixar vestígios, de qualquer mensagem passada, presente ou, se for o caso, futura. 8. *O fato de eventual exclusão de mensagens enviadas (na modalidade "Apagar para mim") ou recebidas (em qualquer caso) não deixar absolutamente nenhum vestígio nem para o usuário nem para o destinatário, e o fato de tais mensagens excluídas, em razão da criptografia end-to-end, não ficarem armazenadas em nenhum servidor***,** constituem fundamentos suficientes para a conclusão de que a admissão de tal meio de obtenção de prova implicaria indevida presunção absoluta da legitimidade dos atos dos investigadores, dado que exigir contraposição idônea por parte do investigado seria equivalente a demandar-lhe produção de prova diabólica. 9. Segundo: ao contrário da interceptação telefônica, que tem como objeto a escuta de conversas realizadas apenas depois da autorização judicial (*ex nunc*), o espelhamento via Código QR viabiliza ao investigador de polícia acesso amplo e irrestrito a toda e qualquer comunicação realizada antes da mencionada autorização, operando efeitos retroativos (*ex tunc*). 10. Terceiro: ao contrário da interceptação telefônica, que é operacionalizada sem a necessidade simultânea de busca pessoal ou domiciliar para apreensão de aparelho telefônico, o espelhamento via Código QR depende da abordagem do indíviduo ou do vasculhamento de sua residência, com apreensão de seu aparelho telefônico por breve período de tempo e posterior devolução desacompanhada de qualquer menção, por parte da Autoridade Policial, à realização da medida constritiva, ou mesmo, porventura — embora não haja nos autos notícia de que isso tenha ocorrido no caso concreto —, acompanhada de afirmação falsa de que nada foi feito. 11. Hipótese concreta dos autos que revela, ainda, outras três ilegalidades: (a) sem que se apontasse nenhum fato novo na decisão, a medida foi autorizada quatro meses após ter sido determinado o arquivamento dos autos; (b) ausência de indícios razoáveis da autoria ou participação em infração penal a respaldar a limitação do direito de privacidade; e (c) ilegalidade na fixação direta do prazo de 60 (sessenta) dias, com prorrogação por igual período. 12. Recurso provido, a *fim de declarar a nulidade da decisão judicial que autorizou o espelhamento do* WhatsApp *via Código QR, bem como das provas e dos atos que dela diretamente dependam ou sejam consequência*, ressalvadas eventuais fontes independentes, revogando, por conseguinte, a prisão preventiva dos Recorrentes, se por outro motivo não estiverem presos. (STJ. 6ª Turma. RHC 9.735 - SC (2018/0153349-8. Votação unânime. Relatora Ministra Laurita Vaz. Data de Julgamento: 27.11.2018)

8. Meios de comprovação

Em que pese comumente sejam apresentados no processo judicial meras capturas de tela (*printscreen*) de *sites*, de conversas por *WhatsApp* e de *e-mails*, esse não é um meio seguro de produção de provas digitais, sendo facilmente contestável pela possibilidade de manipulação de seu conteúdo, além do que não preserva os pressupostos de validade da prova digital.

A ata notarial, embora outrora fosse considerada um meio de prova atípico, mas seguro, atualmente se mostra incapaz de assegurar a presença dos requisitos de validade da prova digital, pois a ata notarial se presta apenas a consignar o fato presenciado pelo tabelião com seus sentidos, não efetuando nenhuma conferência de origem, autoria e nem de veracidade de conteúdo. Ademais, é um meio de prova de elevado custo.

A perícia técnica informática forense, embora seja um meio de prova típico e extremamente relevante para extirpar dúvidas acerca da veracidade formal e fidedignidade material do elemento probatório digital, vantagens essas que possui contra a ata notarial e o *printscreen*, mas possui algumas desvantagens decorrentes de sua complexidade, tais como serem poucos os profissionais técnicos que a realizam no Poder Judiciário, ocasionar morosidade no deslinde da controvérsia e ser de elevado custo.

Há outros métodos tecnológicos mais adequados para preservação da cadeia de custódia e, assim, assegurarem um meio de prova mais apto a produzir efeitos processuais, dentre os quais podemos citar: a) ferramentas de *hashing*, que cria um código único no conteúdo de um disco rígido ou armazenado em equipamentos portáteis, de forma que se algum arquivo isolado sofrer alguma alteração no conteúdo, será possível identificar pela confrontação com o código *hash*, se tornando inservível o material que sofreu alterações; b) rede *blockchain*, que uma espécie de "rede de blocos" onde é criado um *hash* próprio para cada "bloco", que além de assim tornar incorruptível e irreversível seu conteúdo, ainda permite a verificação da existência de determinado conteúdo na internet, para sua confrontação; c) sites de coleta e registro de provas digitais, tais como *Perma.cc*, o *Original My* e a *Verifact*, os quais asseguram autenticidade e integralidade da prova digital, bem como cumprem procedimento para preservação da cadeia de custódia, documentando-a.

As provas digitais devem vir ao processo judicial devidamente acompanhadas de demonstração de autenticidade e integridade, assim como com a comprovação do procedimento adotado para a preservação da cadeia de custódia desde a sua identificação, coleta, extração de dados até a sua apresentação no processo, preferencialmente pelos meios tecnológicos hoje existentes que assegurem a presença dos requisitos de validade da prova digital.

Contudo, se apresentada a prova digital com inobservância dos pressupostos de validade, caso seja impugnada pela parte contrária, incumbirá ao magistrado aplicar os arts. 422, 425 a 429 do CPC, além das normas específicas, pois estão desprovidas de valor probatório, diante da falta de credibilidade à prova digital desprovida de requisitos de validade.

Considerações finais

A Revolução 4.0 tornou o mundo cada vez mais digital, aumentando as interações sociais de forma eletrônica e digital, o que reflete no Poder Judiciário, tanto em seus processos que passaram a ser eletrônicos, quanto também nos meios de prova.

As provas típicas tradicionais, previstas no Código de Processo Civil, não são suficientes para comprovar, no processo judicial, fatos digitais, originalmente constituídos em meio digital ou originada no meio físico, mas transladada para o meio digital.

A prova digital surge para atender a demanda do Mundo Digital, onde a quantidade de dados pessoais, informações, áudios, vídeos, mensagens circulam maciçamente pela rede mundial de computadores e precisam ser coletados e armazenados com as devidas cautelas e segurança, para evitarem alteração e modificação de conteúdo, a fim de que possam servir como meio de prova mais específico no processo judicial, confiável, seguro e compatível com os dados, informações e conteúdo originariamente digitais.

Nesse contexto, devem ser cumpridos os pressupostos de validade e utilidade da prova digital, para que lhe sejam assegurados confiabilidade e segurança quanto à sua autenticidade (origem e autoria), integridade (conteúdo) e preservação da cadeia de custódia (desde sua coleta, armazenamento e produção no processo judicial), sob pena de ser impugnada por descumprimento desses requisitos e, por consequência, serem consideradas provas inválidas.

Caso as provas digitais apresentadas no processo judicial sejam impugnadas pela parte adversária, se a parte interessada na manutenção dessa prova não efetuar a comprovação da presença de todos os pressupostos de validade, poderá ser ela desconsiderada porque será inválida.

Referências

BRASIL. Câmara dos Depurados. *Projeto de Lei n. 4.939/2020.* Dispõe sobre as diretrizes do direito da Tecnologia da Informação e as normas de obtenção e admissibilidade de provas digitais na investigação e no processo, além de outras providências. Disponível em: https://www.camara.leg.br/proposicoesWeb/prop_mostrarintegra?codteor=1936366&filename=PL%204939/2020.

______. *Constituição da República Federativa do Brasil, de 05/10/1988*. Disponível em: https://www.planalto.gov.br/ccivil_03/constituicao/constituicao.htm.

______. *Decreto-lei n. 5.452, de 1º.05.1943. Consolidação das Leis do Trabalho.* Disponível em: https://www.planalto.gov.br/ccivil_03/decreto-lei/del5452.htm.

______. *Lei n. 11.419, de 19.12.2006.* Dispõe sobre a informatização do processo judicial; altera a Lei n. 5.869, de 11 de janeiro de 1973 — Código de Processo Civil; e dá outras providências. Disponível em: http://www.planalto.gov.br/ccivil_03/_ato2004-2006/2006/lei/l11419.htm.

______. *Lei n. 12.527, de 18.11.2011.* Regula o acesso a informações previsto no inciso XXXIII do art. 5º , no inciso II do § 3º do art. 37 e no § 2º do art. 216 da Constituição Federal; altera a Lei n. 8.112, de 11 de dezembro de 1990; revoga a Lei n. 11.111, de 5 de maio de 2005, e dispositivos da Lei n. 8.159, de 8 de janeiro de 1991; e dá outras providências. Disponível em: http://www.planalto.gov.br/ccivil_03/_ato2011-2014/2011/lei/l12527.htm.

______. *Lei n. 12.965, de 23.04.2014.* Estabelece princípios, garantias, direitos e deveres para o uso da Internet no Brasil. Disponível em:https://www.planalto.gov.br/ccivil_03/_ato2011-2014/2014/lei/l12965.htm.

______. *Lei n. 13.105, de 16 de março de 2015.* Código de Processo Civil. Disponível em: https://www.planalto.gov.br/ccivil_03/_ato2015-2018/2015/lei/l13105.htm.

______. *Lei n. 13.709, de 14.08.2018.* Lei Geral de Proteção de Dados Pessoais (LGPD). Disponível em: https://www.planalto.gov.br/ccivil_03/_ato2015-2018/2018/lei/l13709.htm.

______. *Medida Provisória n. 2.200-2, de 24.08.2001.* Institui a Infra-Estrutura de Chaves Públicas Brasileira — ICP-Brasil, transforma o Instituto Nacional de Tecnologia da Informação em autarquia, e dá outras providências. Disponível em: http://www.planalto.gov.br/ccivil_03/mpv/antigas_2001/2200-2.htm.

______. *Medida Provisória n. 954, de 17.04.2000.* Dispõe sobre o compartilhamento de dados por empresas de telecomunicações prestadoras de Serviço Telefônico Fixo

Comutado e de Serviço Móvel Pessoal com a Fundação Instituto Brasileiro de Geografia e Estatística, para fins de suporte à produção estatística oficial durante a situação de emergência de saúde pública de importância internacional decorrente do coronavírus (Covid-19), de que trata a Lei n. 13.979, de 6 de fevereiro de 2020. Disponível em:https://www.planalto.gov.br/ccivil_03/_ato2019-2022/2020/mpv/mpv954.htm.

CNJ. *Recomendação n. 101, de 12.07.2021.* Disponível em: https://atos.cnj.jus.br/atos/detalhar/4036.

______. *Resolução n. 185, de 18.12.2013.* Disponível em: https://atos.cnj.jus.br/atos/detalhar/1933.

De 2010 a 2022, população brasileira cresce 6,5% e chega a 203,1 milhões. *Agência IBGE.* 28 jun. 2023. https://agenciadenoticias.ibge.gov.br/agencia-noticias/2012-agencia-de-noticias/noticias/37237-de-2010-a-2022-populacao-brasileira-cresce-6-5-e-chega-a-203-1-milhoes.

FGV. *Pesquisa do Uso de TI*, abr. 2023. Disponível em: https://eaesp.fgv.br/producao-intelectual/pesquisa-anual-uso-ti.

IBGE. Brasil já tem 206 milhões de habitantes. *Agência Brasil.* 30/08/2016. Disponível em: https://agenciabrasil.ebc.com.br/geral/noticia/2016-08/ibge-brasil-ja-tem-206-milhoes-de-habitantes#:~:text=O%20Brasil%20tem%20206%2C08,ano%2C%20206.081.432%20habitantes.

MISKULIN, Ana Paula Silva Campos; BERTACHINI, Danielle; NETO, Platon Teixeira de Azevedo. *Provas Digitais no processo do Trabalho: Realidade e Futuro.* 1. ed. Campinas/SP: Lacier, 2022.

OLIVEIRA, Vinícios Machado de. ABNT NBR ISO/IEC 27037:2013. *Academia de Forense Digital.* Disponível em: https://academiadeforensedigital.com.br/iso-27037-identificacao-coleta-aquisicao-e-preservacao-de-evidencia/.

PASTORE, Guilherme de Siqueira. Considerações sobre a autenticidade e a integridade da prova digital. *Cadernos Jurídicos,* São Paulo, ano 21, n. 53, p. 63-79, jan./mar. 2020. p. 4.

PORTUGAL. Tribunal Constitucional Portugal. *Plenário. Processo n. 828/2019.* Acórdão n. 268/2022. Relator Conselheiro Afonso Patrão. Votação majoritária. Data de Julgamento: 19.04.2022. Disponível em: https://www.tribunalconstitucional.pt/tc/acordaos/20220268.html.

SCARABELLI, Camila Ceroni. Microssistema de Justiça Digital. *Revista do Tribunal Regional do Trabalho da 15ª Região Campinas/SP.* n.. 63, jul./dez. 2023. p. 173 – 195.

THAMAY, Rennan Faria Kruger; TAMER, Maurício. *Provas no Direito Digital, Conceito da Prova Digital, Procedimentos e Provas Digitais em Espécie.* 2. ed. São Paulo: Thomson Reuters Brasil/RT, 2022.

4

Videovigilância no ambiente de trabalho: A incidência da LGPD como limite à defesa da propriedade e do poder de direção do empregador

Pablo Souza Rocha
Teresa Cristina Pedrasi

Resumo: Trata-se de artigo que se dedica a debater os limites que incidem sobre a videovigilância de trabalhadores no âmbito do contrato de trabalho. Embora a CLT seja silente sobre o tema, o problema é debatido a partir da proteção do direito de privacidade e do direito de proteção de dados. O regime jurídico decorrente da Lei Geral de Proteção de Dados incide no contrato de trabalho e apresenta claros limites ao poder de direção do empregador toda vez que ele implicar o processamento de dados pessoais. Aborda-se a título de comparação o tratamento dado no ordenamento português ao assunto. Por fim, propõe-se uma solução que harmonize a liberdade contratual com os direitos fundamentais e de personalidade do empregado.

Introdução

No exercício da judicatura, temos enfrentado poucos casos que discutem a permissividade da videovigilância do ambiente laboral. A possibilidade desse controle aparece em uma análise perfunctória como uma verdadeira prerrogativa do empregador. Constitui-se, a priori, como irradiação necessária do seu direito de propriedade e da própria posição de domínio em que se encontra no contrato de trabalho. Acresça-se a isso um viés protetivo[(1)] da figura do empregador diante da própria alteridade inerente ao contrato de trabalho (RAMALHO, 2015).

A aparente obviedade da videovigilância do ambiente laboral não pode prescindir de um profundo debate acadêmico sobre a necessária conformação entre interesses patronais legítimos e direitos fundamentais e de personalidade irrenunciáveis pelos empregados, sobretudo, privacidade e proteção de dados. Aliás, o contrato de trabalho, ao operacionalizar a construção de riqueza econômica pela simbiose da exploração da propriedade privada com a força humana, é verdadeira balança contínua a buscar equilíbrio entre direitos fundamentais que abraçam os seus sujeitos, em que pese o nítido desequilíbrio material subjacente à relação.

Frisamos que a omissão da CLT quanto à temática não é uma unanimidade no âmbito do direito comparado. A título de exemplo, o art. 20º do Código de Trabalho de Portugal[(2)] veda, como regra, o uso de meios de vigilância a distância para fins de controle de desempenho profissional, excepcionando o uso do mecanismo tecnológico para a proteção de bens e pessoas ou para atender à exigência peculiar da atividade exercida. Sem dúvidas, a existência de uma norma jurídica tão clara em um ordenamento de bases semelhantes ao nosso nos leva a um certo ceticismo, dentro do direito brasileiro, quanto a uma possível liberdade desregrada diante de um silêncio legislativo aparente.

Nesse contexto, procuraremos desenvolver neste trabalho a existência de limites à liberdade de videovigilância no ambiente de trabalho diante da projeção de direitos fundamentais, mormente o direito à privacidade e à proteção de dados, este último introduzido na Constituição Federal por meio da EC n. 115/2022. Defendemos que o recurso aos meios tecnológicos de gravação ambiental, embora legítimo, requer a observância dos princípios norteadores do regime de proteção de dados a fim de que seja válido e sob pena de infringir direito imaterial do empregado. Delineados nesses termos as linhas desse trabalho científico, passamos sem delongas ao seu desenvolvimento.

1. Breve percurso da privacidade à proteção de dados

O direito à privacidade começa a ser dogmatizado de forma autônoma no final do século XIX. Um dos artigos precursores de uma dogmática da privacidade, o famoso "*the right to privacy*",[(3)] dos autores americanos Louis Brandeis e Samuel Warren, já nos revela que a percepção de um direito de "ser/estar sozinho" (*to be alone*) já nasce atrelada às intrusões que o desenvolvimento tecnológico (à época a máquina fotográfica e a

(1) Sustentando que o Direito do Trabalho se desenvolve com a particularidade (princípio da compensação da posição debitória complexa das partes) de desenvolver um sistema simultaneamente protetivo do empregado e do empregador (salvaguarda dos interesses de gestão): RAMALHO, Maria do Rosário Palma. *Tratado de Direito do Trabalho* — Parte I — Dogmática Geral. 4. ed. Coimbra: Almedina, 2015. p. 533-545.

(2) PORTUGUAL. *Código do Trabalho*. 17. ed. Coimbra: Almedina. 2019, p. 22.

(3) WARREN, S. e BRANDEIS, L. "The right to privacy". *Civilistica.com*, v. 2, n. 3, p. 1-22, 14 out. 2013.

imprensa) poderia fazer sobre a vida privada. Registram, nesse aspecto, os autores americanos (WARREN e BRANDEIS 2013):

> Recent inventions and business methods call attention to the next step which must be taken for the protection of the person, and for securing to the individual what Judge Cooley calls the right 'to be let alone'. Instantaneous photographs and newspaper enterprise have invaded the sacred precincts of private and domestic life; and numerous mechanical devices threaten to make good the prediction that 'what is whispered in the closet shall be proclaimed from the house-tops'.

Mais recente, Jan Holvast (2009) também pontua a relação diretamente proporcional entre o desenvolvimento tecnológico e o ataque à privacidade, sobretudo, pela tecnologia da informação. Nesse sentido, observa a complexidade crescente que cada evolução tecnológica (fotografias, imprensa escrita, escutas telefônicas, computador, videovigilância, captação de dados biométricos, entre outros) proporciona quando confrontada ao direito de privacidade.

Podemos inferir, sem delongas, que um dos grandes desafios jurídicos dos nossos tempos é equilibrar a ampla possibilidade de controle de todos os aspectos da vida humana pela tecnologia com a necessidade de resguardar ao homem um espaço mínimo de liberdade no qual o outro não possa interferir e não possa sequer acompanhar sem um prévio consentimento do ser livre. É um dilema de privacidade que, se não for bem equacionado, poderá resultar em uma sociedade estratificada e condicionada a tal ponto que poderemos falar de uma liberdade meramente formal.

Como direito, a privacidade é protegida por normas internacionais, pela Constituição Federal, pelo Código Civil e tratada, ainda que de forma tímida, pela CLT (a exemplo do art. 223-C). Sob o aspecto conceitual, a sua delimitação nem sempre é tarefa fácil porque o indivíduo, no âmbito da autonomia da construção de sua subjetividade, pode sempre estabelecer fronteiras distintas ao objeto.

Apesar da dificuldade conceitual, compreendemos o direito à privacidade como o direito de o indivíduo desenvolver relações, pensamentos e ações de forma reservada, escolhendo com quem esse universo é compartilhado e podendo opor-se a invasões a essas esferas. Envolve, desse modo, um aspecto negativo (impedir que o outro tenha informação sobre si) e um aspecto positivo (decidir quem pode ter a informação sobre si e em qual medida).

Em sentido convergente, Holvast (2009) compreende que há uma dimensão relacional e uma dimensão informacional no conceito de privacidade. No primeiro aspecto, teríamos a liberdade de o indivíduo escolher a relação que estabelece e o nível em que se processa essa informação. O segundo aspecto, por sua vez, assegura a autonomia individual na recolha e processamento de dados pessoais.

Também esse é o posicionamento da professora Teresa Coelho (2017, p. 15), a teor do destaque que fazemos:

> Parece-nos ser possível entender a privacidade numa dupla vertente positiva e negativa. Assim, pode-se ligar-se o termo privacidade à capacidade e ao direito dos indivíduos controlarem a informação que lhes diz respeito, isto é, uma faceta positiva, relacionada ao controle do fluxo informacional, independentemente de a informação ser de cariz íntimo ou não. Trata-se de abranger dentro do conceito de privacidade o denominado direito à autodeterminação informativa, relacionado com uma função dinâmica da privacidade. Passa-se, assim, de um direito a ser deixado só para um direito a manter um controlo sobre a própria informação, e de um direito à privacidade visto numa acepção negativa, para uma função dinâmica...

A fim de densificar a expressão autodeterminação informativa ou informacional, colhemos as lições do professor Menezes Cordeiro (2020) no sentido de que o termo foi cunhado pelo Tribunal Constitucional Alemão a fim de, por decorrência do livre desenvolvimento da personalidade, assegurar que o titular tivesse autonomia para decidir sobre a divulgação e tratamento de seus dados, ressalvadas restrições advindas de interesse público e sob juízo de proporcionalidade.

Ocorre que o aprimoramento dos meios tecnológicos trouxe inúmeras outras situações para as quais o direito de privacidade é inegavelmente insuficiente para proteção da liberdade. A questão — que desperta uma necessidade regulatória — vem da imensa capacidade de captação, armazenamento e processamento de dados para os mais diversos fins. Assim, é ainda na década de 60 do século passado que surgem os primeiros debates sobre um regime de proteção de dados. Por sua vez, na última década a temática ganha protagonismo seja na Europa, seja nas Américas porque inegável que já vivemos um capitalismo de vigilância no qual os dados pessoais assumem valor econômico diante da possibilidade da extração de benefícios diversos por parte de quem detém a informação.

Nesse contexto, o direito de proteção de dados não é uma nova roupagem do direito de privacidade. Trata-se de direito com objeto autônomo consistente na proteção de dados pessoais (públicos ou sensíveis) por meio da imposição de transparência na coleta, no processamento e no uso dessas informações, além da garantia da segurança na circulação desses mesmos dados. Consignamos, neste ponto, o conceito legal de dado pessoal, extraído do art. 5º, I, da Lei n. 13.709/2018, como "*a informação relacionada a pessoa natural identificada ou identificável*".

Fixadas essas premissas conceituais, os dois direitos incidem fortemente como mecanismos de proteção do trabalhador. Essa relevância preponderante decorre de o contrato de trabalho não ser apenas uma avença econômica, antes é fortemente marcado pela pessoalidade em razão da impossível separação entre o ser humano e o objeto do contrato — a própria força humana direcionada a um fazer heterodeterminado. Desse modo, à medida que o trabalho se firma como relação livre, crescem dilemas da inserção do trabalhador como sujeito de direitos de personalidade e direitos fundamentais que não podem ser transacionados pelo contrato de trabalho.

É dentro desse contexto que a captação de imagens e sons no ambiente de trabalho não deve ser compreendida como uma prerrogativa irrestrita do empregador dentro de seus poderes de direção e com vistas à gestão de patrimônio privado. Essa videovigilância pode ocasionar a coleta de dados pessoais cujo contrato de trabalho não seja fundamento legal para o seu tratamento. Portanto, já podemos antever que, embora a nossa legislação não trate o tema de forma direta e específica, há um regime jurídico tendente a limitar o exercício do domínio no contrato de trabalho. Identificar esses limites é o objetivo nos próximos capítulos.

2. Princípios norteadores do regime de proteção de dados

Inicialmente, destacamos que a Lei n. 13.709/2018 não possui um capítulo destinado à aplicação da proteção de dados no contrato de trabalho, tal como fez o regime europeu. Todavia, o âmbito da aplicação da lei é amplo, a teor de seu art. 3º, I, II e III, isto é, aplica-se a todo tratamento de dados no território nacional; feito com objetivo de oferta de bens e serviços ou tratamento de dados de indivíduos localizados em território nacional; a dados que tenham sido coletados no território nacional. Desse modo, a vinculação dos empregadores públicos ou privados é inafastável, à exceção de empregadores domésticos por serem pessoas naturais com objetivos não econômicos (art. 4º, I, da Lei n. 13.709/2018).

Igualmente relevante é atentarmos para o próprio espírito da Lei n. 13.709/2018, o qual podemos extrair dos seus diversos fundamentos previstos no art. 2º, a saber: respeito à privacidade; autodeterminação informativa; liberdade de expressão, de informação, de comunicação e de opinião; inviolabilidade da intimidade, da honra e da imagem; desenvolvimento econômico e tecnológico e a inovação; livre-iniciativa, livre concorrência e defesa do consumidor; direitos humanos, livre desenvolvimento da personalidade, a dignidade e o exercício da cidadania pelas pessoas naturais.

Inferimos dos fundamentos supracitados que o regime de proteção de dados visa colmatar as tensões decorrentes da capacidade crescente de tratamentos de dados por um mundo cada vez mais digitalizado, bem como a extração de proveito econômico desses dados com a possibilidade de controle do titular dos dados, com a imprescindível tarefa de preservar o titular de dados como sujeito livre, digno e protegido contra o controle excessivo e onipresente do aparato tecnológico e de seus reflexos discriminatórios.

Dito isso, importante atentar ao art. 7º da LGPD que aponta os fundamentos legais para o tratamento de dados pessoais. Para fins do contrato de trabalho, compreendemos como mais relevantes as previsões dos incisos I (o consentimento do titular); II (cumprimento de obrigação legal ou regulatória do controlador); V (necessidade de execução do contrato ou procedimento preliminar ao contrato, a pedido do titular de dados); VI (para o exercício de direitos em processos judicial, administrativo ou arbitral); VII (para a proteção da vida ou da incolumidade física do titular ou de terceiro). Assim, ao realizar tratamento de dados, o empregador deve enquadrar o ato em alguma dessas hipóteses legais, sendo polêmico o consentimento como critério legal legitimador no contrato de trabalho.

De forma muito sucinta, o consentimento como critério do tratamento de dados possui críticas no âmbito do Direito do Trabalho, em razão da relação assimétrica estabelecida nesse contrato. Nesse sentido, Bruno Ricardo Bioni (2021)[(4)] menciona diversas pesquisas feitas em universidades estrangeiras que apontam para falhas no processo de consentimento do titular de dados. Tais falhas decorrem desde a dificuldade técnica de o indivíduo controlar o processamento de seus dados até a incidência de teorias de psicologia comportamental que apontam o comportamento direcionado sempre para a obtenção de um benefício imediato em prejuízo dos direitos fundamentais, o que gera um certo "paradoxo da privacidade". O autor prossegue para uma necessidade da reavaliação da obtenção de um consentimento realmente qualificado como livre, inequívoco, expresso e específico em relações assimétricas, dentre as quais está a relação de trabalho.

Da nossa parte, consideramos que o consentimento não é a melhor base para o tratamento de dados no contrato de trabalho, salvo se puder ser aferida de forma objetiva a possibilidade de o empregado recusar o tratamento sem riscos de retaliações na execução do contrato e sem risco de perder vantagem econômica. Em regra geral, verifica-se que o empregado, devido à dependência econômica, tende a ceder os dados por certo temor e, por isso, a licitude do tratamento deve se fundamentar em outro dos incisos a que nos referimos, com destaque para o cumprimento de obrigação legal ou regulatória do empregador.

Nesse sentido, aliás, andou bem o legislador português que, por meio da Lei n. 58/2019, condicionou (art. 28º) o tratamento de dados pessoais de trabalhadores ao cumprimento de finalidades previstas no Código do Trabalho e afastou o consentimento como critério de legitimidade do tratamento de dados no contexto da relação laboral quando o tratamento for necessário para obtenção de vantagem econômica pelo trabalhador ou quando o tratamento for essencial para a execução do contrato ou pré-contrato.

(4) BIONI, Bruno Ricardo. *Proteção de dados pessoais* — a função e os limites do consentimento. 2. ed. Rio de Janeiro: Forense, 2021. p. 133-193.

De todo modo, o mero enquadramento legal em uma hipótese do art. 7º da LGPD não importa licitude da conduta se não forem observados os princípios previstos no art. 6º da mesma lei, a saber: boa-fé; finalidade, adequação, necessidade; livre acesso; qualidade dos dados; transparência; segurança; prevenção; não discriminação; responsabilização e prestação de contas.

Esses princípios, cuja delimitação conceitual é feita na própria lei, indicam-nos que o empregador, como controlador de dados, não pode agir de forma ilimitada e sub-reptícia, ainda que esteja cumprindo obrigação legal. O tratamento de dados deve ser informado, especificada a finalidade, observar o dever de minimizar a coleta de dados sempre que possível e ocorrer de forma transparente, evitando discriminações e permitindo a atribuição de responsabilidades, caso haja uso indevido de dados pessoais. A atuação dentro de critérios rígidos e transparentes permite ao empregado o controle sobre um bem que compõe o seu patrimônio imaterial e o exercício de direitos previstos na própria lei, a exemplo da correção de dados.

Por consequência, facilmente concluímos que o poder diretivo ou mesmo o direito de propriedade não justificam a coleta de dados de forma ilimitada, não é o empregador que de forma discricionária escolhe quais dados do empregado pode recolher, a sua atuação deve se pautar pela mínima recolha possível e sempre com uma finalidade lícita bem especificada e de forma transparente e informada. Essa premissa ora fixada é o alicerce para tomarmos uma posição jurídica quando falamos de videovigilância no ambiente de trabalho e seus possíveis limites.

3. Videovigilância no ambiente de trabalho: Controle da atividade e defesa da propriedade

Em primeiro lugar, a videovigilância deve ser conceituada como a captação de imagens, com ou sem voz, de ambientes e pessoas. A partir do momento em que é possível a captação de imagem ou voz, o uso dessa ferramenta deve se adequar à LGPD, toda vez que esse dado permitir a identificação do sujeito.

Sob a perspectiva patronal, dois argumentos são vislumbrados com facilidade quanto ao interesse no monitoramento por vídeo do ambiente laboral: o controle do processo produtivo, para fins de aperfeiçoamento do poder de direção; a defesa da propriedade seja em relação a desvios de conduta do empregado, seja em relação a terceiros.

Além disso, em situações específicas poderíamos vislumbrar outra razão interessante, consistente na segurança e vida de empregados e terceiros. Como exemplo dessa última hipótese, teríamos a instalação de câmeras em estabelecimentos bancários como forma de reforçar a segurança do ambiente e desmotivar assaltos; ou ainda o monitoramento de cabines de motoristas com a finalidade de averiguar a prática da boa direção e evitar acidentes nas estradas. E ainda o monitoramento de locais de estoques de produtos psicotrópicos, joias, entre outros objetos similares.

Consideremos que a videovigilância dentro das perspectivas acima e observados os princípios que regem a LGPD é um mecanismo legítimo e possível no ambiente de trabalho. Nesse ponto, parece-nos que nos distanciamos de ordenamentos europeus como o português, que veda o uso de meios tecnológicos para exercício do poder de direção, ressalvando o uso para a proteção de bens e pessoas. No Brasil, o silêncio legal quanto ao assunto deve ser interpretado como uma maior permissividade de controle tecnológico da atividade laboral, ainda que isso não signifique um cheque em branco em favor do empregador, como se demonstrará mais adiante.

É cediço que o contrato de trabalho coloca o trabalhador em situação de sujeição a poderes laborais, constituindo desse modo uma relação hierárquica e subordinada na qual a vontade do empregador quanto ao desempenho da atividade sobrepõe-se a eventual insurgência do empregado. Para este remanesce o dever de acolher o direcionamento e trabalhar de forma positiva e cooperativa, em obediência às ordens recebidas (dever de obediência e cooperação).

Sobre o tema colhemos as seguintes lições da professora Maria do Rosário Palma Ramalho (2019, p. 584-589):[(5)]

> O poder directivo é a faculdade através da qual o empregador procede à determinação da função do trabalhador e emite ordens e instruções com vista ao cumprimento da actividade laboral e de outros deveres acessórios pelo trabalhador; por seu turno o poder disciplinar permite ao empregador estabelecer regras de conduta do trabalhador na organização que não se reportam à actividade laboral (é a faceta prescritiva deste poder) e aplicar sanções, que recaem sobre o trabalhador, em caso de incumprimento dos comandos emitidos ao abrigo do poder de direção ou do poder disciplinar prescritivo (é faceta sancionatória deste poder) (...). Relativamente ao poder de vigilância e controlo, ele desempenha uma dupla função no contrato de trabalho. Por um lado, trata-se de um corolário do poder diretivo na vertente relativa ao desenvolvimento da actividade laboral: cabendo ao empregador direccionar em concreto o trabalhador no cumprimento da prestação, inere a esta direcção o controlo da firma como o trabalhador está a cumprir as suas ordens e instruções. Por outro lado, o controlo do trabalhador é uma operação prévia ao exercício do poder disciplinar na vertente sancionatória: é a vigilância do trabalhador que permite avaliar o incumprimento do trabalhador, que justifica a actuação disciplinar. (...) Por esta razão, sustenta-se o tratamento deste poder de vigilância como componente do poder directivo e do poder disciplinar: é um corolário natural do primeiro e um pressuposto essencial do segundo.

(5) RAMALHO, Maria do Rosário Palma. *Tratado de Direito do Trabalho* — Parte II — Situações laborais individuais. 7. ed. Coimbra: Almedina, 2019. p. 584-589.

Obviamente, o pleno exercício dos poderes laborais requer a legitimidade de mecanismos materiais que concretizem esse controle, vigilância e direcionamento do curso dos atos praticados no ambiente laboral. Tradicionalmente esse papel foi feito pela observação e acompanhamento da atividade diretamente pela captação visual pela chefia. Desse modo, o controle da atividade e produtividade era feito por meio da presença física e constante do chefe cuja função era fazer essa supervisão visual e numérica a respeito do correto desempenho da atividade e da perfeição do produto do trabalho.

A novidade é que a tecnologia trouxe mecanismos que permitem esse controle de forma mais eficaz, indireta e até mesmo implícita, com uma eficácia muito maior do que a presença física de uma liderança. O recurso a instrumentos tecnológicos e de inteligência artificial supera a inegável limitação da capacidade humana de captação visual de um amplo espaço laboral e permite uma espécie de "onipresença" do empregador. Desse modo, o uso de mecanismos tecnológicos que possibilitem um acompanhamento em tempo real e individualizado do trabalhador ganha espaço nos ambientes laborais, como ferramenta de controle maior que corrobora e aperfeiçoa o trabalho das chefias, permitindo inclusive esse acompanhamento a distância e de um número maior de trabalhadores por liderança.

Não é possível concluir que o ordenamento brasileiro possua incompatibilidade com o exercício dos poderes patronais a partir de meios tecnológicos. A ausência de regulação desses poderes confere ao empregador uma margem maior para o seu exercício, de modo que os conflitos quase sempre são resolvidos por limitações decorrentes de conformação de direitos fundamentais conflitantes ou incidência de direitos de personalidade no contrato de trabalho.

Justamente, por essa razão, tem-se que a regra primordial é de permissividade de todo tipo de recurso que permita aperfeiçoar o controle da atividade produtiva, controlar a produtividade e potencializar o processo produtivo por meio de um acompanhamento cada vez mais individualizado do cumprimento dos deveres laborais principais e acessórios pelo empregado.

Os limites, por sua vez, vão surgindo a partir do momento em que esses controles começam a desafiar espaços de privacidade da vida do trabalhador ou de exercício de outros direitos fundamentais e de personalidade, como a própria liberdade de expressão e a proteção de dados. Caracterizados esses conflitos, desenham-se linhas a fim de reafirmar o trabalhador não apenas como sujeito livre, mas também com dignidade assegurada ainda que no tempo alienado a outrem. Esse fenômeno de afloramento de direitos fundamentais e de personalidade oponíveis como freio a uma subordinação expansiva convencionou-se chamar de cidadania no trabalho (DRAY, 2022).[6]

(6) DRAY, Guilherme. *Direito do Trabalho e cidadania*. Coimbra: Almedina, 2022. p. 41.

A fim de corroborar a tese até aqui defendida, apontamos julgado do TST que analisou a decisão do TRT da 4ª Região que limitava o uso de videovigilância como meio de controle no ambiente de trabalho. O acórdão originalmente impugnado trazia a seguinte fundamentação para impedir o monitoramento por videovigilância:

> Em que pesem os argumentos apresentados pela reclamada no intuito de defender a legitimidade do procedimento de manter câmeras de monitoramento no ambiente de trabalho, não há como afastar que, no conflito entre princípios que se estampa no caso concreto, prepondera o da proteção aos direitos à privacidade, intimidade e imagem do trabalhador, conforme fundamentos bem analisados na decisão transcrita. O monitoramento permanente das atividades dos empregados gera indiscutível desconforto a estes, incita a desconfiança mútua, bem como desrespeita o critério da confiança recíproca que deve informar as relações contratuais entre empregados e empregadores, disso resultando grave ofensa à dignidade dos trabalhadores, inclusive porque parte do princípio de que o empregado pode ser desonesto. Ponderando os motivos apresentados pela ré para a necessidade de manter o monitoramento com câmeras das atividades dos seus empregados, chega-se à fácil conclusão de que cabe à empresa encontrar outros meios de proteger sua propriedade e de garantir o sigilo de dados dos seus clientes, não podendo em nome desses interesses corromper a boa-fé e a confiança que servem de base aos contratos de trabalho, tampouco ofender o direito à privacidade do trabalhador. O fato de deter o poder de mando na relação de emprego não outorga ao empregador o direito de macular direitos fundamentais dos seus empregados. (TRT 4ª Região. RO n. 0021162-51.2015.5.04.0014. Rel. Des. Cláudio Antônio Cassou Barbosa. 3ª Turma. data: 8.6.2017)

Ao analisar a decisão regional, o TST reformou a decisão de segundo grau e entendeu que o uso da videovigilância é legítimo como meio de exercício de um poder de fiscalização, com ressalvas para seu uso de forma escondida ou em ambientes de convívio privado como banheiros e refeitórios. Merece destaque o seguinte trecho do voto do ministro Hugo Scheuermann:

> No caso presente, entendo que o monitoramento dos empregados no ambiente de trabalho por meio de câmera, sem qualquer notícia no acórdão do Tribunal Regional a respeito de excessos pelo empregador, tais como a utilização de câmeras espiãs ou a instalação de câmeras em recintos que fossem destinados ao repouso dos funcionários ou que pudessem expor partes íntimas dos empregados, como banheiros ou vestiários, não configura ato ilícito, inserindo-se dentro do poder fiscalizatório do empregador. (RR n. -21162-51.2015.5.04.0014, 1ª Turma, rel. Min. Hugo Scheuermann, publicado em 28.8.2020, disponível em: Consulta Processual (tst.jus.br).

Admitido, portanto, o uso da videovigilância seja como instrumento de exercício do poder diretivo, seja com objetivo de proteger a propriedade (situações em que a imagem ambiental desestimula a prática de assaltos e furtos), passamos à tentativa de identificar hipóteses de limitação do uso de tais recursos, seja em decorrência da privacidade, seja principalmente em decorrência do advento da LGPD.

De início a jurisprudência do TST, conforme se depreende do acórdão acima citado, é pacífica no sentido da vedação do uso de câmeras em vestiários. Também parece inclinar, a teor do voto declinado, para a vedação quanto ao uso em espaços de vivência e repouso, como refeitórios ou salas de descanso ou espera. Ainda, nesse sentido, apresentamos outro acórdão, agora de lavra da ministra Maria Helena Mallmann, sobre o tema:

> RECURSO DE REVISTA. LEI N. 13.015/2014. INDENIZAÇÃO POR DANO MORAL. CÂMERA DE VIGILÂNCIA. VESTIÁRIO DE EMPREGADOS. Conquanto ao empregador seja permitido tomar as medidas de segurança necessária e que estão ao seu alcance para proteger o patrimônio empresarial, não se pode admitir que exponha a intimidade de seus empregados, em flagrante excesso de seu poder de vigilância. Ao instalar câmeras de filmagem no local destinado à troca de vestuário dos seus empregados, a empresa reclamada inequivocamente incorreu em abuso de direito do seu poder diretivo, violando os direitos à privacidade e à intimidade dos trabalhadores, assim como o princípio constitucional da dignidade da pessoa humana. Recurso de revista conhecido e provido (...). (Processo: RR – 906-07.2016.5.14.0004 Data de Julgamento: 8.5.2018, relatora Ministra: Maria Helena Mallmann, 2ª Turma, Data de Publicação: *DEJT* 11.5.2018)

A nosso entender, a jurisprudência da mais alta Corte Trabalhista cria uma clara distinção entre ambientes possíveis de monitoramento por câmera e ambientes protegidos desse monitoramento. No primeiro grupo, teríamos o próprio local de trabalho, onde as tarefas são desempenhadas, bem como locais de passagem a setores estratégicos da empresa e vitais sob o aspecto da segurança da propriedade. Por sua vez, teríamos, no segundo grupo, ambientes nos quais há evidente enfraquecimento do poder de subordinação em razão de serem afetados ao desempenho de atividades pessoais e de descanso. Nesse segundo grupo, a expansão da proteção do direito à privacidade diminui as possibilidades de um poder de fiscalização.

A distinção é importante porque, no fundo, ela reconhece que mesmo no ambiente de trabalho e nas dependências do empregador é possível a afirmação de um espaço de liberdade e autonomia do empregado. Destaca-se que o direito à privacidade em uma acepção negativa de "estar só" ou estar em condição de anonimato revela-se como uma possibilidade oponível ao empregador naqueles espaços que não são dedicados à realização da atividade-fim do contrato.

Reafirma-se que nesses espaços de subordinação enfraquecida (observamos que não é subordinação ausente necessariamente) a presunção é de proteção da privacidade. Esvaem-se com isso argumentos que tentam superar a proteção do bem jurídico com base na ausência de prejuízo. Não há espaço para tergiversar com interpretações restritivas dos direitos fundamentais. Por tal razão, questionamentos sobre o que o trabalhador não gostaria que fosse filmado se revelam impertinentes, dada a eficácia máxima que se deve reconhecer ao direito de privacidade.

Acrescentamos, ainda, um debate que a contemporaneidade nos exige. Trata-se de discutir a videovigilância no teletrabalho. Seria possível a captação de câmeras de *notebooks* durante todo o tempo de uso dessa ferramenta nos ambientes pessoais onde o empregado executa o teletrabalho? O mesmo questionamento deve ser feito a respeito da gravação de reuniões *on-line*. Pensamos que o teletrabalho traz uma variante que deve ser ponderada. Trata-se da execução da atividade laboral a partir de postos afetados à vida privada.

Atenta às discussões jurídicas trazidas pelo teletrabalho impulsionado pela Covid-19, a Comissão Nacional de Proteção de Dados de Portugal publicou uma série de orientações sobre o controle no teletrabalho e dentre as quais merece destaque os seguintes trechos:

> Naturalmente que, independentemente da propriedade dos instrumentos de trabalho, no regime de teletrabalho o empregador mantém os poderes de direção e de controlo da execução da prestação laboral. No entanto, neste regime não existe qualquer disposição legal que regule o controlo à distância, pelo que a regra geral de proibição de utilização de meios de vigilância à distância, com a finalidade de controlar o desempenho profissional do trabalhador, é plenamente aplicável à realidade de teletrabalho. Aliás, à mesma conclusão sempre se chegaria pela aplicação dos princípios da proporcionalidade e da minimização dos dados pessoais, uma vez que a utilização de tais meios implica uma restrição desnecessária e seguramente excessiva da vida privada do trabalhador. Por esta razão, soluções tecnológicas para controlo à distância do desempenho do trabalhador não são admitidas. São disso exemplo os *softwares* que, para além do rastreamento do tempo de trabalho e de inatividade, registam as páginas de Internet visitadas, a localização do terminal em tempo real, as utilizações dos dispositivos periféricos (ratos e teclados), fazem captura de imagem do ambiente de trabalho, observam e registam quando se inicia o acesso a uma aplicação, controlam o documento em que se está a trabalhar e registam o respetivo tempo gasto em cada tarefa (*v.g.*, *TimeDoctor*, *Hubstaff*, *Timing*, *ManicTime*, *TimeCamp*, *Toggl*, *Harvest*). Ferramentas deste tipo recolhem manifestamente em excesso dados pessoais dos trabalhadores, promovendo o controlo do trabalho num grau muito mais detalhado do que aquele que pode ser legitimamente realizado no contexto da sua prestação nas instalações da entidade empregadora. E a circunstância de o trabalho estar a ser prestado a partir do domicílio não justifica uma maior restrição da esfera jurídica dos trabalhadores. Nessa medida, a recolha e o subsequente tratamento daqueles dados violam o princípio da minimização dos dados pessoais. Do mesmo modo, não é admissível impor ao trabalhador que mantenha a câmara de

> vídeo permanentemente ligada, nem, em princípio, será de admitir a possibilidade de gravação de teleconferências entre o empregador (ou dirigentes) e os trabalhadores. Apesar da inadmissibilidade da utilização de tais ferramentas, reafirma-se que o empregador mantém o poder de controlar a atividade do trabalhador, o que poderá fazer, designadamente, fixando objetivos, criando obrigações de reporte com a periodicidade que entenda, marcando reuniões em teleconferência (CNPD: 2020) orientacoes_controlo_a_distancia_em_regime_de_teletrabalho.pdf (cnpd.pt).

Notemos que, embora tenhamos uma base legal diferente como já sublinhado, a advertência do órgão regulador português é uma clara demonstração de que a videovigilância em *home office* não é uma obviedade ou uma decorrência lógica da subordinação jurídica. Lembramos que o trabalho em *home office* é desenvolvido em ambiente pessoal, criando uma zona cinzenta para definição de fronteiras entre o laboral e o privado.

Outrossim, não é despiciendo recordarmos que a casa é considerada asilo inviolável à luz do art. 5º, XI, da CF. Ora, o contrato de trabalho, ainda que estabelecida a condição de teletrabalho em favor do trabalhador, não é capaz de flexibilizar essa proteção constitucional que, em suma, se volta para o próprio direito de privacidade. Igualmente, é preciso contextualizarmos a própria inviolabilidade do domicílio para além do ingresso físico e, com isso, estendermos a proteção também para a invasão da casa por meios virtuais.

A partir dessa concepção maximizadora dos direitos fundamentais, compreendemos facilmente que viola o direito de privacidade, sem prejuízo também de infrações à LGPD, o monitoramento do *home office* por meio de vídeo. A medida fere o princípio da proporcionalidade uma vez que a captação pode englobar aspectos da vida privada e íntima, como a imagem de outras pessoas, conteúdo de conversas e mesmo a dinâmica de relações familiares. O contexto familiar, íntimo e privado que pode ser captado não perde espaço de proteção em razão do contrato de trabalho ou da convenção de teletrabalho. Desse modo, o empregador deve optar por meios de controles que se revelam menos invasivos aos direitos fundamentais (ALVES, 2020).

Até aqui abordamos nítidos limites à videovigilância que decorrem do direito à privacidade. Lembramos que se trata de direito diverso da proteção de dados, mas que caminha no mesmo compasso deste, mormente, quando a própria LGPD determina que a proteção de dados tenha como fundamento o respeito à privacidade, à autodeterminação informativa e a inviolabilidade da intimidade (art. 2º, I, II, IV, da LGPD). Passamos, então, a ponderar outras questões que surgem a partir da incidência da LGPD.

Inicialmente, indispensável fixarmos qual a base legal para o tratamento dos dados colhidos a partir do uso de câmeras no ambiente de trabalho. E, nesse aspecto, surge um primeiro dilema sobre como enquadramos a imagem e voz captados da pessoa física.

Essa primeira tomada de posição é importante porque a partir dela aplicaremos o regime do art. 7º ou 11 do LGPD, sendo que este último, por se dedicar a dados sensíveis, possui restrições mais consideráveis ao tratamento.

A própria lei define os dados pessoais sensíveis por meio do seu art. 5º, II, como sendo aqueles sobre *"origem racial ou étnica, convicção religiosa, opinião política, filiação a sindicato ou a organização de caráter religioso, filosófico ou político, dado referente à saúde ou à vida sexual, dado genético ou biométrico, quando vinculado a uma pessoa natural"*. A imagem e a voz são indiscutivelmente enquadradas como dados biométricos capazes de fragilizar a liberdade e a segurança do indivíduo quando submetidos à inteligência artificial.

Com mais esta premissa fixada, é imperioso adequar o direito de o empregador fiscalizar o ambiente de trabalho com os limites impostos por um regime de proteção de dados que incide também na execução do contrato de trabalho. A principal consequência disso é que, com o advento da Lei n. 13.709/2018, o uso de videovigilância no ambiente laboral deve ser ater e limites maiores do que os anteriormente impostos pura e simplesmente pelo direito à privacidade. Assim, a questão atualmente se propõe de forma muito mais complexa do que analisar se a captação incide ou não diretamente sobre ambiente fabril.

Como parâmetro legal para o tratamento de dados sensíveis nós temos o consentimento expresso, livre e específico (art. 11, I, da Lei n. 13.709/2018) e situações que independem de consentimento, com destaque para o exercício regular de direitos decorrentes de contrato (art. 11, II, *"d"*, da Lei n. 13.709/2018) e proteção da vida ou da incolumidade física do titular ou de terceiros (art. 11, II, e, da Lei n. 13.709/2018).

Entendemos que o consentimento é um parâmetro frágil para uso no curso do contrato de trabalho, uma vez que o trabalhador em condição de hipossuficiência econômica possui pouca margem de liberdade para oposição quanto ao uso de seus dados. Desse modo, preferimos, sempre que possível, conferir uma base de tratamento que demonstre maior segurança jurídica a todos os envolvidos na relação contratual. Por consequência, compreendemos que as hipóteses de exercício regular de direito e proteção da incolumidade física do trabalhador ou de terceiros são os fundamentos que legitimam a videovigilância no ambiente laboral à luz da LGPD.

Como já argumentamos, o poder de direção e a proteção à propriedade são premissas indissociáveis à execução do contrato de trabalho e que atribuem ao empregador uma série de prerrogativas como uma verdadeira recompensa pelos riscos econômicos que assume dentro da atividade empresarial. Desse modo, condicionar a videovigilância da atividade apenas à hipótese de consentimento do trabalhador seria fantasioso e retrógrado.

Fantasioso porque apenas em um cenário de pleno emprego o empregado realmente seria livre para consentir quanto à cessão de dados que aparece como condicionante para o desenvolvimento do contrato. Retrógrado porque, ao colocar a licitude do tratamento de dados na perspectiva individual e subjetiva do empregado, criam-se óbices à introdução de meios tecnológicos na melhoria da produtividade, que é essencial em uma economia de mercado com vistas à produção e distribuição de riquezas.

De todo modo, exsurgem garantias ao trabalhador do regime de proteção de dados que reforçam e ultrapassam o espaço que já seria normalmente protegido pelo direito à privacidade. Passamos então a pontuar alguns aspectos que merecem realce.

Fundamental o direito do empregado de ser informado quanto ao tratamento de dados. Esse direito de informação decorre diretamente dos princípios de boa-fé e de transparência que encontram expressa previsão legal (art. 6º, VI). Portanto, é ilícita a captação de imagens e sons de forma velada, à espreita, ainda que o ambiente seja tipicamente laboral e afetado ao desempenho das tarefas. O empregador não deve se portar como se fosse polícia secreta, mesmo que aja a pretexto de seu poder de direção. Nesse sentido, é de extrema importância a comunicação da videovigilância seja por avisos ostensivos, seja por ciência escrita.

Não menos importante é que o tratamento de dados ocorra dentro de uma finalidade evidente, evitando desvios dos dados para fins não previstos (art. 6º, I). Nesse caso, parece-nos importante que o termo que dê a ciência da videovigilância seja igualmente claro quanto à finalidade e uso dos dados tratados. A finalidade é um importante freio na atuação do empregador, limita a sua prerrogativa de uso das imagens captadas e cria simultaneamente o direito de o empregado se opor a um uso indiscriminado de seus dados. Dentro dessa perspectiva, a videovigilância deve se limitar ao controle do bom desempenho da atividade laboral, a proteção da propriedade ou da incolumidade física do trabalhador e de terceiros.

Importantíssimo é observar a minimização dos dados colhidos. Trata-se de nítida decorrência dos princípios da adequação e da necessidade (art. 6º, II e III). A minimização não apenas reforça a distinção que a jurisprudência tem feito entre ambientes de subordinação e ambientes de descanso, mas a nosso entender vai vedar em regra a gravação de voz.

Embora a lei não seja expressa quanto ao assunto, é preciso ponderar que a videovigilância tem finalidade muito precisa e, por isso, não abrange a captação de conversas desenvolvidas no ambiente de trabalho. É certo que no local de trabalho as pessoas desenvolvem os mais diversos tipos de diálogos que não possuem traço laboral. O empregador não pode ser elevado à categoria de ouvinte especial das conversas de seus empregados. A subordinação não desumaniza o sujeito nem torna objeto de alienação toda manifestação do trabalhador a partir do conceito do local em que ela é produzida. Nesse caso, os custos ao conceito de trabalhador livre que emergem de um controle tão severo são maiores do que eventuais benefícios privados que possam ser sustentados.

Exceções podem ser construídas casuisticamente em hipóteses em que a construção de diálogos sejam a essência do próprio labor, como a atividade de *telemarketing*. Nesses casos, a gravação de ligações, por exemplo, é um importante meio de controle da qualidade do serviço prestado.

Outrossim, convém destacar o dever de o empregador assegurar a segurança dos dados captados por meio de videovigilância (art. 6º, VII) e a prevenção (art. 6º, VIII). Assim, deve propiciar o armazenamento dos dados em ambiente seguro, limitar o acesso a esses arquivos, utilizar mecanismos que possibilitem anonimizar os sujeitos, se possível (técnicas de "blur"). Em um mundo sujeito a constantes ataques cibernéticos e a ampla possibilidade de uso desvirtuado da imagem, o empregador aparece como um grande fiador de que os dados da videovigilância não sejam usados para fins diversos, ainda que de forma acidental. Não é defensável o vazamento das imagens, a criação de anedotas ou memes a partir de situações laborais captadas por câmeras da empresa, bem como qualquer ação que não encontre claro respaldo legal. Ainda que o empregador seja o detentor da gravação, os dados captados continuam de titularidade do empregado.

Por fim, tema polêmico seria o tempo de armazenamento das imagens captadas. Compreendemos que enquanto as pretensões decorrentes da imagem não estiverem prescritas, é legítimo ao empregador conservar a imagem. De todo modo, há custos nesse armazenamento que podem justificar a eliminação da gravação de forma periódica. Pensamos ser fulcral que a periodicidade da eliminação da gravação seja também informada ao empregado, uma vez que este também pode ter interesse no acesso ao banco de dados (art. 6º, IV). A explicitação prévia do tempo de conservação da gravação também terá importante efeito prático para fins de se comprovar recusa injustificada se houver pedido processual de exibição de coisa e documento, na forma do art. 396 e seguintes do CPC.

Com essas observações, forçoso concluir que a videovigilância no ambiente do trabalho é lícita, mas encontra importantes mecanismos de controle e limites a partir da incidência do direito de privacidade e de proteção de dados. A violação desses limites importa em inegável lesão a direito imaterial que é possível de reparação via indenização por danos morais. O empregador, ao optar por esse mecanismo de controle, deve estar ciente dos benefícios, mas também dos riscos que corre pela reparação de eventuais danos causados. Deve igualmente estar ciente de que o regime de proteção de dados institui maior rigor na captação de imagens no ambiente de trabalho, não sendo viável o mero argumento de direção da atividade ou de proteção da propriedade como critério legitimador e amplificador do uso de imagens captadas.

Considerações finais

A prática de videovigilância tem sido comum em diversos ambientes, sobretudo, naqueles laborais. Embora a prática pareça inofensiva, é imprescindível refletirmos sobre os seus reflexos no que se refere a privacidade e proteção de dados.

Ao contrário de regimes europeus, como é o caso de Portugal, nossa legislação não veda de forma mais extensiva a prática de videovigilância no ambiente de trabalho. De todo modo, o silêncio do legislador não deve ser interpretado como ausência de limites nem coloca a prática sujeita apenas ao crivo do juízo de oportunidade e conveniência do empregador. Ainda que não possamos transpor um regime limitante como o português, é possível extrair do próprio sistema brasileiro amarras à liberdade de vigilância do empregador.

Desde já observamos que, tradicionalmente, a jurisprudência tem vedado a videovigilância em ambientes não voltados à execução da tarefa ou à segurança da empresa. Desse modo, a videovigilância em espaços não destinados à execução do trabalho, como vestiários, banheiros, refeitórios, ainda que dentro da propriedade da empresa, é considerada ilícita por violação ao direito à privacidade.

É de se pontuar, ainda, que a videovigilância em sistema de teletrabalho deve sofrer limitação ainda maior do que em ambientes empresariais físicos porque o teletrabalho se desenvolve em ambientes pessoais e que não perdem essa característica em razão do modo de execução do contrato de trabalho.

De mais a mais, o regime de proteção de dados intensifica o regime de limites à videovigilância. Embora acreditemos que ela possa ocorrer com fundamento no exercício regular de direitos decorrentes do contrato, como concretização do poder de direção e da defesa da propriedade, além de em alguns casos se fundar na defesa da incolumidade física do trabalhador ou de terceiros, a execução deve se atentar para todos os dispositivos da LGPD, sobretudo para a maior proteção conferida ao tratamento de dados sensíveis.

Por incidência da LGPD, destacamos que a videovigilância deve ocorrer sempre de forma informada, com finalidade explícita e com minimização dos dados coletados. O empregador deve ainda atentar à segurança e à prevenção dos dados, ao acesso do empregado ao banco de dados e se responsabilizar em caso de vazamento ou uso indevido e desvirtuado dos dados. Sem dúvidas, a LGPD enfraquece a perspectiva de proteção da propriedade privada e intensifica a proteção do trabalhador como cidadão e titular de bem imaterial consistente em dados pessoais. Ainda estamos engatinhando nesse novo universo, mas é urgente a densificação do verdadeiro valor dos dados disponibilizados por execução de um contrato de trabalho.

Referências

ALVES, Lurdes Dias. *Proteção de dados no contexto laboral* — o direito à privacidade do trabalhador. Coimbra: Almedina, 2020.

BIONI, Bruno Ricardo. *Proteção de dados pessoais* — a função e os limites do consentimento. 2. ed. Rio de Janeiro: Forense, 2021.

BRASIL. *Constituição da República Federativa do Brasil de 1988*. Promulgada em 5 de outubro de 1988. Diário Oficial da União, Brasília, DF, 5 out. 1988. Disponível em: https://www.planalto.gov.br/ccivil_03/constituicao/constituicao.htm. Acesso em: 31 de julho de 2023.

______. *Lei n. 13.709 de 14 de agosto de 2018*. Lei Geral de Proteção de Dados Pessoais. Diário Oficial da União, Brasília, DF, 15 ago. 2018. Disponível em: https://www.planalto.gov.br/ccivil_03/_ato2015-2018/2018/lei/l13709.htm. Acesso em: 23 out. 2023.

CORDEIRO, Antonio Barreto Menezes. *Direito da Proteção de Dados* — à luz do RGPD e da Lei n. 58, de 2019. Coimbra: Almedina, 2020.

DRAY, Guilherme. *Direito do Trabalho e Cidadania*. Coimbra: Almedina, 2022.

HOLVAST, Jan. "History of Privacy." In: De LEEUW, Karl; BERGSTRA, Jan. *The history of information security*. Elsevier Science BV, 2009, 737-769.

MOREIRA, Teresa Coelho. "Algumas implicações laborais do Regulamento geral de Proteção de Dados Pessoais no trabalho 4.0." *Revista Questões Laborais*, n. 51, dez. 2017.

PORTUGAL. COMISSÃO NACIONAL DE PROTEÇÃO DE DADOS. *Orientações sobre o controlo à distância em regime de teletrabalho*. 17 de abril de 2020. Disponível em: https://www.cnpd.pt/media/zkhkxlpx/orientacoes_controlo_a_distancia_em_regime_de_teletrabalho.pdf.

RAMALHO, Maria do Rosário Palma. *Tratado de Direito do Trabalho* — Parte I — Dogmática Geral. 4. ed. Coimbra: Almedina, 2015.

______. *Tratado de Direito do Trabalho* — Parte II — Situações laborais individuais. 7. ed. Coimbra: Almedina, 2019.

WARREN, Samuel; BRANDEIS, Louis. "The Right to Privacy." *Civilistica.com*, v. 2, n. 3, p. 1-22, 14 out. 2013.

TRIBUNAL REGIONAL DO TRABALHO da 4ª Região. *Recurso Ordinário (RO) 0021162-51.2015.5.04.0014*. 3ª Turma. Desembargador relator Cláudio Antônio Cassou Barbosa. Julgamento em 6 de Junho de 2017. Diário Eletrônico da Justiça do Trabalho de 8 de Junho de 2017.

______. *Recurso de Revista (RR) 21162-51.2015.5.04.0014*. 1ª Turma, Ministro relator Hugo Scheuermann. Julgamento em 26 de agosto de 2020. Diário Eletrônico da Justiça do Trabalho de 28 de agosto de 2020.

TRIBUNAL SUPERIOR DO TRABALHO. *Recurso de Revista (RR) 906-07.2016.5.14.0004*. Ministra relatora Maria Helena Mallmann. Julgamento em 8 de maio de 2018. Diário Eletrônico da Justiça do Trabalho de 11 de maio de 2018.

5

O *Facebook* como meio de prova no Processo do Trabalho

Paulo Campanha Santana
Ana Paula Silva Campos Miskulin

Resumo: O objetivo do presente artigo é analisar se o conteúdo da rede social *Facebook* pode ser utilizado como meio de prova em processo judicial trabalhista. A pesquisa decorre da hiperconectividade da sociedade, em que cerca de 90% da população com 10 anos ou mais de idade têm acesso à Internet, com quase totalidade desse percentual, acessando-a por telefone móvel celular. Nesse cenário, mais de 100 milhões de brasileiros possuem conta no *Facebook*. Com isso, surge o questionamento se o conteúdo dessa rede social pode ser utilizado como meio de prova no processo do trabalho. Para tanto, fruto de uma metodologia exploratória e hipotético-dedutiva, como resultado, constatou-se que essa plataforma tem sido palco de ilícitos cíveis, penais e trabalhistas. Como conclusão, constatou-se que, tal qual em vários países investigados, é possível a utilização dos dados dessa rede como meio de prova no processo trabalhista, desde que cumpra requisitos de autenticidade e legalidade na obtenção das provas.

Introdução

A hiperconexão da sociedade mudou a forma de viver das pessoas, que gerou reflexo em todas as áreas, podendo ser citados, como exemplo, a educação, os atendimentos médicos e os processos judiciais. A realidade é que a tecnologia de comunicação e informação evoluiu e impactou o mundo como um todo, cabendo a cada um adaptar-se à nova realidade social, potencializada no momento pandêmico vivido recentemente pelo SARS-CoV-2, que ampliou essa realidade digital.

Por conseguinte, atualmente, quase 90% da população brasileira com 10 anos ou mais de idade está conectada à Internet. Desse percentual, quase a totalidade a acessa por telefone móvel celular, e quase metade pela televisão. Ademais, um grande número é de usuários das redes sociais, em suas diversas plataformas. No Brasil, a mais utilizada é o *Facebook*, que, no mundo, possui mais de 3 bilhões de usuários, e entre os brasileiros ultrapassa 100 milhões, além de outras com grande adesão.

Nesse cenário, as redes sociais têm sido palco de informação e desinformação, tendo, inclusive, sido utilizadas para diversos fins ilícitos, o que tem exigido atuação estatal para prevenir e reprimir tais práticas. Ademais, elas têm tido reflexo tanto nas relações pessoais quanto nas trabalhistas. Daí, surge o questionamento: o conteúdo constante nas redes sociais, particularmente no *Facebook*, pode ser utilizado como meio de prova? Como hipótese inicial, entende-se que sim, tal conteúdo pode ser utilizado como meio de prova.

Para responder a esta pergunta, será tratado inicialmente sobre as redes sociais como prova digital, onde será abordado sucintamente, em uma perspectiva mundial e nacional, o quadro evolutivo do uso da Internet, bem como das redes sociais. Serão apresentadas também pesquisas que abordam a temática, com dados quantitativos sobre o seu uso.

Na sequência, discorrer-se-á sobre o uso dos dados do *Facebook* em alguns países, como Coreia do Sul, Filipinas, Estados Unidos (Nova York), Canadá, França, Alemanha, Itália, Colômbia e México. Serão apresentados como eles têm enfrentado a admissibilidade do conteúdo dessa rede nos diversos judiciais, cível, criminal e trabalhista. Por fim, a pesquisa tratará do uso desse conteúdo no âmbito do processo judicial trabalhista brasileiro.

1. As redes sociais como prova digital

A primeira conexão da Internet no mundo ocorreu nos Estados Unidos da América, no ano de 1969, entre duas instituições, a Universidade da Califórnia e o Instituto de Pesquisa de Stanford. Nela, foi enviado o primeiro *e-mail*, pela rede Arpanet (*Advanced Research Projects Agency Network*) (SOUZA, 2023b). Como parâmetro, no Brasil, o início da Internet foi no ano de 1988, com grande avanço em 1996, em decorrência da evolução do mercado, crescendo em número de usuários, provedores e serviços (MULLER, 2023).

Com o desenvolvimento da *World Wide Web*, por Tim Bernes-Lee, na década de 1990, a interface gráfica propiciou a criação de sítios eletrônicos mais atrativos, aumentando significativamente seu uso. Inclusive, essa inovação foi tida como a mais tecnológica, após a televisão, que ocorreu nos anos de 1950. Naquele período, surgiram, também, diversos navegadores, como o Internet Explorer, o Mozilla Firefox, entre outros, que potencializaram mais ainda a utilização desses sítios (RAMOS, 2023).

Nesse contexto, também na década de 1990, surgiu a pioneira rede social no mundo, denominada *SixDegrees*, que encerrou suas atividades em 2001, após 4 anos de existência. No Brasil, a pioneira foi o *Orkut*, que teve início em 2004 (ROCHA, 2023). Na sequência, no ano de 2006, a sociedade entra em uma nova fase. Os brasileiros aderem à rede que havia chegado, tendo, posteriormente, vindo o *Facebook*, *Instagram*, entre outras (RAMOS, 2023).

A evolução na conexão com a Internet e a utilização das redes sociais foram exponenciais. Para se ter ideia, no ano de 2000, havia no mundo pouco mais de 300 milhões de usuários na Internet, e, em 2011, passou para cerca de 2,1 bilhões de pessoas. Em seguida, no ano de 2015, com uma população mundial com pouco mais de 7 bilhões, o número passou para 3 bilhões. Desses, em torno de 2 bilhões utilizavam as redes sociais de forma regular (COËFFÉ, 2017). Em outubro de 2023, esse número foi para 5,3 bilhões de pessoas com acesso à Net, 65,7% do total populacional, com 4,95 bilhões nas redes sociais, representando 61,4% do quantitativo geral (STATISTA, 2023b).

Em outubro de 2023, as maiores plataformas digitais foram: 1ª) *Facebook*, 3,030 bilhões; 2ª) *YouTube*, 2,491 bilhões; 3ª) *WhatsApp*, 2 bilhões; 4ª) *Instagram*, 2 bilhões; 5ª) *Wechat*, 1,327 bilhão; 6ª) *TikTok*, 1,218 bilhão; e 7ª) *Facebook Messenger*, 1,036 bilhão. O Telegram ficou na 8ª posição, com 800 milhões, e o X/Twitter na 12ª, com 666 milhões (STATISTA, 2023a).

No ano de 2015, a Pesquisa Nacional por Amostra de Domicílios destacou que mais de 100 milhões de brasileiros tiveram acesso à Internet, representando 57,5% de internautas. A pesquisa considerou o universo de pessoas com mais de 10 anos de idade. Com relação à posse de telefone móvel, naquele ano, o número era de 139,1 milhões, representando 78,3% do total (PNAD, 2015, p. 81-82).

Na sequência evolutiva, em 2022, na população com 10 anos ou mais de idade, o Brasil passou a ter 87,2% de usuários da Internet, sendo que 98,9% a acessaram pelo telefone móvel celular; 47,5% pela televisão, 35,5% pelo microcomputador e 7,6% pelo *Tablet*. Entre as finalidades do uso, 94,4% foram para conversar por chamadas de voz ou vídeo; 92,0% para enviar ou receber mensagens de texto, voz ou imagens, entre outras (IBGEeduca, 2022).

Em 2021, a 149ª pesquisa da Confederação Nacional do Transporte (CNT/MDA), que ocorreu entre os dias 1º e 3 de julho, apresentou dados em relação ao local de busca de informações: 1) Em veículos de comunicação tradicionais (televisão, rádio, jornal impresso, revista, *sites*), 36,7%; 2) Nas redes sociais (*Facebook*, *Instagram*, *WhatsApp*, *Twitter*), 36,5%; 3) Nos dois locais, 23,2%; 4) Em nenhum desses meios, 0,3%. Com relação às redes sociais mais acessadas, o *WhatsApp* ficou em primeiro, com 54,9%; e o *Facebook*, em segundo. No questionamento sobre o que diz respeito às duas redes que mais acessaram, o *Facebook* foi o primeiro; e o Instagram, o segundo.

Sobre as redes sociais, Bielli, Ordoñez e Quadri (2021) as definem como “espaços digitais que, segundo a função à qual se destinam, reúnem um grupo de pessoas com interesses comuns para compartilhar informação e experiências vinculadas a esse âmbito”. Para os autores, a palavra que define a essência das redes sociais é “compartilhar”.

Com relação ao acesso, de acordo com o estudo realizado pela *DataReportal* (2023), o *Facebook* foi a rede mais acessada do mundo, no ano de 2023, contabilizando mais de 2,9 bilhões de contas cadastradas. No Brasil, ela ficou em 4º lugar, totalizando 109,1 milhões de contas, atrás do *WhatsApp*, com 142,2 milhões, *YouTube*, com 142 milhões e Instagram, com 113,5 milhões. (SOUZA, 2023a).

Para criar uma conta no *Facebook*, é bem simples, basta informar um nome e sobrenome, *e-mail* ou telefone, data de nascimento e gênero. Além disso, é necessário concordar como as suas políticas de uso. Nas configurações de privacidade, é possível definir se o perfil criado será público, acessível a qualquer usuário do aplicativo, ou privado, quando o acesso é restrito às pessoas autorizadas pelo proprietário da conta a acessá-la.

Esses dados pessoais informados pelo usuário são vinculantes e formam a identidade digital, podendo ser úteis para casos em que se quer determinar a autoria de determinada postagem (BIELLI, ORDOÑEZ e QUADRI, 2021). No campo destinado à apresentação, é possível inserir informações pessoais, local de trabalho, nível educacional, cidade atual, cidade natal e "status de relacionamento". Esses dados são autodeclarados pelo usuário e, embora nem sempre correspondam à verdade, é possível que tragam informações verídicas sobre o perfil do usuário.

Nesse caso, uma consulta a um perfil aberto pode demonstrar o vínculo afetivo entre as pessoas, seus locais e profissões, os quais podem servir de elementos para a demonstração de informações relevantes num processo judicial. Pode-se imaginar a hipótese em que para livrar o patrimônio do convivente, o executado se declara solteiro, embora seja convivente de alguém, cujo *status* na rede social pode constar como "casado".

A plataforma pode ser utilizada também apenas para compartilhar informações pessoais, ou para perfis profissionais, voltados para atividades comerciais. Ademais. é possível a criação de perfis de comunidades com interesses específicos, sendo que em todos esses tipos de contas é possível publicar fotos, comentários e vídeos. Além dessas possibilidades, a rede social possui funcionalidades extras como mensageria instantânea, *marketplace* para troca de bens e serviços (BIELLI, ORDOÑEZ e QUADRI, 2021).

A rede possui também os metadados, que são os dados dos dados, que são gerados automaticamente pelo *Facebook*, como o ID da conta e os dados de conexão do usuário, tais como data e horário de início e término de cada conexão, a sua duração e o endereço do IP do terminal utilizado para realizar o acesso. Dessa forma, observa-se que as informações que ficam registradas no *Facebook*, além de servirem como fonte de prova para comprovar algum fato ocorrido no meio digital, como uma postagem ofensiva, um assédio ou algum outro crime, também podem servir para demonstrar hábitos de vida ou de consumo de um investigado ou seu vínculo com outra pessoa natural ou jurídica.

Assim, informações armazenadas na central do *Facebook* podem ser solicitadas pela parte, pela autoridade policial ou mesmo pelo juiz, nas hipóteses em que este pode agir de ofício, com base nos arts. 370 do CPC e 765 da CLT. Nesse aspecto, destaca-se que o art. 22 da Lei do Marco Civil da Internet autoriza a parte interessada a requerer ao juiz que ordene que o responsável pela guarda forneça esses registros de conexão ou acesso, com a finalidade de formar conjunto probatório em processo judicial cível ou penal.

Aqui, ressalta-se que, segundo o art. 380 do CPC, cabe ao terceiro prestar informações ao juiz de fatos e circunstâncias de que tenha conhecimento e, ainda, exibir documento ou coisa que esteja em seu poder, sob pena de multa ou outras medidas indutivas ou coercitivas para darem efetividade à decisão.

Exemplo disso ocorreu no julgamento do Recurso Especial 1.568.445, no Superior Tribunal de Justiça, quando o *Facebook* não conseguiu afastar a condenação ao pagamento de multa diária de R$ 50 mil reais, em razão da sua omissão em apresentar dados em um caso de pedofilia e estupro de vulnerável. Segundo o ministro Ribeiro Dantas, após a demora em mais de seis meses para cumprir a decisão, são cabíveis medidas constritivas sobre o patrimônio de terceiros, como o Bacen-Jud e a inscrição em dívida ativa, como forma de dar efetividade à decisão.

Um outro aspecto que merece destaque é o fato de que é condição para que o usuário tenha uma conta no *Facebook*, que ele adira aos termos e serviços que são elaborados de forma unilateral pela empresa. Além disso, existe uma política de dados, voltada à questão da privacidade do usuário, cuja concordância é obrigatória para aqueles que querem ter um perfil cadastrado na rede social.

Da análise desses termos, nota-se que o usuário autoriza não só a coleta de dados compartilhados na plataforma, mas também o compartilhamento deles com terceiros, o que torna frágil a alegação dos usuários de que essas informações não podem ser usadas contra si em processos judiciais. Aliás, essa prática tem se tornado recorrente, não só no Brasil, como em diversos outros países, como se verá a seguir.

2. O *Facebook* como prova judicial no mundo

O desafio do mundo digital não é apenas para um país ou determinado grupo de países, ele é global. Com isso, em razão das atividades realizadas nas redes sociais, deságuam no Poder Judiciário de todo planeta pedidos para utilizar seus conteúdos como meio de prova, seja nos processos judiciais civis seja nos processos criminais e trabalhistas.

Na Coreia do Sul, as provas das redes sociais podem ocorrer, mas devem observar a integridade, com recolhimento por meio de processo legal e de forma apropriada cientificamente, garantindo a privacidade das pessoas. Os contatos, dados de geolocalização, fotos, entre outras atividades ocorrem em ordem cronológica, e os metadados e os dados da rede podem contribuir nas investigações. De forma exemplificativa, as fotografias mostram estilo de vida, os registros *on-line* provam a presença ou ausência de determinado local, o comportamento virtual dá indicativo de crimes no campo cibernético, como assédio, *bullying*, entre outras possibilidades (FIRDAUS, 2020).

Todavia, há a necessidade da autenticação das provas obtidas por meio digital, haja vista a possibilidade de perfis falsos, além do próprio *hackeamento* das contas. Essa fase tratará da preservação e da cadeia de custódia das provas. No país sul-coreano, há as *Law Enforcement Agencies* (LEAs), que buscam dados das redes sociais de suspeitos por intermédio de mandados de busca e intimações governamentais, como endereço de IP, informações sobre conexões, entre outros. Em pesquisa recente realizada, foram possíveis a recuperação e o rastreamento de credenciais de contas de redes sociais, por meio de telefone e memória volátil (Firdaus, 2020).

Nas Filipinas, a Suprema Corte decidiu sobre a possibilidade do uso de mensagens e fotografias que foram obtidas por particular em mensagens do *Facebook* como provas judiciais. No caso julgado pelo Tribunal, que teve como relator o juiz Jhosep Y. Lopes, a Corte condenou Christian C. Cadajas, por ter violado Lei Antipornografia Infantil, que tentava excluir dos autos do processo o tópico bate-papo da rede social, *Facebook Messenger*, que era usado no celular da mãe da vítima menor (PHILIPPINES, 2023).

Em Nova Iorque, nos Estados Unidos, no caso *People v. Price*, 29, NY3d472 (2017), o Tribunal de Apelações considerou que somente apresentar como prova o sobrenome e a foto do réu não atenderam o requisito de autenticação. No mesmo sentido, no caso *Lord v. Columbia County Sheriff*, 75 Misc. 3d 581 (2021), o Tribunal rejeitou as contas nas redes sociais, haja vista a não comprovação por parte da acusação que elas eram controladas pelo acusado. Por outro lado, no caso People v. Kingsberry, a postagem no *Facebook* foi considerada autenticada, com base no depoimento de funcionário da rede social, que comprovou a existência da conta, e também no testemunho de um amigo do acusado que informou que se comunicava regularmente com o réu pela conta em questão (NAJMILAW, 2023).

Também nos Estados Unidos, no caso *Moroccanoil v. Marc Anthony Cosmetics*, que tratou sobre possível violação de marca registrada, uma vez que estava sendo utilizada indevidamente, onde uma era *"Moroccanoil"* e a outra *"Moroccan oil"*, o meio de prova utilizado foi a captura de tela de postagem de conta do *Facebook*. Sobre o que foi apresentado, o Tribunal decidiu pela inadmissibilidade da prova, haja vista a impossibilidade de autenticar a captura apresentada (ABI, 2023).

Com relação ao caso acima, a não autenticação decorreu em razão dos metadados, que são os dados dos dados, que ficam indisponíveis quando há captura de tela, pois muda a postagem em rede social para o formato JPEG. Os metadados informam o autor, o local, os comentários realizados, as curtidas recebidas, a data e o horário da postagem, o tipo de mensagem, entre outras informações relevantes, que são essenciais para autenticação (ABI, 2023).

No Canadá, houve um caso interessante sobre um acidente automobilístico, *Cikojevic v. Timm*, 2008 CarswellBC 76, [2008] B.C.J. No. 72 (B.C. S.C.). Nele, o acidentado requer adiantamento de valores por danos, para reabilitação e tratamento, alegando falta de recurso para custeá-los. O pedido foi negado, com base em 600 fotografias do demandante postadas no seu perfil do *Facebook*, entre as quais ele estava praticando *golf*, *snowboard*, escalada, entre outras atividades e viagens, que comprovava suas condições sociais (CHRISTIAN, 2019, p. 342).

Na França, o uso de postagem em rede social teve reflexo, inclusive, em demissão de emprego. No caso, a funcionária foi demitida por falta grave, por ter publicado informações confidenciais da empresa em sua conta privada no *Facebook*, cuja postagem foi obtida por um dos seus contatos na rede, que comunicou à empresa o ocorrido. Sobre o caso, a Câmara Social do Tribunal de Cassação entendeu que a demissão ocorreu de forma lícita, pois a prova foi fornecida espontaneamente por alguém que tinha acesso à conta do demitido, não tendo a empresa usado qualquer estratagema para sua obtenção (Cour de cassation, civile, Chambre sociale, 20 décembre 2017, 16-19.609, Inédit), (COUR DE CASSATION, 2023).

Na Alemanha, da mesma forma, é possível a utilização de dados das redes sociais como meio de prova. Elas podem ser utilizadas em diversos tipos de processos, mas devem cumprir requisitos legais, que são a fiabilidade (obtenção sem coerção e legal), a autenticidade (comprovação que foi enviada pela parte) e a integralidade (há todas as informações relevantes). Uma vez atendidos esses critérios, caberá ao julgador decidir pela sua pertinência no processo (STRESSEMANN, 2023).

Quanto aos requisitos e informações relativas à captura de tela, publicação na Alemanha destacou que ela deve atender: "imagem da tela na íntegra, URL completo da página, hora da captura, nome do criador, especificação da resolução da tela, informações sobre o sistema operacional, conteúdo da aba ou da tag da página, Hash do arquivo de imagem, documentação do código-fonte" (GREIFENEDER, 2023).

Nesse mesmo alinhamento, na Itália, o *Facebook* também é meio de prova nos processos judiciais. No ano de 2013, o Tribunal de Santa Maria Capua Verde decidiu que publicações pela parte (informações e fotografias) poderiam ser apresentadas em juízo, abrindo precedente a respeito. O caso julgado tratou de pedido de ex-cônjuge que, após a separação consensual, pretendia obter pensão do ex-marido, mas ele conseguiu comprovar por fotografias nas redes sociais que ela já mantinha uma união estável com outra pessoa. Ela tentou impugnar as provas apresentadas, mas a Corte indeferiu o pedido (GATTONI, 2023).

Ainda na Itália, dois casos chamam a atenção, envolvendo relações trabalhistas. No primeiro, no ano de 2019, o Tribunal de Florença entendeu ser ilegítima a demissão de um empregado, que se baseou em mensagem de voz em um *chat*, que denegria o superior, que não estava no grupo de *WhatsApp*. O entendimento foi de que se tratava de um grupo fechado, tendo sido excluída o *animus* difamatório. No segundo caso, a decisão judicial teve o entendimento de ter sido legítima a demissão de trabalhador, que publicou em sua página no *Facebook* mensagem difamatória da empresa (STUDIO LEGALE, 2020).

Na Colômbia, no ano de 1999, por intermédio da Lei n. 527, o país regulamentou a apresentação, coleta e avaliação de mensagens de dados, bem como alterou o Código Geral do Processo, em que o tema é tratado nos arts. 243 e 247, prevendo o valor probatório dessas mensagens de forma impressa. Corroborando a validade probatória delas e dos documentos eletrônicos, a Corte Constitucional Colombiana, na Sentença C-604, em 2016, destaca a necessidade de serem escrito e assinado, além de ser original (CABALLERO, 2020).

No México, também é possível utilizar os dados de redes sociais. Inclusive, o tema foi tratado no âmbito dos Tribunais Colegiados, no Livro 38, janeiro de 2017, Volume IV, página 2.609, que assim definiu a Tese n. 1: provas eletrônicas ou digitais no processo penal. As evidências de uma comunicação privada realizada em rede social, via mensagem síncrona (chat), para terem evidências eficazes, devem atender, como padrão mínimo, ter sido obtidas legalmente e sua coleta consiste em uma cadeia de custódia (DERECHOENMEXICO, 2023).

Pois bem. Diante da realidade fática da sociedade, em que as pessoas estão cada vez mais conectadas, usando as redes sociais para sua comunicação privada e profissional, de forma natural, a prova de determinados fatos, em alguns casos, somente poderá ocorrer pelas provas digitais ou eletrônicas. Esse desafio tem sido enfrentado por diversos países do mundo, conforme descrito nas breves linhas acima, que têm estabelecido critérios para sua admissibilidade.

Dessa inferência, surge o questionamento: como tem sido a admissão dessas provas no âmbito do processo judicial trabalhista brasileiro? É o que se pretende responder no tópico a seguir.

3. O *Facebook* no processo judicial trabalhista brasileiro

O direito probatório ocupa um papel decisivo na fase de conhecimento, mas, apesar de sua relevância, a Consolidação das Leis do Trabalho destinou apenas treze artigos para tratar do tema, que vão do 818 ao 830. Desses, com exceção do art. 826, que assegura às partes a indicação de um perito, e do art. 830, que permite ao advogado declarar a autenticidade de documentos, todos os outros artigos têm seu conteúdo relacionado apenas aos depoimentos das partes e testemunhas.

É possível que o tratamento exíguo dado pela legislação trabalhista à matéria probatória se justifique pelo fato de que, à época da concepção da CLT, os litígios trabalhistas eram bem mais simples e as relações de trabalho bem mais homogêneas. Hoje, além da ampliação da competência da Justiça do Trabalho, com o advento da Emenda Constitucional n. 45/2004, que atraiu para a Justiça Especializada as lides envolvendo doenças ocupacionais e acidentes de trabalho, as relações de trabalho são muito mais complexas.

O processo produtivo foi segmentado e não raro as lides envolvem mais de uma empresa. As relações contratuais podem ter diferentes formatos, assim como o trabalho não se limita a um local físico e a uma função específica, sem falar da onipresença das tecnologias de comunicação e informação na vida de todos, tornando tênue a linha divisória que separa a vida pessoal e profissional do trabalhador.

Assim, para sanar as omissões existentes no texto celetista, o intérprete socorre-se do Direito Processual Civil, nos termos do art. 769 da CLT, c/c o art. 15 do CPC de 2015, que inseriu no novo código determinação expressa nesse sentido. No entanto, apesar de existirem dispositivos legais aplicáveis às provas digitais, não há a descrição do *iter* procedimental a ser observado em todas as fases da dilação probatória, desde o seu requerimento até a sua valoração pelo magistrado.

Aliás, não há na legislação sequer o conceito e as espécies de provas digitais. Essas lacunas tornam o tema nebuloso e desafiador, mormente ao se considerar que o direito à prova é um direito fundamental. Como tal, exige atenção para aspectos como a relação da prova com a verdade, a admissibilidade e os meios de prova, o ônus da prova, o momento da sua produção e também a sua valoração (MARINONI, ARENHART e MITIDIERO, 2016).

A fundamentação da decisão, que também é um direito fundamental, perpassa por todas essas fases do procedimento probatório e a clareza quanto às fases que o integram é indispensável para assegurar o contraditório e a ampla defesa e, assim, o respeito ao devido processo legal, seja no seu aspecto formal, seja no material.

Thamay e Tamer (2021) afirmam que a prova digital é o instrumento jurídico vocacionado para demonstrar a ocorrência ou não de um fato e suas circunstâncias, tenha ele se passado no ambiente virtual ou não. O art. 4º, *caput*, do PL 4.939/2020, que trata das diretrizes do direito da tecnologia da informação e as normas de obtenção e admissibilidade de provas digitais na investigação e no processo, afirma que a prova digital é “toda informação armazenada ou transmitida em meio eletrônico que tenha valor probatório”. E de acordo com seu parágrafo único, aplicam-se a ela, de forma subsidiária, as disposições referentes às provas gerais.

A base legal para utilização de dados retirados da internet e, mais especificamente, das redes sociais, encontra-se no art. 369 do CPC, segundo o qual as partes têm o direito de empregar todos os meios de prova, ainda que não especificados em lei. A única restrição é que sejam utilizados meios legítimos para obtenção da prova, em consonância com a vedação constitucional de emprego de provas obtidas por meios ilícitos (art. 5º, LVI, da CF).

Desse modo, os dados registrados em redes sociais, sejam eles visíveis ou não, podem ser utilizados como meio de prova nos processos judiciais trabalhistas. Por exemplo, dados como o nome do perfil ou um determinado comentário podem ser obtidos pelo próprio usuário da conta. Já as informações sobre dados de conexão da postagem (horário, IP e outros) são geradas automaticamente pelo sistema.

Há diversas situações em que dados de redes sociais podem ser úteis em processos trabalhistas, por exemplo, por meio de uma foto que retrata um local, um vídeo que revela um acontecimento ou um comentário ofensivo. Para além disso, uma análise mais profunda, com utilização de inteligência em redes sociais (*Social Media Intelligence* — SMI ou SOCMINT), viabiliza a extração de evidências aptas a demonstrar circunstâncias como a relação entre pessoas físicas e jurídicas, a condição econômica, o parentesco ou o grau de intimidade entre as pessoas ou organizações.

No caso do *Facebook*, por ser uma rede social muito utilizada para diversas finalidades, ela possui um compilado de dados de seus usuários, como data da abertura da conta, informações de quando a acessou e por quanto tempo permaneceu na página. Ademais, há as mensagens trocadas, os locais de interesse, as atividades fora da rede e outros que possam ser úteis em processos judiciais.

No âmbito do Poder Judiciário trabalhista, o Tribunal Regional do Trabalho da 15ª Região (TRT-15) já reconheceu que comentários injuriosos feitos pelo empregador em sua página, com o intuito de ofender o empregado, configura dano moral que deve ser reparado (Acórdão – 0010209-42.2014.5.15.0148, data de publicação 30.4.2015, órgão julgador 10ª Câmara, Relator Fábio Grasselli). Essa situação também ocorreu em outro processo em que o empregador não fez uma postagem na rede social, mas utilizou seu serviço de mensageria para enviar mensagem ao atual empregador do ex-empregado para denegrir a imagem deste (Acórdão – 0012542-54.2015.5.15.0140, data de publicação 30.11.2016, órgão julgador 11ª Câmara, relator Helio Grasselli).

Em outra situação, o mesmo tribunal manteve a rescisão contratual por justa causa, aplicada à empregada que, afastada por licença médica, postou foto participando de uma festa de rodeio na rede social *Facebook*. Para a relatora do acórdão, o fato mostra-se incompatível com a postura esperada no caso de alguém com problemas psíquicos e com os motivos do atestado médico apresentado, gerando quebra da fidúcia suficiente para amparar a justa causa (Acórdão – 0010290-05.2015.5.15.0153, data de publicação 6.6.2018, órgão julgador 5ª Câmara, relatora Ana Paula Pellegrina Lockmann).

A respeito de postagens extraídas da rede social *Facebook* durante licença médica do trabalhador, houve um caso interessante que foi analisado pelo Tribunal Superior do Trabalho, no qual a autora era bancária e apresentou atestado médico que lhe recomendava afastamento das suas "atividades laborativas" e até mesmo das "atividades normais". Durante o referido afastamento, no entanto, a autora estava divulgando em sua página atividade de maquiadora e cabeleireira. O tribunal entendeu que a decisão proferida em segundo grau pelo colegiado foi devidamente fundamentada e que a prestação jurisdicional foi entregue, ainda que em sentido diverso do pretendido pela autora.

No caso acima, outra questão interessante foi o fato de a autora ter questionado que o julgador não julgou com base nos elementos de prova constantes nos autos, mas sim a partir de análise do perfil da autora no *Facebook* de postagens que não foram juntadas durante a instrução processual. O Tribunal Superior do Trabalho constatou que houve indicação de postagens do *Facebook* pelo reclamado, em sua defesa, mas sinalizou que, ainda que assim não fosse, o art. 765 da CLT autoriza o juiz do trabalho a realizar pesquisas em redes sociais e na internet para formar a sua convicção sobre a verdade dos fatos, haja vista as novas tecnologias que atualmente informam o processo (Processo: RRAg – 10142-40.2018.5.15.0115, órgão judicante: 6ª Turma, relatora: Kátia Magalhães Arruda, julgamento: 22.3.2023, Publicação: 24.3.2023).

Dos exemplos acima, nota-se que no Processo Trabalhista brasileiro não se dá o mesmo rigor à coleta e tratamento de provas digitais como ocorre no Processo Penal, que estabelece no seu diploma processual, mais especificamente no art. 158-B, as etapas que compreendem a cadeia de custódia. Do mesmo modo, sabe-se da importância da norma ABNT NBR ISSO/IEC 27037:2013, que tem por finalidade a padronização do tratamento das evidências digitais e que descreve de forma detalhada os elementos da cadeia de custódia. No entanto, o Direito Processual do Trabalho, norteado pelo princípio da simplicidade, importa-se mais com a realidade fática do que com as formalidades que vigem em outros ramos do direito. Assim, o primeiro aspecto a ser analisado pelo magistrado é a existência ou não da impugnação específica e seu teor, conforme art. 341 do CPC.

Com isso, não se quer dizer que o julgador não deve se atentar para a confiabilidade das provas digitais, sua autoria, integridade e temporalidade. Cabe apenas ressaltar que o magistrado do trabalho deve basear-se, inicialmente, na impugnação feita pela parte contrária e, a partir dos pontos controvertidos e demais elementos de provas existentes nos autos, buscar a formação do seu convencimento, especialmente, com o depoimento das partes.

Portanto, tal qual nos diversos países analisados, no âmbito do processo judicial trabalhista brasileiro, é sim possível utilizar dados da rede social *Facebook* como meio de prova. Os casos apresentados comprovam essa possibilidade, cabendo ao julgador admiti-los ou não, diante do caso concreto, se entender pertinente, haja vista seu livre convencimento.

Considerações finais

O mundo está cada vez mais conectado, e as pessoas estão cada vez mais inseridas na atual era digital, catapultadas pela recente pandemia global, onde a única opção foi inserir-se nessa realidade. Aliado a essa hiperconectividade, há as redes sociais, com adesão em número de pessoas contabilizadas em bilhões ao redor do mundo, e milhões no Brasil.

Pesquisas identificam que *Facebook*, *WhatsApp*, *Instagram*, *YouTube*, entre outros, reúnem milhões de usuários, e, nessas redes, não somente está a vida privada de quem participa. Nelas, trabalho, comércio, propaganda e várias outras atividades são desenvolvidas, e, infelizmente, elas também têm sido palco de diversos ilícitos, exigindo atuação estatal para coibi-los.

Diante dessa realidade, outrora não existente, os conflitos de interesse e a atuação estatal contra o crime chegam ao Poder Judiciário, com a nova realidade, que é busca de admissibilidade de o conteúdo dessas redes ser utilizado como meio de prova nos processos judiciais. Na presente pesquisa, buscaram-se dados de como isso vem ocorrendo em outros países. Comprovou-se que, nos que foram investigados, em todos eles há a possibilidade de o conteúdo das redes sociais ser utilizado, desde que atenda aos requisitos da autenticidade, integridade e temporalidade, os quais ficam condicionados à impugnação específica, nos termos do art. 341 do CPC.

No Brasil, especificamente no processo judicial trabalhista, constatou-se a possibilidade de utilizar dados da rede social *Facebook* como meio de prova, corroborando a hipótese inicial da investigação. Dos casos estudados, restou evidente essa possibilidade, com destaque que coube aos julgadores admiti-los ou não no processo judicial, pois cada caso concreto indicará a pertinência ou não, diante da maior liberdade que o magistrado trabalhista possui na condução do processo, conforme art. 765 da CLT.

Referências

ABI. *Collecting online evidence?* Don't let screenshots sink your case. Disponível em: https://www.theabi.org.uk/news/collecting-online-evidence-dont-let-screenshots-sink-your-case. Acesso em: 7 dez. 2023.

BIELLI, G. E.; ORDOÑEZ, C. J.; QUADRI, G. H. *Tratado de la prueba electrónica*. tomo I. Buenos Aires: Thomson Reuters La Ley, 2021.

CONFEDERAÇÃO NACIONAL DO TRANSPORTE. *Resultados da 149ª Pesquisa CNT de opinião*. Disponível em: https://cdn.cnt.org.br/diretorioVirtualPrd/29f7e66c-1678-403d-85d6-94ad398fa506.pdf. Acesso em: 16 dez. 2023.

CABALLERO, Andrés Guzmán. "Del valor probatório de 'post' en *Facebook*, *Instagram*, *WhatsApp* y otras redes sociales." *Âmbito Jurídico*, 8 out. 2020. Disponível em: https://www.ambitojuridico.com/noticias/analisis/tic/del-valor-probatorio-de-post-en-facebook-instagram-WhatsApp-y-otras-redes. Acesso em: 16 dez. 2023.

COUR DE CASSATION – CHAMBRE SOCIALE. Disponível em: https://www.legifrance.gouv.fr/juri/id/JURITEXT000036345756/. Acesso em: 16 dez. 2023.

DERECHOENMEXICO. *Criterios jurisprudenciales emitidos sobre* Facebook, WhatsApp *e Internet*. Disponível em: https://derechoenmexico.mx/criterios-jurisprudenciales-emitidos-sobre-facebook-WhatsApp-e-internet/. Acesso em: 16 dez. 2023.

CHRISTIAN, Gideon. "Ethical and Legal Issues in E-Discovery of Facebook Evidence in Civil Litigation." *Canadian Journal of Law and Technology 35*, vol. 15, 2019. Disponível em: https://canlii.ca/t/2f9g. Acesso em: 7 dez. 2023.

COËFFÉ, Thomas. État des lieux 2015: Internet et les réseaux sociaux, em France et dans le monde. *BDM*, 21 jan. 2015. Disponível em: http://www.blogdumoderateur.com/etat-des-lieux-2015-internet-reseaux-sociaux/. Acesso em: 16 dez. 2023.

IBGEeduca. *Acesso à Internet e à televisão e posse de telefone móvel celular para uso pessoal.* 2022. Disponível em: https://biblioteca.ibge.gov.br/visualizacao/livros/liv102040_informativo.pdf. Acesso em: 16 dez. 2023.

FIRDAUS, Muhammad. "Forensic Analysis of Social Media Data: Research Challenge and Directions." *OSF Home*, 8 dez. 2020. Disponível em: https://osf.io/n7t5p/files/osfstorage. Acesso em: 26 nov. 2023.

GATTONI, Daniela. "Attenzione a Facebook: è una fonte di prove per il giudizio." *Ragionando*, 18 nov. 2023. Disponível em: https://www.jusdicere.it/Ragionando/attenzione-a-facebook-e-una-fonte-di-prove-per-il-giudizio/. Acesso em: 16 dez. 2023.

GREIFENEDER, Horst. *Forensiche Sicherstellung und Auswertung von Facebook-Beiträgen*. Disponível em: https://widab.gerichts-sv.at/website2016/wp-content/uploads/2018/07/sach-2017-218-221-greifeneder.pdf. Acesso em: 16 dez. 2023.

MARINONI, L. G; ARENHART, S. C; MITIDIERO, D. *O Novo Processo Civil.* São Paulo: Revista dos Tribunais, 2016.

MULLER, Nicolas. "O começo da internet no Brasil." *Oficinadanet*, 27 jan. 2023. Disponível em: https://www.oficinadanet.com.br/artigo/904/o_comeco_da_internet_no_brasil. Acesso em: 7 dez. 2023.

NAJMILAW. *Can a Prosecutor use* Facebook *and* Instagram *posts as evidence against a Defendant in a New York Criminal Case?*, 3 mar. 2023. Disponível em: https://www.najmilaw.com/can-a-prosecutor-use-facebook-and-instagram-posts-as-evidence-against-a-defendant-in-a-new-york-criminal-case/. Acesso em: 7 dez. 2023.

PESQUISA NACIONAL POR AMOSTRA DE DOMICÍLIOS (PNAD) 2015. Disponível em: https://biblioteca.ibge.gov.br/visualizacao/livros/liv98887.pdf. Acesso em: 16 dez. 2023.

PHILIPPINES. SUPREME COURT. *Photos, Messages from Facebook Messenger obtained by Private Individuals Admissible as Evidence*. Disponível em: https://sc.judiciary.gov.ph/sc-photos-messages-from-facebook-messenger-obtained-by-private-individuals-admissible-as-evidence/. Acesso em: 16 dez. 2023.

RAMOS, Jefferson Evandro Machado. "História da Internet." *Sua Pesquisa.com.*, 20 jun. 2023. Disponível em: http://www.suapesquisa.com/internet/. Acesso em: 7 dez. 2023.

ROCHA, Bruna. "Redes sociais: como tudo começou." *Reitec*, 28 maio 2020. Disponível em: https://www.reitec.net.br/redes-sociais-como-tudo-comecou/. Acesso em: 7 dez. 2023.

SOUZA, Gisele. "Qual a rede social mais usada em 2023? A resposta vai te surpreender." *TECHTUDO*, 21 jul. 2023. Disponível em: https://www.techtudo.com.br/listas/2023/07/qual-a-rede-social-mais-usada-em-2023-a-resposta-vai-te-surpreender-edapps.ghtml. Acesso em: 16 dez. 2023a.

SOUZA, Thiago. "História da Internet: quem criou e quando surgiu." *Toda Matéria*. Disponível em: https://www.todamateria.com.br/historia-da-internet/. Acesso em: 7 dez. 2023b.

STATISTA. *Most popular social networks worldwide as of October 2023, ranked by number of monthly active users*. Disponível em: https://www.statista.com/statistics/272014/global-social-networks-ranked-by-number-of-users/. Acesso em: 16 dez. 2023.

STATISTA. *Number of internet and social media users worldwide as of October 2023*. Disponível em: https://www.statista.com/statistics/272014/global-social-networks-ranked-by-number-of-users/. Acesso em: 16 dez. 2023.

STRESSEMANN, David. "Können Facebook Nachrichten vor Gericht Verwendet Werden?" *Galaxy Marketing*, 15/12/2023. Disponível em: https://www.galaxymarketing.global/de/facebook-de-2/konnen-facebook-nachrichten-vor-gericht-verwendet-werden/. Acesso em: 16 dez. 2023.

STUDIO LEGALE. *Social Network in Tribunale*, 19 set. 2020. Disponível em: https://www.piscitellistudiolegale.it/?p=199. Acesso em: 16 dez. 2023.

THAMAY, R.; TAMER, M. *Provas no direito digital:* conceito da prova digital, procedimentos e provas digitais em espécie. São Paulo: Thomson Reuters Brasil, 2020.

6

A liberdade de expressão nas redes sociais e o impacto das manifestações pessoais na relação de trabalho: uma análise sobre a legislação e jurisprudência no Brasil e em Portugal

Régis Antônio Bersanin Nieddu

Resumo: O presente estudo teve por finalidade a realização de uma breve análise sobre o direito à liberdade de expressão nas redes sociais, bem como a sua repercussão nas relações trabalhistas, tanto no Brasil quanto em Portugal. Para tanto, foi necessário o exame das legislações constitucional e infraconstitucional, bem como da jurisprudência dos respectivos países. Tal análise, pese embora incompleta, permitiu a constatação de que a expectativa de privacidade do trabalhador nas redes sociais, significativamente reduzida ante a natureza pública ou semipública dessas plataformas, e a peculiaridade da relação laboral, que guarda deveres que vão muito além da prestação de serviços em troca do pagamento de salários, exige, do trabalhador, cautela sobre os conteúdos disponibilizados no ciberespaço, conteúdos estes considerados dados pessoais, para os fins da Lei n. 13.709/2018, no Brasil, e do Regulamento n. 2016/679, em Portugal. Nessas circunstâncias, terá o empregador, na qualidade de controlador de dados/responsável pelo tratamento, o interesse legítimo de tratá-los para fins de utilização em procedimento disciplinar para a apuração de sanções disciplinares.

1. Direitos fundamentais: A liberdade de expressão e a necessidade de ponderação

O direito à liberdade de expressão e opinião nunca esteve tão em evidência, notadamente nos tempos atuais, em que o avanço tecnológico vem permitindo a disseminação, pelo ciberespaço, de manifestações e opiniões a um número expressivo de pessoas, de maneira instantânea, causando repercussões de grande relevância no âmbito da sociedade da informação.

A liberdade de expressão que, ao longo da história, foi severamente reprimida por governos autoritários em vários países ao redor do globo, passou, a partir de 1948, a ser reconhecida como direito expressamente previsto na Declaração Universal dos Direitos Humanos, em seu art. 19, ao dispor que:(1)

> Todo ser humano tem direito à liberdade de opinião e expressão; esse direito inclui a liberdade de, sem interferência, ter opiniões e de procurar, receber e transmitir informações e ideias por quaisquer meios e independentemente de fronteiras.

No Brasil, a liberdade de expressão constitui um direito fundamental, previsto no art. 5º, inciso IV, da Constituição Federal (doravante CF/88), ao estabelecer que "[...] é livre a manifestação do pensamento, sendo vedado o anonimato". Também o art. 220, da mesma Carta Magna, dispõe que a "[...] manifestação do pensamento, a criação, a expressão e a informação, sob qualquer forma, processo ou veículo não sofrerão qualquer restrição, observado o disposto nesta Constituição".

Da leitura do texto constitucional, notadamente desse último dispositivo, pode-se perceber como é ampla essa garantia. Amplitude, porém, não pode ser confundida com ausência de limitação. Conforme ensina Torres (2013), "[...] os valores consagrados nas normas constitucionais que podem ser ameaçados pela liberdade de expressão, como a dignidade da pessoa humana e a igualdade, constituem-se também como pilastras sobre as quais se ergue o Estado Democrático". Continua a autora explicando que não só a Constituição Federal, mas também "[...] a legislação infraconstitucional assume papel primordial, ao coibir o abuso e ao regulamentar o exercício dos diferentes direitos previstos pela Constituição".(2)

Em análise à legislação de Portugal, pode-se constatar que a Constituição da República portuguesa (doravante, CRP) possui dispositivo semelhante, conforme estabelece o art. 37º, n. 1, ao garantir o direito "[...] de exprimir e divulgar livremente o seu

---

(1) ORGANIZAÇÃO DAS NAÇÕES UNIDAS. *Declaração Universal dos Direitos Humanos, 1948.* Disponível em: https://www.unicef.org. Acesso em: 25 set. 2022.

(2) TORRES. Fernanda Carolina. "O direito fundamental à liberdade de expressão e sua extensão." *Revista de informação legislativa*, v. 50, n. 200, p. 61-80, out./dez. 2013. p. 65.

pensamento pela palavra, pela imagem ou por qualquer outro meio, bem como o direito de informar, de se informar e de ser informados, sem impedimentos nem discriminações”.[3]

No que diz respeito à legislação infraconstitucional, na seara trabalhista, o direito português possui disposição legal específica, prevendo a garantia do direito à liberdade de expressão e à divulgação de pensamento e de opinião no âmbito das relações de trabalho e a sua ponderação com outros valores. É o que se depreende da leitura do art. 14º do Código de Trabalho daquele país (doravante, CT):[4]

> É reconhecida, no âmbito da empresa, a liberdade de expressão e de divulgação do pensamento e opinião, com respeito dos direitos de personalidade do trabalhador e do empregador, incluindo as pessoas singulares que o representam, e do normal funcionamento da empresa.

No Brasil não há, na legislação infraconstitucional trabalhista vigente, disposição expressa nesse sentido. Alguns dispositivos legais, contudo, tangenciam o tema relativamente aos direitos de personalidade e de privacidade, a exemplo dos arts. 223-C e 223-D, ambos da Consolidação das Leis Trabalhistas (CLT), com redação dada pela Lei n. 13.467/2017, ao estabelecerem, respectivamente, que “[...] a honra, a imagem, a intimidade, a liberdade de ação, a autoestima, a sexualidade, a saúde, o lazer e a integridade física são os bens juridicamente tutelados inerentes à pessoa física”, e que a “imagem, a marca, o nome, o segredo empresarial e o sigilo da correspondência são bens juridicamente tutelados inerentes à pessoa jurídica”.[5] A lei nada diz, porém, acerca do direito à liberdade de expressão.

Contudo, a proteção a tal direito, assim como a sua ponderação com outros valores, vem expresso na Lei n. 12.965/2014, de 23 de abril, conhecida como o Marco Civil da Internet. Tal legislação é subsidiariamente aplicável ao Direito do Trabalho, em razão do que está estabelecido no art. 8º, § 1º, da CLT. Informa o diploma em comento que a disciplina do uso da internet, no Brasil, tem como princípios, a garantia da liberdade de expressão, comunicação e manifestação de pensamento, assim como a proteção à privacidade e aos dados pessoais (art. 3º, incisos I, II e III).

O exame de todos os dispositivos constitucionais e infraconstitucionais acima citados permite a conclusão de que a ponderação de valores, de maneira geral, e no ciberespaço, de maneira particular, implica uma evidente limitação à autonomia da vontade.

---

(3) ASSEMBLEIA DA REPÚBLICA – Constituição da República Portuguesa. Catálogos Gerais. *Diário da Assembleia Constituinte*, n. 132, de 3 de abril de 1976. Disponível em: https://www.pgdlisboa.pt/leis/lei_mostra_articulado.php?nid=4&tabela=leis. Acesso em: 25 set. 2023.

(4) PORTUGAL. Leis. Decretos, etc. – Código do Trabalho. *Lei n. 7/2009* [Em linha]. Diário da República n. 30/2009, Série I de 2009-02-12. Disponível em: https://dre.pt/legislacao-consolidada/-/lc/34520775/view. Acesso em: 4 fev. 2022.

(5) CLT.

Especificamente no campo do direito laboral, quando se fala em uma relação contratual, imperiosa é a conclusão de que o direito à liberdade de expressão, garantido constitucionalmente, guarda contornos e limites com outros direitos, também fundamentais, que devem ser sempre ponderados.

Ora, a relação empregatícia, entendida como um complexo de interesses ao mesmo tempo convergentes e antagônicos, transcende as obrigações principais do contrato (traduzidas na prestação dos serviços em troca de uma remuneração), possuindo direitos e obrigações que se protraem no tempo, circunstância que impõe deveres recíprocos de conduta pelas partes da relação laboral, tais como a cooperação, o respeito mútuo, a lealdade, a transparência e a boa-fé (arts. 127º a 129º do CT e art. 510-B, II, da CLT).

Certo é que o trabalhador, ao submeter-se a uma relação empregatícia, não tem retirada a sua condição de cidadão, que é inerente à pessoa humana. Sendo cidadão antes de trabalhador, estará o empregado protegido pelos dispositivos constitucionais aqui transcritos. Entretanto, deverá assumir deveres e obrigações adicionais, quando em comparação a uma pessoa não vinculada àquela atividade econômica. Nas palavras de Santos (2010), mesmo sendo livre para "[...] estipular a sua vivência fora do âmbito da empresa" não poderá o trabalhador prejudicar "[...] a sua entidade patronal sem qualquer fundamento, sendo necessário concretizar-se estas ideias e definir fronteiras e limites de actuação de ambas as partes."(6)

Também pontua Moreira (2014) no sentido de que "[...] o direito à liberdade de expressão pode manifestar-se relativamente a questões conexas com o trabalho, mas existem limites ao exercício deste direito relacionados quer com os direitos de personalidade da contraparte, isto é, do empregador, quer, também, com o normal funcionamento da empresa".(7)

Bem caminhou o Tribunal Superior do Trabalho (TST), ao ponderar os limites do exercício do direito à liberdade de expressão:(8)

[...] a livre manifestação do pensamento ou opinião nunca poderá se sobrepor à esfera jurídica de outrem, sob pena de configuração do uso abusivo de tal liberdade. Essa afirmação ganha contornos ainda mais delicados nos dias atuais, tendo em vista o alcance disponibilizado pela internet e a visibilidade fornecida pelas denominadas "redes sociais", as quais permitem a disseminação de mensagens em velocidade e extensão nunca antes imaginadas. Assim, a utilização de tais meios pelo empregado, inclusive em contexto

---

(6) SANTOS, Carolina. "A influência na relação laboral das condutas do trabalhador externas ao âmbito da empresa." *Revista de direito e de estudos sociais*, ano 51. n. 1-4, jan./dez. 2010). Coimbra: Almedina, 2010. ISSN: 0870-3965, p. 221.

(7) MOREIRA, Teresa Coelho. "Até que o *Facebook* nos separe: análise dos acórdãos do Tribunal da Relação do Porto de 8 de setembro de 2014 e do Tribunal da Relação de Lisboa de 24 de setembro de 2014." *Prontuário de Direito do Trabalho*, n. 1 (1º semestre, 2016). Lisboa: Almedina, 2016. ISSN: 0873-4895, p. 246-247.

(8) RR-1000864-41.2018.5.02.0444, 7ª Turma, relator Ministro Claudio Mascarenhas Brandao, *DEJT* 23.6.2023.

externo ao seu ambiente laboral, requer o cuidado de observância do dever de preservação de imagem da empresa, obrigação inerente a todo o contrato de trabalho, como forma de garantir a inviolabilidade da norma prevista no art. 5º, X, da CF/88.

Idêntica conclusão se extrai da análise da jurisprudência portuguesa, conforme se depreende da decisão proferida pelo Tribunal Central Administrativo Sul, em 4.4.2019:(9)

> Entre a publicitação de uma opinião — direito que integra a liberdade de expressão — e a protecção dos bens pessoais ao bom nome e reputação de terceiros, há que fazer uma ponderação quando estes direitos entrem em conflito, devendo-se aferir em que moldes aquela opinião, pelas expressões que usa e pelas imputações que faz, ataca desproporcionadamente a honra e consideração desses terceiros. Nesta aferição há que ter em conta todo o contexto em que os direitos são exercidos para se encontrar o limite do razoável ou aceitável.

A premissa, contudo, também é aplicável em relação ao outro ator do polo da relação contratual. Com efeito, em razão das obrigações assumidas quando da contratação, ao empregador não é autorizado invadir, de forma arbitrária e imotivada, a esfera privada do trabalhador a ele vinculado, muito embora tenha, por autorização legal, os poderes de organizar e executar a atividade a que se propôs realizar, bem como fiscalizar e punir o trabalhador que pratica condutas dissonantes com o bom andamento da atividade empresarial (art. 2º da CLT e arts. 97º, 98º e 99º, todos do CT).

No direito brasileiro, esse equilíbrio pode ser percebido pela leitura dos dispositivos legais que dizem respeito à rescisão contratual motivada. O art. 482, da CLT, estabelece que constitui justa causa para rescisão do contrato de trabalho, pelo empregador, a conduta do trabalhador, dentre outras, que possa acarretar "[...] *ato lesivo da honra ou da boa fama ou ofensas físicas praticadas contra o empregador e superiores hierárquicos, salvo em caso de legítima defesa, própria ou de outrem*" (alínea "k"). Por outro lado, também é permitido ao trabalhador considerar rescindido o contrato de trabalho, pleiteando a devida indenização, quando "*praticar o empregador ou seus prepostos, contra ele ou pessoas de sua família, ato lesivo da honra e boa fama*" (art. 483, alínea "*e*", da CLT).(10)

A legislação portuguesa possui disposição mais detalhada e completa sobre a matéria, conforme se depreende dos arts. 126º a 129º, do CT, que estabelecem, respectivamente, os deveres gerais das partes, os deveres do empregador, os deveres do trabalhador e as garantias do trabalhador:(11)

> Art. 126º Deveres gerais das partes:
>
> 1 – O empregador e o trabalhador devem proceder de boa fé no exercício dos seus direitos e no cumprimento das respectivas obrigações.

---

(9) Acórdão do TCAS de 4 abr. 2019, processo n. 18/19.0BCLSB. *Acórdãos TCAS* [Em linha]. Relatora Sofia David, item IV do sumário.

(10) CLT.

(11) PORTUGAL. Leis. Decretos, etc. – Código do Trabalho, art. 128º, n. 1, alínea a, p. 43.

2 – Na execução do contrato de trabalho, as partes devem colaborar na obtenção da maior produtividade, bem como na promoção humana, profissional e social do trabalhador.

Art. 127º Deveres do empregador

1 – O empregador deve, nomeadamente:

a) Respeitar e tratar o trabalhador com urbanidade e probidade;

b) Pagar pontualmente a retribuição, que deve ser justa e adequada ao trabalho;

c) Proporcionar boas condições de trabalho, do ponto de vista físico e moral;

d) Contribuir para a elevação da produtividade e empregabilidade do trabalhador, nomeadamente proporcionando-lhe formação profissional adequada a desenvolver a sua qualificação;

e) Respeitar a autonomia técnica do trabalhador que exerça actividade cuja regulamentação ou deontologia profissional a exija;

f) Possibilitar o exercício de cargos em estruturas representativas dos trabalhadores;

g) Prevenir riscos e doenças profissionais, tendo em conta a protecção da segurança e saúde do trabalhador, devendo indemnizá-lo dos prejuízos resultantes de acidentes de trabalho;

h) Adoptar, no que se refere a segurança e saúde no trabalho, as medidas que decorram de lei ou instrumento de regulamentação colectiva de trabalho;

i) Fornecer ao trabalhador a informação e a formação adequadas à prevenção de riscos de acidente ou doença;

j) Manter actualizado, em cada estabelecimento, o registo dos trabalhadores com indicação de nome, datas de nascimento e admissão, modalidade de contrato, categoria, promoções, retribuições, datas de início e termo das férias e faltas que impliquem perda da retribuição ou diminuição de dias de férias.

2 – Na organização da actividade, o empregador deve observar o princípio geral da adaptação do trabalho à pessoa, com vista nomeadamente a atenuar o trabalho monótono ou cadenciado em função do tipo de actividade, e as exigências em matéria de segurança e saúde, designadamente no que se refere a pausas durante o tempo de trabalho.

3 – O empregador deve proporcionar ao trabalhador condições de trabalho que favoreçam a conciliação da actividade profissional com a vida familiar e pessoal.

4 – O empregador deve afixar nas instalações da empresa toda a informação sobre a legislação referente ao direito de parentalidade ou, se for elaborado regulamento interno a que alude o art. 99.º, consagrar no mesmo toda essa legislação.

5 – O empregador deve comunicar ao serviço com competência inspetiva do ministério responsável pela área laboral a adesão ao fundo de compensação do trabalho ou a mecanismo equivalente, previstos em legislação específica.

6 – A alteração do elemento referido no número anterior deve ser comunicada no prazo de 30 dias.

7 – Constitui contraordenação leve a violação do disposto na alínea j) do n. 1 e nos ns. 5 e 6.

Art. 128º Deveres do trabalhador

1 – Sem prejuízo de outras obrigações, o trabalhador deve:

a) Respeitar e tratar o empregador, os superiores hierárquicos, os companheiros de trabalho e as pessoas que se relacionem com a empresa, com urbanidade e probidade;

b) Comparecer ao serviço com assiduidade e pontualidade;

c) Realizar o trabalho com zelo e diligência;

d) Participar de modo diligente em acções de formação profissional que lhe sejam proporcionadas pelo empregador;

e) Cumprir as ordens e instruções do empregador respeitantes a execução ou disciplina do trabalho, bem como a segurança e saúde no trabalho, que não sejam contrárias aos seus direitos ou garantias;

f) Guardar lealdade ao empregador, nomeadamente não negociando por conta própria ou alheia em concorrência com ele, nem divulgando informações referentes à sua organização, métodos de produção ou negócios;

g) Velar pela conservação e boa utilização de bens relacionados com o trabalho que lhe forem confiados pelo empregador;

h) Promover ou executar os actos tendentes à melhoria da produtividade da empresa;

i) Cooperar para a melhoria da segurança e saúde no trabalho, nomeadamente por intermédio dos representantes dos trabalhadores eleitos para esse fim;

j) Cumprir as prescrições sobre segurança e saúde no trabalho que decorram de lei ou instrumento de regulamentação colectiva de trabalho.

2 – O dever de obediência respeita tanto a ordens ou instruções do empregador como de superior hierárquico do trabalhador, dentro dos poderes que por aquele lhe forem atribuídos.

Art. 129º Garantias do trabalhador

1 – É proibido ao empregador:

a) Opor-se, por qualquer forma, a que o trabalhador exerça os seus direitos, bem como despedi-lo, aplicar-lhe outra sanção, ou tratá-lo desfavoravelmente por causa desse exercício;

b) Obstar injustificadamente à prestação efectiva de trabalho;

c) Exercer pressão sobre o trabalhador para que actue no sentido de influir desfavoravelmente nas condições de trabalho dele ou dos companheiros;

d) Diminuir a retribuição, salvo nos casos previstos neste Código ou em instrumento de regulamentação colectiva de trabalho;

e) Mudar o trabalhador para categoria inferior, salvo nos casos previstos neste Código;

f) Transferir o trabalhador para outro local de trabalho, salvo nos casos previstos neste Código ou em instrumento de regulamentação colectiva de trabalho, ou ainda quando haja acordo;

g) Ceder trabalhador para utilização de terceiro, salvo nos casos previstos neste Código ou em instrumento de regulamentação colectiva de trabalho;

h) Obrigar o trabalhador a adquirir bens ou serviços a ele próprio ou a pessoa por ele indicada;

i) Explorar, com fim lucrativo, cantina, refeitório, economato ou outro estabelecimento directamente relacionado com o trabalho, para fornecimento de bens ou prestação de serviços aos seus trabalhadores;

j) Fazer cessar o contrato e readmitir o trabalhador, mesmo com o seu acordo, com o propósito de o prejudicar em direito ou garantia decorrente da antiguidade.

2 – Constitui contraordenação muito grave a violação do disposto neste artigo.

Constata-se, assim, que a observância dos parâmetros e limites relativos ao exercício de direitos entre as partes que compõem a relação contratual é de suma importância, sobretudo em um mundo em constante mutação, e em galopante desenvolvimento tecnológico.

O tema assume maior relevância quando se fala no direito de liberdade de expressão do trabalhador por meio de publicações em redes sociais, em cotejo com o direito de fiscalização e de punição do empregador. Nesse sentido, Nascimento e Barbosa (2015) ensinam que, em tempos de ampla utilização das plataformas digitais de comunicação, "[...] nunca a fronteira entre as esferas privada e profissional dos trabalhadores foi tão ténue e de complexa demarcação".(12) Interessante, também, a afirmação de Garcia (2015) no sentido de que: (13)

> Los procesos judiciales afrontan nuevas dificultades vinculadas con la utilización de las redes sociales en el ámbito de los contratos de trabajo. En particular y entre otras: (i) los problemas de validez de las pruebas y la posible vulneración del derecho a la intimidad, (ii) la determinación de la autoría y (iii) la valoración del instituto de la prescripción de las faltas.

Nesse contexto, interessante é a reflexão sobre a expectativa de privacidade que possui o trabalhador, no exercício da sua liberdade de expressão nas redes sociais em contraposição aos parâmetros e limites do empregador, no âmbito do seu poder de direção e

(12) NASCIMENTO, André Pestana; BARBOSA, Maria. "*Facebook*: Esfera privada ou pública? Análise jurisprudencial." *Actualidad Jurídica Uría Menéndez*, n. 40, jun./set. 2015, p. 68.

(13) GARCÍA, Inés Ríos e outro. "Las redes sociales en las relaciones laborales." *Actualidad Jurídica Uría Menéndez*, n. 39-2015, p. 83-87, p. 84.

fiscalização, em realizar o tratamento desses dados para fins de aplicação de penalidades, à luz do regime de proteção de dados pessoais. No Brasil, essa matéria vem disciplinada pela Lei n. 13.709/2018, conhecida como Lei Geral de Proteção de Dados (doravante LGPD) e, em Portugal, pelo Regulamento 2016/679 (doravante RGPD), vigente em toda a União Europeia.

Passemos a uma breve reflexão sobre o tema.

2. Expectativa de privacidade e liberdade de expressão: Parâmetros e limites de atuação, à luz da LGPD e do RGPD

No Brasil, estabelece o art. 2º da LGPD que "[...] *a liberdade de expressão, de informação, de comunicação e de opinião*" constituem fundamento da disciplina da proteção de dados (inciso III). O mesmo dispositivo também elenca como fundamentos "[...] *o respeito à privacidade*", "[...] *a inviolabilidade da intimidade, da honra e da imagem*", assim como "[...] *os direitos humanos, o livre desenvolvimento da personalidade, a dignidade e o exercício da cidadania pelas pessoas naturais*" (incisos I, IV e VII).(14)

Em Portugal, o RGPD fixa, como objeto e objetivos da legislação a proteção das pessoas singulares o respeito ao tratamento dos dados pessoais e a livre circulação desses dados, assim como a defesa dos direitos e das "[...] *liberdades fundamentais das pessoas singulares, nomeadamente o seu direito à proteção dos dados pessoais*" (arts. 1º e 2º, do RGPD).(15)

Não há dúvida de que a liberdade de expressão, à luz da legislação vigente, seja no Brasil, seja em Portugal, guarda relação direta com a privacidade. Nessa senda, afigura-se de suma importância delinear qual a expectativa de privacidade que o trabalhador tem em relação às condutas praticadas nas redes sociais e, a partir daí, constatar se há, ao empregador, na qualidade de controlador de dados/responsável pelo tratamento, legítimo interesse para a realização do tratamento dos dados pessoais provenientes da manifestação, para fins do exercício dos direitos de fiscalização e punição daqueles que lhe são subordinados.

Para tanto, trago à colação interessante acórdão proferido pelo Colendo Superior Tribunal do Trabalho (doravante, C. TST) em que foi afastado o deferimento da contradita de uma testemunha, sob o argumento de que o mero fato de ter ela integrado, juntamente com a parte autora, um grupo de *WhatsApp* e *Facebook*, não a torna suspeita para depor, notadamente porque tal grupo contava com mais de 100 integrantes, todos

(14) NASCIMENTO, André Pestana; BARBOSA, Maria. "*Facebook*: Esfera privada ou pública? Análise jurisprudencial." *Actualidad Jurídica Uría Menéndez*, n. 40, jun./set. 2015, p. 68.

(15) *Idem*.

colegas de trabalho, não havendo, assim, que se falar em amizade íntima entre testemunha e parte:(16)

> RECURSO DE REVISTA INTERPOSTO NA VIGÊNCIA DA LEI N. 13.467/2017. TRANSCENDÊNCIA JURÍDICA. CERCEAMENTO DE DEFESA. CONTRADITA DE TESTEMUNHA. SUSPEIÇÃO. PARTICIPAÇÃO EM GRUPOS DE *WHATSAPP* E *FACEBOOK* COM MAIS DE CEM COLEGAS DA CELPE. AUSÊNCIA DE REGISTRO DE OUTROS ELEMENTOS FÁTICOS QUE ATESTEM A EXISTÊNCIA DE AMIZADE ÍNTIMA. 1. Ausente pacificação da jurisprudência desta Corte Superior acerca da matéria, presente o indicador da transcendência jurídica, nos termos do art. 896-A, § 1º, IV, da CLT. 2. O simples estabelecimento de vínculos em mídias sociais (*WhatsApp*, *Facebook*), principalmente no caso em apreço, em que evidenciado que esses são uma extensão das relações interpessoais decorrentes de uma origem comum, qual seja, o labor para uma mesma empregadora, não se revelam, por si só, suficientes para a configuração da amizade íntima a que aludem os arts. 477, § 3º, I, do CPC e 829 da CLT. 3. Por sinal, em grupos de tal natureza é esperada uma maior interação entre os participantes, conforme o tempo de convivência no mesmo ambiente de trabalho, o que milita em favor da oitiva da testemunha, porquanto apta a descrever com maior exatidão os fatos da causa. 4. Assim, se por um lado, os vínculos estabelecidos nas redes sociais – muitas vezes decorrentes de um "sujeito virtual", cujas manifestações nem sempre correspondem ao comportamento conhecido nas relações laborais, ou mesmo na comunidade em que a pessoa vive –, não podem, por si só, ser confundidos com amizade íntima; de outro, a amizade estabelecida no ambiente de trabalho, assim entendida como simples relação de apreço, simpatia, cortesia, decorrente do longo convívio amistoso, também não ostenta a necessária qualificação para o enquadramento no disposto nos arts. 477, § 3º, I, do CPC e 829 da CLT. 5. No caso em tela, inquirida, a testemunha declarou que "que era amigo da autora, pois trabalhou muitos anos com ela; que não frequenta a casa da reclamante e nem ela a sua; que mantém contato com a reclamante assim como com os demais colegas, no *WhatsApp*, no *Facebook*; afirma que trata-se de grupo de todos os celpianos; alega que esse grupo é composto de mais de 100 pessoas; que na época que trabalhou na Celpe, lá trabalhavam cerca de 1.600 empregados". Contudo, para que haja a suspeição da testemunha, não basta a simples amizade decorrente dos muitos anos de convívio no ambiente de trabalho, ou mesmo, a continuidade desta relação em redes sociais, sob pena de, ao fim e ao cabo, inviabilizar-se a produção de prova testemunhal — e justamente por quem teria melhor condições de fazê-lo, ou seja, quem laborou por mais tempo com a parte reclamante no mesmo ambiente de trabalho. 6. *Não se revela razoável uma sinalização de que as relações estabelecidas em redes sociais, sem quaisquer outros elementos objetivos de prova de tais vínculos, transbordariam para uma maior intimidade*, mormente se considerado que as suspeições não se limitam à contradita de testemunhas, mais atingem a outros sujeitos do processo e, eventualmente, fundamentariam exceções de suspeição de juízes, membros do Ministério Público, peritos e demais auxiliares da justiça. 7. O acolhimento da contradita da testemunha, no caso em apreço, em que houve o juízo de improcedência de parcelas por insuficiência de provas, revela o efetivo prejuízo à parte e, portanto, autoriza a decretação da nulidade do processo, por cerceamento de defesa. Violados os arts. 829 da CLT e 5º, LV, da CF. Recurso de revista conhecido e provido.

(16) BRASIL. Tribunal Superior do Trabalho. *RR-24-44.2015.5.06.0023*. 1ª Turma, relator Ministro Hugo Carlos Scheuermann, Publicação da decisão em 14.5.2021.

A decisão, embora não diga respeito especificamente ao exercício do direito à liberdade de expressão, sinaliza, pelos seus fundamentos, a direção do C. TST no sentido de desconsiderar a existência de uma relação íntima entre componentes de um grupo composto por expressivo número de participantes.

É a tradução do novo conceito de "amigo" trazido pelas plataformas digitais, definição que, segundo explica Moreira (2014), poderá variar, a depender do usuário da plataforma. Isso porque haverá situações em que a expressão "amigo" "[...] *poderá abranger amigos mais próximos, conhecidos, e por vezes, para quem não faz a verificação das identidades e aceita todas as pessoas que lhe fazem pedidos de amizade, desconhecidos*".(17)

Na mesma linha, ensina Amado (2020), ainda que se entenda que será a análise do caso concreto a definir se há, ou não, expectativa de privacidade, o fato é que a noção que se tem de "amigos" nas redes sociais em nada se confunde com a definição tradicional, de modo que "[...] *ao publicar um qualquer* post *na sua página pessoal, visível para esses supostos amigos, o trabalhador, razoavelmente, não pode acreditar que o conteúdo desse* post *vai permanecer nessa esfera reservada*".(18)

Continua o autor:(19)

> Só em casos muito excecionais tal poderá suceder (assim, por exemplo, caso as declarações sejam proferidas no âmbito de um grupo fechado, integrado por poucas pessoas, entre as quais existam laços de verdadeira amizade ou até intimidade). Em regra, pois, no *Facebook* não há (tutela da) privacidade, as declarações aí proferidas pertencem à esfera pública ou semipública, mesmo se "publicadas" na página pessoal do trabalhador.

A relação entre a maior e menor intimidade entre os componentes do grupo deverá refletir na expectativa de privacidade do conteúdo que é disponibilizado a este mesmo grupo. Dito de outro modo, a expectativa de privacidade tende a ser maior ou menor, a depender de como, a quem, e onde, é realizada a manifestação.

No âmbito da jurisprudência portuguesa, em acórdão proferido pelo Tribunal da Relação de Lisboa, de 7.3.2012, teve o Colegiado a oportunidade de se manifestar especificamente acerca do direito à liberdade de expressão e a expectativa de privacidade.

---

(17) MOREIRA, Teresa Coelho. "Até que o *Facebook* nos separe: análise dos acórdãos do Tribunal da Relação do Porto de 8 de setembro de 2014 e do Tribunal da Relação de Lisboa de 24 de setembro de 2014." *Prontuário de Direito do Trabalho*, n. 1, 1º sem. 2016, Lisboa, Almedina, 2016, p. 248-249.

(18) AMADO, João Leal. "Enredado, o *Facebook* e a justa causa de despedimento." *Revista de Legislação e de Jurisprudência*. Coimbra: Coimbra Editora, ano 145, n. 3.994, set./out. 2015, p. 58.

(19) AMADO, João Leal. "Enredado, o *Facebook* e a justa causa de despedimento...", p. 58.

Para o Tribunal, merece maior proteção aquela "[...] *que normalmente se define como uma conversa privada entre familiares e/ou amigos, num ambiente restrito e reservado*".[20]

A decisão explica que:[21]

> As pessoas, normalmente, quando estão em círculos privados e fechados, em que sabem que só são escutadas pelo destinatário ou destinatários presentes e relativamente aos quais existe um mínimo de confiança no relacionamento que se estabelece — como parece ser o caso dos autos —, falam à vontade, dizem disparates, queixam-se, exageram, troçam de terceiros, dizem mal deles, qualificando-os, muitas vezes, de forma pouco civilizada, 'confessam-se', afirmam coisas da boca para fora, no calor da conversa ou discussão, e tudo isso porque contam com a discrição dos seus interlocutores para a confidencialidade de algumas das coisas referidas e a compreensão e o inevitável 'desconto' para as demais.

A expectativa de privacidade, assim, dita os contornos da legitimidade de ação do empregador, diante da conduta tomada pelo trabalhador, quando em manifestação lançada nas redes sociais e que possa, de alguma forma, afetar a sua imagem e/ou sua atividade econômica.

Sob a ótica do direito à proteção de dados, o grau de expectativa de privacidade irá estabelecer os limites do empregador no que diz respeito ao tratamento de dados pessoais de seus trabalhadores para fins de aplicação de sanção disciplinar. Isso porque, nos termos do art. 7º, incisos IX da LGPD, fica autorizado o tratamento de dados pessoais quando necessário ao atendimento dos interesses legítimos do controlador, exceto, neste último caso, quando do cotejo dos valores em jogo, prevalecerem direitos e liberdades fundamentais do titular que exijam a proteção dos dados pessoais.

Da mesma forma dita o RGPD, ao preconizar que o tratamento de dados pessoais é lícito quando for "[...] *necessário para efeito dos interesses legítimos prosseguidos pelo responsável pelo tratamento ou por terceiros, exceto se prevalecerem os interesses ou direitos e liberdades fundamentais do titular que exijam a proteção dos dados pessoais, em especial se o titular for uma criança*" (art. 1º, alínea "f").

As jurisprudências brasileira e portuguesa já tiveram a oportunidade de se debruçar sobre questões envolvendo a expectativa de privacidade, o direito à liberdade de expressão, e o interesse legítimo do empregador no tratamento dos dados pessoais com o objetivo de fiscalização e aplicação de sanções disciplinares aos trabalhadores.

Passemos à análise de alguns exemplos.

---

(20) PORTUGAL. Tribunal da Relação de Lisboa. Processo n. 24163/09.0T2SNT.L1-4. In: *Acórdãos TRL* [Em linha]. Relator José Eduardo Sapateiro. Publicação da decisão em de 7.3.2012.

(21) *Idem.*.

3. Liberdade de expressão nas redes sociais, seus limites e eventual responsabilização: análise de casos concretos na jurisprudência do Brasil e de Portugal

No que diz respeito às redes sociais, não há dúvida de que tais ferramentas digitais servem a um propósito específico, a saber, a partilha, em ambiente virtual, de informações, de pensamentos, de opiniões, e mesmo de irresignações, a um número de pessoas que ultrapassa a esfera íntima, restrita e reservada. Fruto da evolução tecnológica, essas plataformas, de alcance global, revolucionaram a forma como nos conectamos e nos comunicamos, permitindo a disseminação de um conteúdo, de forma simples e imediata, para todo o globo terrestre. Tal circunstância guarda relação direta com a expectativa de privacidade da informação, expectativa essa que fica significativamente reduzida quando disponibilizada em um ambiente tendencialmente público, ou semipúblico.

Assim, conferir alta expectativa de privacidade a uma informação inserida em página de rede social implicaria ignorar a finalidade para a qual esse tipo de plataforma foi criada. Nesse sentido, Nascimento e Barbosa (2022) explicam que, diante das "[...] *finalidades primaciais das páginas de* Facebook, *isto é, a partilha de informação junto a clientes, potenciais clientes ou o público em geral, bem como o facto de serem geralmente abertas a qualquer utilizador* [...]", as "[...] *mensagens que aí são publicadas dificilmente terão natureza privada*".(22)

No mesmo sentido, regista Correia (2021) que "[...] el comportamiento extra-laboral en las redes sociales no está cubierto por el derecho a la intimidad de reservas de privacidad, ya que las redes sociales no garantizan la privacidad y pueden justificar, el despido con justa causa".(23)

Não se olvida o fato de que seja possível restringir a amplitude de pessoas que podem ter acesso às publicações nas redes sociais, sendo necessário, para tanto, alterar as opções de configuração. Entretanto, nesses casos, a consequência dessa restrição é o afastamento cada vez maior do fim para o qual a rede social foi criada, distanciando-se da tutela da liberdade de expressão, e aproximando-se de outra garantia constitucional: relativa à inviolabilidade das comunicações (no Brasil, prevista no art. 5º, XII, da CF/88 e, em Portugal, no art. 34º da CRP).(24)

---

(22) NASCIMENTO, André Pestana; BARBOSA, Maria. "*Facebook*: Esfera privada ou pública? Análise jurisprudencial." *Actualidad Jurídica Uría Menéndez*, n. 40, jun./set. 2015, p. 78.

(23) CORREIA, Lúcio Miguel Teixeira. *Especificidades de los regímenes jurídicos de los deportistas profesionales en Portugal y España*. Madri: BOE Editora, 2021. ISBN: 978-84-340-2699-5, p. 237.

(24) ASSEMBLEIA DA REPÚBLICA – Constituição da República Portuguesa. *Catálogos Gerais*. Diário da Assembleia Constituinte n. 132, de 3 de abril de 1976. Disponível em: https://www.pgdlisboa.pt/leis/lei_mostra_articulado.php?nid=4&tabela=leis. Acesso em: 25 set. 2023.

Sob esse aspecto, pode-se entender que o grau de expectativa de privacidade guardará relação com a quantidade de amigos existentes na conta, com o nível de intimidade existente entre eles, bem como com a possibilidade, ou não, de os destinatários conseguirem compartilhar o conteúdo publicado em suas próprias páginas pessoais, ou "marcar" outros usuários para que possam visualizar a publicação. Tal parametrização pode conferir maior expectativa de privacidade à informação.(25)

Entretanto, como a regra é a de que a publicação em mural de uma determinada rede social (a exemplo do *Facebook* e do *Instragram*), fica disponível a todos os "amigos" e "conhecidos" do titular, a prova da existência de uma maior expectativa de privacidade do conteúdo publicado, isto é, de uma parametrização mais restrita de seu perfil, compete àquele que o publicou. Como bem afirma Campos (2015), "[...] *estando em causa a apreciação de publicações no perfil pessoal do trabalhador ou em grupos, competirá ao mesmo alegar e demonstrar não só as características do seu perfil pessoa ou do grupo em causa, i.e., os parâmetros de privacidade utilizados, mas também a relação íntima e reservada que mantém com os destinatários/membros do mesmo*".(26)

Analisando a jurisprudência brasileira, verifica-se que o Tribunal Regional do Trabalho da 3ª Região, debruçando-se sobre a questão, proferiu acórdão, entendendo pela manutenção da justa causa a uma trabalhadora que, em suas redes sociais, fez comentários depreciativos à sua empregadora. Por ocasião do julgamento, o órgão julgador bem ponderou os parâmetros e limites dos valores em jogo: fixou o caráter público dos dados pessoais disponibilizados da trabalhadora; afastou a expectativa de privacidade quanto ao conteúdo publicado; entendeu que o teor da publicação teve o condão de denegrir a imagem da empresa em que prestava serviços:(27)

> A recorrente diz que, em virtude da perseguição sofrida, através do gerente da loja, cometeu um desabafo "em sua rede particular privada, de acesso totalmente restrito, nunca com nenhuma intenção de denegrir a imagem da empresa" — f. 166v da sentença. Mas tanto o acesso não era restrito, que a reclamada tomou conhecimento dos comentários depreciativos a seu respeito publicados pela reclamante, em seu perfil na rede social, *Facebook*, com acesso ao público em geral — f. 44. Não há dúvidas que a reclamante praticou ato lesivo à honra e boa fama da empregadora, havendo nítida

---

(25) André Nascimento e Maria Barbosa registam ainda um outro critério utilizado pela jurisprudência nacional, embora não mencionado de forma explícita, qual seja, o conteúdo da publicação. Explicam que, "[...] muito embora não o tivesse efetuado diretamente, o Tribunal determinou como critério delimitativo que o conteúdo da publicação também deve ser valorado, não havendo qualquer expectativa de privacidade para quem deliberadamente não quis preservar tal privacidade". NASCIMENTO, André Pestana; BARBOSA, Maria. "*Facebook*: Esfera privada ou pública?", p.75.

(26) CAMPOS, Alice Pereira de. *Infracções disciplinares em redes sociais online*. Estudos dedicados ao Professor Doutor Bernardo da Gama Lobo Xavier, vol. 1. Lisboa: Universidade Católica Editora, 2015. p. 111-133. ISBN: 978-972-54-0453-9, p. 128.

(27) BRASIL. Tribunal Regional do Trabalho da 3ª Região. *Processo n. 122-26.2013.5.03.0009*. Relatora: Desembargadora Mônica Sette Lopes. Publicação da decisão em 29.10.2014.

> quebra da fidúcia na relação das partes, restando caracterizada a justa causa tipificada na alínea *"k"* do art. 482 da CLT. A principal característica das redes sociais é exatamente o estabelecimento de conexões múltiplas entre pessoas. O conceito de amigo para o *Facebook* é, na forma de sua utilização variada, diferente daquele atribuído à amizade pela convivência efetiva na tradição das relações humanas. Não há prova de que o perfil da reclamante fosse fechado e a indicação explícita ao nome da empresa poderia levar à exposição do conteúdo da mensagem a qualquer pessoal que fizesse uma busca na Internet, que é um espaço público em que os meios de comunicação convergem (fala, escrita, imprensa e os instrumentos elétrico e eletrônico). Na aldeia global, que se tornou ainda menor depois dela, cada um é responsável pelo que diz e pelo modo como expõe o outro, aí incluídas as empresas que tem personalidade jurídica e podem sofrer dano em sua imagem.

Também a jurisprudência portuguesa assim vem entendendo, a exemplo do acórdão proferido pelo TRL, de 24.9.2014[(28)] ao manter o despedimento com justa causa de uma trabalhadora que, em sua página do *Facebook*, publicou conteúdo ofensivo à empresa onde trabalhava. Fundamentou o órgão julgador no sentido de afastar "[...] *o carácter privado do grupo e da natureza 'privada' ou 'pessoal' das publicações*", sobretudo porque a trabalhadora apôs, no conteúdo da mensagem, apelo expresso no sentido de que fosse compartilhada pelos destinatários, retirando-lhe qualquer expetativa de privacidade.

Considerou o Tribunal que a situação concreta não se inseria no princípio da confidencialidade das mensagens (previsto no art. 22º do CT), mas no contexto da liberdade de expressão e opinião (previsto no art. 14º do CT). Diante disso, ressaltou os limites desse último direito, no sentido de que o seu exercício não pode acarretar "[...] *violação dos direitos da entidade empregadora e dos seus representantes*", não sendo "[...] *necessário recorrer à ofensa grosseira e pessoal, bem como à difamação para afirmar e reclamar um direito*".

Semelhante situação foi analisada pelo acórdão proferido pelo Tribunal da Relação de Porto (doravante TRP), de 8.9.2014.[(29)] Admitindo as "[...] *dificuldades em traçar os contornos da privacidade que merecem a tutela da confidencialidade* [...]", explicou que tal ocorre:

> [...] se se descortina a existência de um laço estreito entre os membros da rede social que não era expectável que fosse quebrado, contando aqueles membros com a discrição dos seus interlocutores para a confidencialidade dos *posts* publicados e estando convictos de que mais ninguém terá acesso e conhecimento, em tempo real ou diferido, ao seu teor.

De acordo com o TRP, não havia como se falar, no caso em análise, em expectativa de privacidade, notadamente quando as publicações, de cariz profissional, e difamatórias à entidade empregadora e àqueles a ela vinculados, possam "[...] extravasar as fronteiras de um 'grupo' criado na rede social *Facebook*".

---

(28) Acórdão do TRL de 24 set. 2014, processo n. 431/13.6TTFUN.L1-4. *Acórdãos TRL* [Em linha]. Relator: Jeronimo Freitas.

(29) Acórdão do TRP 8 de set. 2014, processo n. 101/13.5TTMTS.P1..., item I do sumário.

Constata-se, assim, que tanto no Brasil, quanto em Portugal, há uma estreita relação entre a expectativa de privacidade e o direito à liberdade de expressão, sendo certo que, este último direito, exercido em redes sociais, ambiente cuja expectativa de privacidade é significativamente baixa, deve ser feito com estrita observância aos deveres anexos ao contrato de trabalho, sob pena de responsabilização pelos danos causados em decorrência do conteúdo publicado.

Considerações finais

Em jeito de conclusão, pode-se dizer que a liberdade de expressão, manifestada por meio de publicações em redes sociais, implica o atingimento de um número de pessoas que extrapola o denominado núcleo íntimo, o que naturalmente diminui significativamente a expectativa de privacidade da informação. Ao optar pela publicação, nas redes sociais, de informações que guardem relação com a atividade profissional,(30) o trabalhador não poderá ignorar que tais dados poderão chegar ao conhecimento do empregador, razão pela qual deverá, nas palavras de Campos (2015):(31)

> [...] ter uma especial atenção àquilo que publica, de acordo com critérios de razoabilidade e bom senso, ademais quando está em causa a publicação de acusações dirigidas ao empregador, seus representantes legais ou superiores hierárquicos do trabalhador que possam pôr em causa o bom nome e imagem dos mesmos.

Conclui-se, assim, que o direito à liberdade de expressão e de opinião no ciberespaço está longe de ser absoluto, e não está associado ao princípio do sigilo das comunicações/ da reserva da confidencialidade das mensagens.

Seja como for, o direito deve ser exercido de modo a observar os limites da razoabilidade e da aceitabilidade, bem como os deveres de respeito e urbanidade na mensagem que se pretende passar. Havendo abuso por parte do empregado, desrespeito aos direitos

---

(30) Importante registar que as condutas extralaborais que possam gerar efeitos laborais também devem ser levadas em consideração. Assim, a título de exemplo, o conhecimento do empregador sobre fotos de um trabalhador que está a gozar de momentos de proveito social nos dias em que se ausentou do trabalho por alegado motivo de doença, pode ser levado em consideração para fins de instauração de procedimento disciplinar. Alice Campos salienta que, o que confere "[...] natureza pessoal às publicações em causa são os parâmetros de privacidade e as expectativas de confidencialidade e reserva existentes". Para a autora, entendimento contrário levaria a resultados "[...] aberrantes: é como dizer que se um empregador se cruzar com um trabalhador na praia, num dia em que faltou ao trabalho por motivo de doença, não poderá aplicar ao mesmo qualquer infração disciplinar ou sequer considerar a falta injustificada uma vez que o encontro com o trabalhador foi fora contexto laboral". CAMPOS, Alice Pereira de. *Infracções disciplinares em redes sociais online*. Estudos dedicados ao Professor Doutor Bernardo da Gama Lobo Xavier, vol. 1. Lisboa: Universidade Católica Editora, 2015. p. 111-133. ISBN: 978-972-54-0453-9, p. 130.

(31) CAMPOS, Alice Pereira de. *Infracções disciplinares em redes sociais online*. Estudos dedicados ao Professor Doutor Bernardo da Gama Lobo Xavier, vol. 1. Lisboa: Universidade Católica Editora, 2015. p. 111-133. ISBN: 978-972-54-0453-9, p. 127.

do empregador ou prejuízo ao normal funcionamento da empresa, estará o empregador autorizado ao tratamento legítimo de dados com a finalidade de aplicação de sanção disciplinar.

Referências

AMADO, João Leal. "A pandemia, o despedimento e o empoderamento da ACT." *Covid-19 e trabalho:* o dia seguinte. Lisboa: AAFDL, 2020. ISBN: 978-972-629-599-0, p. 89-108.

ASSEMBLEIA DA REPÚBLICA. Constituição da República Portuguesa. Catálogos Gerais. *Diário da Assembleia Constituinte*, n. 132, de 03 de abril de 1976. Disponível em: https://www.pgdlisboa.pt/leis/lei_mostra_articulado.php?nid=4&tabela=leis. Acesso em: 25 set. 2023].

CAMPOS, Alice Pereira de. *Infracções disciplinares em redes sociais online*. Estudos dedicados ao Professor Doutor Bernardo da Gama Lobo Xavier, vol. 1. Lisboa: Universidade Católica Editora, 2015. p. 111-133.

CORREIA, Lúcio Miguel Teixeira. *Especificidades de los regímenes jurídicos de los deportistas profesionales en Portugal y España*. Madri: BOE Editora, 2021.

GARCÍA, Inés Ríos; VASQUES, Maria Ángela Álvarez. "Las redes sociales en las relaciones laborales." *Actualidad Jurídica Uría Menéndez*, n. 39-2015, p. 83-87.

MOREIRA, Teresa Coelho. "Até que o *Facebook* nos separe: análise dos acórdãos do Tribunal da Relação do Porto de 8 de setembro de 2014 e do Tribunal da Relação de Lisboa de 24 de setembro de 2014." *Prontuário de Direito do Trabalho,* n. 1, 1º sem. 2016). Coimbra: Almedina, 2016.

NASCIMENTO, André Pestana; BARBOSA, Maria. "*Facebook*: Esfera privada ou pública? Análise Jurisprudencial." *Actualidad Jurídica Uría Menéndez*, n. 40, jun./set. 2015, p. 68-80. Disponível em: https://www.uria.com/pt/revista/46. Acesso em: 25 set. 2022.

ONU. *Declaração Universal dos Direitos Humanos, 1948*. Disponível em: https://www.unicef.org. Acesso em: 25 set. 2022.

SANTOS, Carolina. "A influência na relação laboral das condutas do trabalhador externas ao âmbito da empresa." *Revista de direito e de estudos sociais*, ano 51, n. 1-4, jan./dez. 2010). Coimbra: Almedina, 2010. ISSN: 0870-3965, p. 207-246.

TORRES, Fernanda Carolina. "O direito fundamental à liberdade de expressão e sua extensão." *Revista de informação legislativa*, v. 50, n. 200, p. 61-80, out./dez. 2013.

UNIÃO EUROPEIA – Regulamento (UE) 2016/679 do Parlamento Europeu e do Conselho de 27 de abril de 2016 relativo à proteção das pessoas singulares no que diz respeito ao tratamento de dados pessoais e à livre circulação desses dados e que revoga a Diretiva 95/46/CE (Regulamento Geral sobre a Proteção de Dados). *Eur-Lex* [Em linha]. [S.l.]: União Europeia. Publicado no Jornal Oficial da União Europeia, L119, de 4 de maio de 2016. Disponível em REGULAMENTO (UE) 2016/ 679 DO PARLAMENTO EUROPEU E DO CONSELHO – de 27 de abril de 2016 — relativo à proteção das pessoas singulares no que diz respeito ao tratamento de dados pessoais e à livre circulação desses dados e que revoga a Diretiva 95/46/CE (Regulamento Geral sobre a Proteção de Dados). Disponível em: http://europa.eu. Acesso em: 4 fev. 2022.

7

Produção antecipada de provas digitais na Justiça do Trabalho

Ana Cláudia Pires Ferreira de Lima

João Pedro Albino

Resumo: Neste artigo iremos abordar a ação de produção antecipada de provas digitais na Justiça do Trabalho. O uso crescente da internet no dia a dia das pessoas, inclusive nas relações do trabalho, torna cada vez mais necessária a realização de provas digitais para comprovação de fatos relevantes para o mundo jurídico. Os prazos decadenciais previstos no Marco Civil da Internet para os provedores de conexão e de aplicação guardarem registros digitais justificam a interposição de uma ação de produção antecipada de provas para exibição desses registros, uma vez que somente exigíveis por ordem judicial, considerando-se sua natureza privada. O Marco Civil da Internet também estabelece os requisitos para requisição de registros digitais para que não haja violação à privacidade. O ajuizamento de uma ação de produção antecipada de provas é uma das práticas do *compliance* trabalhista, para assegurar a produção lícita de prova digital, com a observância dos requisitos da integridade, autenticidade e cadeia de custódia. Para elaboração deste artigo foi realizada pesquisa na doutrina, legislação e jurisprudência.

Introdução

Muitos fatos geradores de direitos têm sua origem nos meios digitais, a exemplo de compras por *sites* e aplicativos, contratos celebrados por aplicativos de mensagens e *e-mails*, ofensas perpetradas em postagens nas mídias sociais, ou têm nos meios digitais a prova de determinado fato ocorrido no mundo físico, como fotos ou vídeos expondo as condições de trabalho, com a geolocalização e respectiva data e horário.

A transformação digital causada pelo uso crescente da internet e de novas tecnologias gera um aumento dos dados que trafegam na rede mundial de computadores e são registrados no espaço cibernético.

Nesse mundo do *Big Data*, os dados digitais são muito voláteis, uma vez que podem ser rapidamente excluídos e os profissionais do direito devem orientar seus clientes na coleta e preservação desses registros digitais que podem servir como prova para garantia de direitos em um processo judicial.

O profissional do direito deve se precaver de todos os meios legais para coletar e preservar a prova digital, além de orientar seus clientes sobre a importância da governança dos dados digitais, quer se trate de pessoas físicas ou jurídicas. Na ocorrência de algum fato relevante para o mundo jurídico que tenha sido registrado digitalmente, o advogado deve saber os procedimentos necessários para coleta e preservação desses dados digitais, para que possam ser utilizados como prova em eventuais processos judiciais.

Alguns registros digitais podem ser certificados por meio de Ata Notarial, que é uma prova típica prevista no Código de Processo Civil, ou por meio de plataformas que utilizam a tecnologia *Blockchain*, como *Verifact*(1) ou *Original My*, (2) que capturam a tela de dispositivo informático e atestam a integridade e autenticidade dos dados registrados a partir do momento de sua coleta.

Entretanto, alguns dados digitais somente são arquivados em fontes fechadas, necessitando de ordem judicial para sua coleta, a exemplo do endereço de IP e dos dados cadastrais de um perfil de uma rede social que tenha feito postagens difamatórias contra um colega de trabalho ou afetando a reputação de uma empresa. Necessário conhecer o procedimento adequado para obtenção de dados em fontes fechadas, inclusive o prazo de guarda desses dados impostos aos provedores de aplicação de internet e de conexão pelo Marco Civil da Internet.(3)

Neste artigo discorreremos sobre a prova digital, seu conceito e requisitos; os prazos estabelecidos no Marco Civil da Internet aos provedores para a guarda de registros de conexão e de aplicação; as exigências legais para requisição judicial desses dados e a ação de produção antecipada de provas digitais na Justiça do Trabalho, permitindo a coleta de dados em fontes fechadas e a preservação dos dados digitais.

1. Provas digitais

Segundo Chiovenda, *apud* Schiavi(4) "*provar significa formar a convicção do juiz sobre a existência ou não de fatos relevantes do processo*". Parafraseando Chiovenda, a prova

---

(1) *Site* Verifact. Validade Juridica. Alta Confiança para registro de fatos na Internet. Disponível em: https://www.verifact.com.br/validadejuridica/ Acesso em: 5 fev. 2023.

(2) *Site* OriginalMy. O que é a PACweb? Disponível em: https://originalmy.com/pacweb. Acesso em: 5 fev. 2023.

(3) BRASIL. *Lei n. 12.965, de 23 de abril de 2014*. Marco Civil da Internet. Disponível em: http://www.planalto.gov.br/ccivil_03/_ato2011-2014/2014/lei/l12965.htm. Acesso em: 5 fev. 2023.

(4) SCHIAVI, Mauro. *Provas no Processo do Trabalho*. Salvador: JusPodivm, 2020. p. 22.

é um instrumento destinado a formar a convicção do juízo sobre a existência ou não de fatos relevantes para o processo e as circunstâncias em que ocorreram.

A Constituição Federal assegura como direito fundamental, em seu art. 5º, o acesso à ordem jurídica justa, ao devido processo legal, ao contraditório e à ampla defesa, em seus incisos XXXV, LIV e LV, respectivamente. Assim, o direito de produzir prova de determinado fato é um direito fundamental das partes.

O Código de Processo Civil apresenta como meios de prova típicos a prova documental, o depoimento das partes, a prova testemunhal, pericial, inspeção judicial e a ata notarial, mas também reconhece os meios de prova atípicos, desde que lícitos, em seu art. 369:

> As partes têm o direito de empregar todos os meios legais, bem como os moralmente legítimos, ainda que não especificados neste Código, para provar a verdade dos fatos em que se funda o pedido ou a defesa e influir eficazmente na convicção do juiz.

Embora nem precisasse ser tipificada, a fotografia eletrônica foi expressamente reconhecida como meio de prova nos arts. 225 do Novo Código Civil e 422 do Código de Processo Civil:

> Art. 225 do Código Civil. As reproduções fotográficas, cinematográficas, os registros fonográficos e, em geral, quaisquer outras reproduções mecânicas ou eletrônicas de fatos ou de coisas fazem prova plena destes, se a parte, contra quem forem exibidos, não lhes impugnar a exatidão.
>
> Art. 422 do Código de Processo Civil. Qualquer reprodução mecânica, como a fotográfica, a cinematográfica, a fonográfica ou de outra espécie, tem aptidão para fazer prova dos fatos ou das coisas representadas, se a sua conformidade com o documento original não for impugnada por aquele contra quem foi produzida.
>
> § 1º As fotografias digitais e as extraídas da rede mundial de computadores fazem prova das imagens que reproduzem, devendo, se impugnadas, ser apresentada a respectiva autenticação eletrônica ou, não sendo possível, realizada perícia.
>
> § 2º Se se tratar de fotografia publicada em jornal ou revista, será exigido um exemplar original do periódico, caso impugnada a veracidade pela outra parte.
>
> § 3º Aplica-se o disposto neste artigo à forma impressa de mensagem eletrônica.

Atualmente muitas relações jurídicas ocorrem por meio do mundo virtual ou nele são registradas, a exemplo de *e-mails*, mensagens em aplicativos de mensageria, postagem de imagem, vídeos e textos em mídias sociais, como *Facebook*, *Instagram*, *Youtube* e *Twitter*, sendo esses registros considerados provas digitais, assim conceituada por Thamay e Tamer:(5)

> A prova digital é o meio de demonstrar a ocorrência de um fato ocorrido em meio digital, ou que tem no meio digital um instrumento de demonstração de determinado fato de seu conteúdo.

Pinheiro(6) destaca que "*a prova em meios eletrônicos é mais facilmente averiguada do que no mundo real, uma vez que há como rastrear quase tudo o que acontece*". E prossegue que é possível "*identificar se uma compra foi feita em certo horário, por determinado IP e em determinado endereço*".(7)

A popularização da internet e de algumas novas tecnologias fazem com que diariamente, em todo o mundo, sejam postados bilhões de vídeos no *Youtube*, milhões de tweets, milhões de fotos no *Instagram* e bilhões de mensagens no *WhatsApp*, conforme nos revela Caselli:(8)

> Para se ter ideia da quantidade do volume de informações produzidas em apenas um dia na internet e, especificamente nas redes sociais, o *site influencer marketing hub*,(9) especializado em *social analytics* aponta que a cada 24 horas, 7 bilhões de vídeos são visualizados na plataforma do *Youtube*, 729 milhões de *tweets* são realizados. Na rede socias *Instagram*, 78 milhões de fotos são carregadas, 432 mil *stories* são postados e 2 bilhões de curtidas sao realizadas. Já na rede social *Facebook*, 4 bilhões de publicações são realizadas. Na plataforma do *Google*, 6 bilhões de pesquisas são realizadas e 27 bilhões de mensagens são enviadas via *WhatsApp*.

O grande volume de dados explica a razão de a reprodução de mensagens de *WhatsApp* ser uma das provas muito comuns apresentada nos processos que tramitam na Justiça do Trabalho. Justamente porque é o meio de comunicação digital mais utilizado. Mas a prova digital deve ser reproduzida corretamente perante o Poder Judiciário, sob pena de não ter validade, o que se verifica na respeitável sentença(10) proferida pelo

---

(5) THAMAY, Rennan; TAMER, Mauricio. *Provas no Direito Digital:* conceito da prova digital, procedimentos e provas digitais em espécie. São Paulo: Thomson Reuters Brasil, 2020. p. 33.

(6) PINHEIRO, Patricia Peck. *Direito Digital*. São Paulo: Saraiva Educação, 2021. p. 75.

(7) *Op. cit.*, p. 75.

(8) CASELLI, Guilherme. *Manual de Investigação Digital*. Salvador: JusPodivm, 2022. p. 41.

(9) Disponível em: https://influencermarketinghub.com/influencer-marketing-benchmark-report/. Acesso em: 29 jun. 2023.

(10) Tribunal Regional do Trabalho da 12ª Região. *Sentença prolatada nos autos da Ação Trabalhista Rito Ordinário 0000318-26.2022.5.12.0010, da 1ª Vara do Trabalho de Brusque – TRT da 12ª Região.* Juiz do Trabalho Paulo Cezar Herbst. Prolatada em 06.03.2023. Publicada no *DJET* em 06.06.2023; Disponível em: https://pje.trt12.jus.br/consultaprocessual/detalhe-processo/0000318-26.2022.5.12.0010/1#9cce1e5. Acesso em: 11 abr. 2023.

juiz do trabalho Paulo Cezar Herbst, do TRT da 12ª Região, nos autos do Processo 0000318-26.2022.5.12.0010 em 06/03/2023, ao desconsiderar como prova o teor dos "*prints*" de tela do aplicativo *WhatsApp*:

> *Dos "prints" apresentados pelo reclamante*
>
> Não podem ser considerados como provas válidas as capturas de telas de aparelhos telefônicos móveis constantes do corpo da manifestação apresentada pelo autor às fls. 1159-1232, uma vez que não permitem a apreciação, pelo juízo, de sua integridade, pois *prinstscreens* e *screenshots* de conversas e de telas de celular/computador, na qual apenas se copia o que está aparecendo no vídeo do aparelho telefônico ou do computador, "*sem, entretanto, salvar os metadados que compõem esse conteúdo, perdendo informações importantes sobre este, como as propriedades de criação, localização geográfica, etc*", as quais foram impugnadas pela reclamada, sem apresentação de atas notariais que transcrição das conversas ali contidas ou de dados que permitam a identificação de sua autenticidade e tampouco de sua cadeia de custódia através dos inúmeros meios de validação das provas digitais apresentadas pelas partes (Verifact, HTTrack, Wayback Machine, Ata Notarial, OriginalMy, etc.), mormente quando com os meios eletrônicos disponíveis hodiernamente, as imagens são facilmente editáveis e manipuláveis e, em se tratando de prova digital, esta para ser considerada íntegra, quando não reconhecida sua autenticidade pela parte adversa, "*deve ser completa, integral, sem supressões, de maneira a espelhar a integralidade do fato jurídico que por meio dela se pretenda provar, afinal, deve ela, em tradução livre, 'contar toda a história e não apenas uma perspectiva particular' (IETF, 2022, p. 4)*", o que não ocorre no presente caso, pois, repito, trata-se de meras capturas de tela e, portanto, não possuem higidez necessária para validá-las como meio de prova hábil para o fim colimado pelo demandante.

Estamos na era do *Big Data*, assim conceituado por Morais *et al.*:[(11)]

> A princípio, podemos definir o conceito de Big Data como conjuntos de dados extremamente amplos e que, por esse motivo, necessitam de ferramentas preparadas para lidar com grandes volumes de dados, de forma que toda e qualquer informação nesses meios possa ser encontrada, analisada e aproveitada em tempo hábil. Com o aumento significativo da quantidade de dados gerados pela internet com o surgimento das mídias sociais, é necessário gerenciar e armazenar as informações de maneira organizada. Esses dados podem ser classificados em estruturados, não estruturados e semiestruturados com base no seu gerenciamento e armazenamento.

Os dados digitais armazenados podem ser utilizados como prova em processos judiciais, desde que observadas as regras do devido processo legal. "*O processo de identificação,*

(11) MORAIS, Izabelly Soares de *et al. Introdução a* Big Data *e Internet das Coisas (IoT)* [recurso eletrônico]; [revisão técnica]. Porto Alegre: SAGAH, 2018. p. 13-14.

preservação, coleta e apresentação de evidência digital que possa ser apresentada em processo judicial é conhecido como computação forense".[12]

A forma da coleta e a preservação da prova digital é muito importante para que garantam a integridade, autenticidade e cadeia de custódia das provas digitais a serem apresentadas nos processos.

A cadeia de custódia é um conjunto de procedimentos que garantem a manutenção do estado original da prova, afastando qualquer comprometimento ou contaminação, desde a coleta até sua análise pelo juízo. O art. 158-A do Código de Processo Penal conceitua a cadeia de custódia:

> Art. 158-A. Considera-se cadeia de custódia o conjunto de todos os procedimentos utilizados para manter e documentar a história cronológica do vestígio coletado em locais ou em vítimas de crimes, para rastrear sua posse e manuseio a partir de seu reconhecimento até o descarte.

Os documentos digitais são um meio de prova. Fotos digitais, *e-mails*, mensagens por aplicativos, mapas Estação Rádio Base (ERBs), arquivos de áudio e de vídeo podem ser considerados espécie de prova documental digital. Diferem da prova documental física diante de sua reprodutibilidade, cuja autenticidade e integridade podem ser conferidas através de seus metadados.

Metadados são dados sobre dados. Eles trazem informações sobre o documento que está sendo examinado, como por exemplo, a data e hora que ele foi produzido e até o local e o dispositivo eletrônico que o produziu, tratando-se de dados importantes para investigar a origem, integridade e autenticidade de um documento digital.

O Marco Civil da Internet impõe aos Provedores de Aplicação e de Conexão um prazo mínimo de guarda dos registros digitais, surgindo daí a necessidade de uma produção antecipada de prova para requisição e preservação dos dados, antes do decurso do prazo decadencial.

No próximo tópico, analisaremos a legislação brasileira sobre o dever de guarda dos registros de aplicação e de conexão por seus provedores, os respectivos prazos e os requisitos necessários para obter acesso a esses dados através de ordem judicial.

2. Marco Civil da Internet no Brasil

A Lei n. 12.965/2014, conhecida como Marco Civil da Internet, estabelece princípios, garantias, direitos e deveres para o uso da internet no Brasil. Essa lei apresenta

(12) RAJASEKAR, Vani; SATHYA, K.; VELLIANGIRI, S.; KARTHIKEYAN, P. *Blockchain-based Identity Management Systems in Digital Forensics*. Artificial Intelligence and Blockchain in Digital Forensics (River Publishers Series in Digital Security and Forensics). River Publishers, 2023. Edição do *Kindle*.

vários conceitos de termos técnicos que são essenciais para o profissional do direito saber como requerer em juízo a apresentação de dados para identificação da autoria de conteúdos digitais e preservação do respectivo teor para fins de prova em processo judicial. Transcrevem-se a seguir os conceitos apresentados no art. 5º do Marco Civil da Internet:

> I – internet: o sistema constituído do conjunto de protocolos lógicos, estruturado em escala mundial para uso público e irrestrito, com a finalidade de possibilitar a comunicação de dados entre terminais por meio de diferentes redes;
>
> II – terminal: o computador ou qualquer dispositivo que se conecte à internet;
>
> III – endereço de protocolo de internet (endereço IP): o código atribuído a um terminal de uma rede para permitir sua identificação, definido segundo parâmetros internacionais;
>
> IV – administrador de sistema autônomo: a pessoa física ou jurídica que administra blocos de endereço IP específicos e o respectivo sistema autônomo de roteamento, devidamente cadastrada no ente nacional responsável pelo registro e distribuição de endereços IP geograficamente referentes ao País;
>
> V – conexão à internet: a habilitação de um terminal para envio e recebimento de pacotes de dados pela internet, mediante a atribuição ou autenticação de um endereço IP;
>
> VI – registro de conexão: o conjunto de informações referentes à data e hora de início e término de uma conexão à internet, sua duração e o endereço IP utilizado pelo terminal para o envio e recebimento de pacotes de dados;
>
> VII – aplicações de internet: o conjunto de funcionalidades que podem ser acessadas por meio de um terminal conectado à internet; e
>
> VIII – registros de acesso a aplicações de internet: o conjunto de informações referentes à data e hora de uso de uma determinada aplicação de internet a partir de um determinado endereço IP.

No Brasil, contratamos o acesso à internet com os "provedores de conexão', como por exemplo: *Claro*, *Oi*, *Vivo*, *Tim* etc. Uma vez conectados à internet, temos acesso a uma série de funcionalidades, a exemplo de *e-mails*, como *Google, Outlook, UOL*, *Terra* etc.; mídias sociais, como *Facebook, Instagram, Twitter*, e aplicativos de mensagens, a exemplo do *WhatsApp, Telegram* etc., que são disponibilizados pelos "provedores de aplicação".

O provedor de conexão nos dá o acesso à internet através de uma chave, um código, chamado de IP (*Internet Protocol*). Cada vez que um usuário acessa a internet, a identificaçao do respectivo terminal é feita pelo número de IP.

Durante uma postagem nas mídias sociais vários metadados são compartilhados com o provedor de aplicação, como o endereço IP, data e horário da postagem, dados da localização de onde está sendo feita a postagem.

Os provedores de aplicação à internet têm o dever de manter os registros de conexão, sob sigilo, em ambiente controlado e de segurança, pelo prazo de seis meses, nos termos do art. 15 do Marco Civil da Internet. Essa obrigação, quanto aos provedores de conexão, é pelo prazo de um ano, nos termos do art. 13 da mesma lei. Ordem Judicial pode determinar que essa guarda seja mantida por prazo superior.

Assim, obtido o IP do dispositivo que fez determinada publicação nas mídias sociais (considerando-se o dever de guarda pelo prazo de seis meses), ainda haverá o prazo de mais seis meses para obter junto ao provedor de conexão os dados cadastrais de referido autor.

A identificação do endereço de IP é essencial para obtenção de um dos requisitos da cadeia de custódia, que deve ser observado na produção da prova digital, qual seja, o requisito da autenticidade, sob o aspecto objetivo, ou seja, de qual terminal partiu a postagem para se descobrir seu autor.

Da mesma forma que as testemunhas que, devidamente intimadas, não comparecem para depor, estão sujeitas à condução coercitiva (art. 403, § 5º, do CPC)[13] e as pessoas que não entregam documentos estão sujeitas à expedição contra si de mandado de busca e apreensão, as pessoas físicas e jurídicas têm o dever de apresentar os dados requisitados pelo Poder Judiciário. Ressalta-se, ainda, o dever das partes de cooperação processual, nos termos do art. 6º do Código de Processo Civil.[14]

O Marco Civil da Internet (Lei n. 12.965/14) especifica em seu art. 22 os requisitos que autorizam a requisição aos provedores dos "*registros de conexão ou de registros de acesso a aplicações de internet*", "*com o propósito de formar conjunto probatório em processo judicial cível ou penal, em caráter incidental ou autônomo*".

O parágrafo único do art. 22 do Marco Civil da Internet estabelece que o requerimento deverá conter, sob pena de inadmissibilidade:

> I – fundados indícios da ocorrência do ilícito;
>
> II – justificativa motivada da utilidade dos registros solicitados para fins de investigação ou instrução probatória; e
>
> III – período ao qual se referem os registros.

O não cumprimento da legislação brasileira (tanto a penal quanto a civil e a trabalhista) configura ato ilícito, a exemplo de uma postagem nas mídias sociais de um trabalhador sendo constrangido ou ofendendo alguém na empresa; o não pagamento de horas extras,

---

(13) Art. 455, § 5º, do CPC. A testemunha que, intimada na forma do § 1º ou do § 4º, deixar de comparecer sem motivo justificado será conduzida e responderá pelas despesas do adiamento.

(14) Art. 6º Todos os sujeitos do processo devem cooperar entre si para que se obtenha, em tempo razoável, decisão de mérito justa e efetiva.

que também poderia justificar a requisição de registros digitais sobre postagens/dados de geolocalização para verificar que o trabalhador estava no estabelecimento da empresa naquele horário mencionado, comprovando sua alegação.

Muitos fatos atinentes à relação de emprego podem ser retratados nas mídias sociais, sendo que a falta de registro na Carteira de Trabalho e Previdência Social (CTPS) e o não recolhimento de encargos trabalhistas e previdenciários também configuram ato ilícito, podendo justificar a requisição de registros de conexão ou de registros de acesso a aplicações de internet para comprovação de fatos jurídicos relacionados.

O prazo decadencial imposto pelo Marco Civil da Internet aos Provedores de Aplicação e de Conexão para guarda dos registros digitais pode trazer a necessidade do ajuizamento de uma ação de produção antecipada de provas digitais para que se obtenha acesso a registros de conexão e de aplicação que sirvam de prova para garantia de direitos.

A seguir, será analisado o procedimento da ação de produção antecipada de provas na Justiça do Trabalho.

3. Da produção antecipada de provas digitais

A produção antecipada de provas tem por finalidade produzir uma prova judicial antes do momento em que ela seria normalmente produzida.

A produção antecipada de provas é prevista no art. 381 do Código de Processo Civil e tem natureza de ação, que pode ser preparatória ou incidental. Ela é admitida em três hipóteses, quando: I – houver "*fundado receio de que venha a tornar-se impossível ou muito difícil a verificação de certos fatos na pendência da ação*"; II – a prova a ser produzida possa "*viabilizar a autocomposição ou outro meio adequado de solução do conflito*", ou III – para permitir ao interessado que tenha "*prévio conhecimento dos fatos*", que "*possa justificar ou evitar o ajuizamento da ação*".

Gonçalves[(15)] explica que na primeira situação, a antecipação da prova é motivada pelo temor de que ela se perca, sendo uma das causas mais comuns de antecipação. Como exemplo, cita o temor de não se poder ouvir uma testemunha no momento oportuno porque ela está muito doente ou idosa, ou, ainda, porque irá se mudar para local distante. O fato de o autor pretender reformar o imóvel também justifica a realização de uma perícia no local, de forma antecipada, para retratar a situação do imóvel antes da reforma.

---

(15) GONÇALVES, Marcus Vinicius Rios. *Direito Processual Civil.* 14. ed. São Paulo: SaraivaJur, 2023. (Coleção EsquematizadoR). p. 271.

Na segunda situação, a prova é suscetível de viabilizar a autocomposição ou outro meio de solução de conflito. Gonçalves[(16)] destaca que:

> Pode ocorrer que, somente com a colheita de determinada prova, as partes possam tentar conciliar-se, uma vez que só por meio dela poderão ter mais conhecimento do que de fato ocorreu, ou das consequências de determinado fato. Assim, a prova pode servir para definir de forma mais evidente e precisa os contornos do conflito de interesse, viabilizando a autocomposição.

Já na terceira situação, a antecipação da prova pode servir para colher elementos necessários ao ajuizamento da demanda. Gonçalves[(17)] explica que sem ela, o autor terá dificuldade para ajuizar a ação, pois não terá informações suficientes para embasar seus argumentos:

> Por exemplo: ele pretende postular indenização porque houve um vazamento, que trouxe graves danos para o seu apartamento. Porém, não sabe ainda qual foi a causa, nem onde se originou, se na coluna central do prédio, caso em que a responsabilidade será do condomínio, ou se no encanamento do imóvel superior, caso em que a ação deverá ser dirigida contra o seu titular. A antecipação da prova servirá para que colha elementos necessários para uma eventual ação, fornecendo informações ao interessado para que decida se deve ou não ajuizá-la.

Lima Silva[(18)] bem observa que o CPC de 1973 previa a antecipação dos seguintes meios de prova em seu art. 846: interrogatório da parte; inquirição de testemunha e exame pericial. O art. 381 do CPC de 2015 "*não faz nenhuma ressalva ou limitação quanto aos meios de prova que poderão ser antecipados, conforme o art. 369 do CPC*".

Trazendo para mundo digital, a volatilidade dos dados, que podem ser rapidamente modificados ou deletados, traz um temor de não se conseguir produzir a prova do estado dos registros digitais em determinado momento, o que dificultaria ou impediria provar a ocorrência de determinado fato jurídico muito tempo depois de sua ocorrência, por falta de acesso ou por modificação de seu registro.

---

(16) GONÇALVES, Marcus Vinicius Rios. *Direito Processual Civil.* 14. ed. São Paulo: SaraivaJur, 2023. (Coleção EsquematizadoR). p. 271.

(17) *Idem.*

(18) LIMA SILVA, Fabrício. Slides da aula "Meios de prova e produção antecipada de provas" ministrada em 11.5.2022 na Pós-Graduação em *Compliance*, LGPD & Prática Trabalhista: Direito Digital, Gestão, Administração e Marketing de Serviços Jurídicos — 2021.01do IEPREV — Instituto de Estudos Previdenciários, p. 13.

Por exemplo, existe o temor de que a prova de determinadas postagens em redes sociais, de cunho difamatório em relação a um colega de trabalho ou à reputação da empresa, não exista mais no momento de produção da prova documental (que deve ser apresentada, em tese, junto com a inicial pelo autor e junto com a contestação, pelo réu).

Ainda que determinadas provas digitais possam ser certificadas por ata notarial, caso haja impugnação de seu teor em processo digital, haverá necessidade de realização de perícia no dispositivo informático em que ela estiver arquivada. Talvez isso impacte a parte economicamente. Seria um ônus muito grande impor à parte que deixasse de utilizar aquele dispositivo informático para que haja preservação da cadeia de custódia. Imaginemos a hipótese de suspeita de vazamento de dados de três computadores de uma pequena empresa. O temor da alteração dos dados arquivados nos computadores também justifica a realização da antecipação de uma perícia judicial para constatação da existência de eventuais danos, sua extensão e sua autoria.

A realização de uma perícia em um computador do qual houve transferência de dados sigilosos da empresa para terceiros constatará os registros eletrônicos naquele momento, observando os requisitos da prova digital: da autenticidade, integridade e cadeia de custódia, possibilitando que a empresa continue a utilizar o dispositivo de informática após a realização da perícia.

Assim, a produção antecipada de provas digitais se torna ainda mais relevante, diante da necessidade de preservação da prova digital, especialmente da obtenção de seus metadados, muitos dos quais somente é possível se obter por ordem judicial.

Alguns metadados de postagens nas mídias sociais, a exemplo de endereço de IP e geolocalização, não são disponibilizados publicamente pelos provedores de aplicação, em observância ao princípio da proteção de dados pessoais. Nos termos do art. 10 do Marco Civil da Internet:

> Art. 10. A guarda e a disponibilização dos registros de conexão e de acesso a aplicações de internet de que trata esta Lei, bem como de dados pessoais e do conteúdo de comunicações privadas, devem atender à preservação da intimidade, da vida privada, da honra e da imagem das partes direta ou indiretamente envolvidas.
>
> § 1º O provedor responsável pela guarda somente será obrigado a disponibilizar os registros mencionados no *caput*, de forma autônoma ou associados a dados pessoais ou a outras informações que possam contribuir para a identificação do usuário ou do terminal, mediante ordem judicial, na forma do disposto na Seção IV deste Capítulo, respeitado o disposto no art. 7º.

O Marco Civil da Internet impõe aos provedores de aplicação e de conexão o dever de guarda de seus registros. Estabelece, entretanto, o prazo decadencial de 6 e 12 meses, respectivamente, nos termos de seus arts. 15 e 13.

Assim, o advogado que toma conhecimento da violação de direitos de seu cliente pelas mídias sociais, deve ter a cautela de requerer a coleta e a preservação desses registros digitais, sob pena de não conseguir acessá-los posteriormente, o que poderia causar o perecimento do direito de seu cliente por falta da prova apta a provar o respectivo fato gerador.

Considerando-se que a ação de antecipação de provas também tem o caráter conciliatório, ela pode até resultar num acordo entre as partes após a efetiva realização da prova e constatação dos fatos.

Thamay e Tamer[19] afirmam que a ação de produção antecipada de provas "*é o meio procedimental mais vocacionado*" para obter informações dos provedores de internet:

> Ora, se o objetivo da obtenção das informações por parte dos provedores de internet é exatamente o conhecimento e certificação da autoria e autenticidade do fato ilícito na internet para posterior decisão da parte interessada se adotará ou não em face do usuário identificado as medidas de responsabilização civil ou trabalhista, a ação prevista o art. 381, CPC, parece ser de fato a mais vocacionada para tal finalidade.

Thamay e Tamer,[20] porém, alertam que se também houver necessidade de outros pedidos, a exemplo de "*remoção de conteúdo ilícito ou pedido indenizatório, a ação do art. 381 não poderá ser utilizada, devendo adotar a ação de obrigação de fazer e não fazer (...) com a cumulação de todos esses pedidos*".

Schiavi[21] esclarece que a ação de produção antecipada de prova prevista no Código de Processo Civil é aplicada subsidiariamente ao processo do trabalho, nos termos dos arts. 15 e 769 da CLT, considerando-se que não há disciplina específica sobre essa ação na CLT ou em outras leis trabalhistas.

A competência para tramitação da ação de produção antecipada de prova é "do juízo do foro onde esta deva ser produzida ou do foro de domicílio do réu", nos termos do art. 381, § 2º do Código de Processo Civil. No processo do trabalho, nos termos do art. 651 da CLT, o foro competente é, em regra, o local de prestação de serviços.

Na ação de antecipação de prova o contraditório é limitado à produção da prova, não havendo apresentação de defesa. Se se tratar de prova pericial, ambas as partes poderão formular quesitos e indicar assistente técnico, devendo ser concedido vista às partes para

(19) THAMAY, Rennan; TAMER, Mauricio. *Provas no Direito Digital:* conceito da prova digital, procedimentos e provas digitais em espécie. São Paulo: Thomson Reuters Brasil, 2020. p. 152.

(20) *Idem.*

(21) SCHIAVI, Mauro. *Provas no Processo do Trabalho*. Salvador: JusPodivm, 2020. p. 80.

se manifestarem sobre o laudo pericial. Não há valoração da prova pelo juízo, a qual será apreciada apenas em eventual processo principal.

Após a produção regular da prova, o juiz apenas a homologará, podendo os interessados requerer as certidões. Caberá recurso apenas contra decisão que indeferir totalmente a produção de provas. Tudo nos termos dos arts. 382 e 383 do Código de Processo Civil.

A prova produzida na ação antecipada de provas poderá ser utilizada em futura ação principal, não havendo prazo específico para sua propositura, ao contrário da tutela cautelar concedida em caráter antecedente, que perde a eficácia quando não formulado o pedido principal no prazo de trinta dias, nos termos do art. 309 do CPC. Nesse sentido afirma Gonçalves:(22) "*Não há prazo para a propositura de eventual ação principal: a prova continuará eficaz mesmo depois de transcorrido o prazo de um mês*".

Ocorrendo alguma das hipóteses previstas no art. 381 do Código de Processo Civil, pode ser determinada a antecipação de qualquer tipo de provas, sem qualquer restrição. Assim, as provas digitais também podem ser produzidas de forma antecipada. Em se tratando de requisição aos provedores de conexão de registros de conexão ou de acesso a aplicações da internet, os requisitos do art. 22 do Marco Civil da Internet devem ser observados.

Em se tratando de requisição de metadados de postagens de mensagens, fotos ou vídeos em mídias sociais, a especificação da respectiva URL (link) é essencial para identificação do objeto de investigação, nos termos dos arts. 19, § 1º, 21, parágrafo único e 22, parágrafo único do Marco Civil da Internet. Em síntese, só a URL permitirá que a postagem objeto de controvérsia seja localizada de forma inequívoca pelo provedor de aplicação.

Ainda na ação de produção antecipada de provas, uma vez descoberto o IP, por exemplo, do dispositivo originário de uma postagem ofensiva, fornecido pelo Provedor de Aplicação, poderá o autor requerer ao Juízo a intimação do provedor de conexão para que entregue os dados cadastrais (nome, qualificação e endereço) relativas ao usuário desse endereço de IP, nos termos do art. 10, § 1º e 22 da Lei n. 12.965/2014 e 11 do Decreto n. 8.771/2016, conforme lições de Capanema.(23)

Transcreve-se, a seguir, parte da Ementa de Acórdão da 6ª Turma do Superior Tribunal de Justiça, proferido em 8/2/2022, de relatoria do ministro Olindo Menezes, que negou liminar em *Habeas Corpus* impetrado contra procedimento cautelar do

---

(22) GONÇALVES, Marcus Vinicius Rios. *Direito Processual Civil*. 14. ed. São Paulo: SaraivaJur, 2023. (Coleção EsquematizadoR). p. 272.

(23) CAPANEMA, Walter Aranha. "Curso de Provas Digitais." *Smart 3*. Disponível em: https://smart3.eadplataforma.com/curso/aula-ao-vivo/; slide 37. Acesso em: 5 out. 2020.

Ministério Público de requisição e guarda de dados digitais para evitar o decurso do prazo estabelecido pelo Marco Civil da Internet:[(24)]

> EMENTA: *HABEAS CORPUS*. MARCO CIVIL DA INTERNET. LEI N. 12.965/2014. MINISTÉRIO PÚBLICO. PROVEDORES E PLATAFORMAS DOS REGISTROS DE CONEXÃO E REGISTROS DE ACESSO A APLICAÇÕES DE INTERNET. REQUERIMENTO CAUTELAR DE GUARDA DOS DADOS E CONTEÚDOS POR PERÍODO DETERMINADO ALÉM DO PRAZO LEGAL. LEGALIDADE. EFETIVO ACESSO DEPENDENTE DE ORDEM JUDICIAL. AUSÊNCIA DE NULIDADE. ADPF 403/SE E ADI 5527/DF. INEXISTÊNCIA DE PERTINÊNCIA TEMÁTICA. *HABEAS CORPUS* DENEGADO.
>
> 1. A paciente (e outros imputados) responde a processo criminal pela prática de crimes relativos a fatos ocorridos no DETRAN/PR, atinentes ao Edital e Credenciamento n. 001/2018, que regulamentou o credenciamento de empresas para a prestação de registro eletrônico de contratos, e sustenta a nulidade das provas carreadas aos autos, porquanto, além de obtidas mediante "verdadeira medida cautelar" em detrimento do direito à intimidade/privacidade, houve o congelamento do conteúdo telemático junto aos provedores de internet, a pedido do Ministério Público, sem autorização judicial.
>
> (...)
>
> 14. O Ministério Público solicitou "a preservação dos dados e IMEI coletados a partir das contas de usuários vinculadas, tais como dados cadastrais, histórico de pesquisa, todo conteúdo de *e-mail* e *iMessages*, fotos, contatos e históricos de localização, desde a data de 1.6.2017 até o presente momento", pedido que, na tese dos impetrantes, exorbitaria os limites legais, porque o conteúdo de *e-mail* e *iMessages*, fotos, contatos e históricos de localização não fariam parte do conceito de "registros de acesso a aplicações de internet" ou "registros de conexão".
>
> 15. A Lei n. 12.965/2014 define que "registros de acesso a aplicações de internet" são o conjunto de informações referentes à data e hora de uso de uma determinada aplicação de internet a partir de um determinado endereço IP (art. 5º, VIII). Já o inciso VII define que "aplicações de internet" são o conjunto de funcionalidades que podem ser acessadas por meio de um terminal conectado à internet.
>
> 16. A lei, a fim de viabilizar investigações criminais, que, normalmente, são de difícil realização em ambientes eletrônicos, tornou mais eficiente o acesso a dados e informações relevantes ao possibilitar que o Ministério Público, diretamente, requeira ao provedor apenas a guarda, em ambiente seguro e sigiloso, dos registros de acesso a aplicações de internet, mas a disponibilização ao requerente dos conteúdos dos registros — dados cadastrais, histórico de pesquisa, todo conteúdo de *e-mail* e *iMessages*, fotos, contatos e históricos de localização etc. — deve sempre ser precedida de autorização judicial devidamente fundamentada, o que ocorreu no presente caso.
>
> 17. *Não se perfaz a pretendida nulidade do pedido de "congelamento" dos registros, além do tempo legal, pelo Ministério Público do Estado do Paraná, vindo o acesso aos respectivos*

(24) Superior Tribunal de Justiça. PROCESSO HC 626983 / PR *HABEAS CORPUS* 2020/0300313-5 Relator Ministro Olindo Menezes (Desembargador convocado do TRF 1ª Região). Órgão Julgador 6ª Turma. Julgado em 8.2.2022. Publicado no *DJe* 22.2.2022. RSTJ vol. 265 p. 967 Disponível em: https://scons.tj.jus.br/scon/pesquisar.jsp. Acesso em: 19 abr. 2023.

> *dados a ser deferido, a tempo e modo, por ordem judicial, sob pena de caducidade (art. 13, § 4º).*
>
> 18. *Habeas corpus* denegado. (Grifo nosso)

Considerando-se os prazos de guarda de documentos digitais impostos aos provedores de aplicação e de conexão e a possibilidade de exclusão dos dados pessoais fornecidos aos provedores de aplicação, a requerimento de seus titulares, nos termos do art. 7º, X do Marco Civil da Internet, ressalvadas as hipóteses de guarda obrigatória previstas nessa lei e na Lei Geral de Proteção de Dados Pessoais, o temor da exclusão desses dados ou do decurso do prazo legal determinado para sua guarda justifica o ajuizamento da ação de antecipação de provas solicitando ao juízo a requisição desses dados digitais, sob pena de perecimento do direito por falta de acesso à prova de seu fato gerador.

Considerações finais

Muitos fatos jurídicos ocorrem no meio digital, a exemplo de acordo de vontades, ofensas, prática de ilícitos feitas por aplicativos de mensagens, *e-mails* e postagens nas mídias sociais, ou, ainda que aconteçam no mundo físico, são registradas digitalmente, a exemplo de fotografias e vídeos digitais.

Os trabalhadores que tiverem seus direitos violados e tiverem a prova da violação de seus direitos nos meios digitais, como por exemplo, numa postagem nas mídias sociais ou mesmo através de *e-mail* ou aplicativo de mensagem, podem requerer a produção antecipada de provas para apuração da autoria, requisitando-se o número do IP da respectiva URL ao provedor de aplicação e posteriormente os dados cadastrais de referido IP ao provedor de conexão.

O *compliance* trabalhista tem dentre seus pilares a integridade e a gestão de riscos. Assim, sendo constatada a ocorrência de algum ilícito trabalhista, a empresa também deve adotar as medidas cabíveis para cessar o ilícito e aplicar as sanções educativas necessárias em relação aos seus autores. Para isso, deve se resguardar documentando as provas dos fatos ocorridos.

Considerando-se a volatilidade dos dados digitais, a ação de produção antecipada de provas digitais é um instrumento eficaz apto a possibilitar a coleta e preservação de provas digitais para sua apresentação em juízo numa eventual ação judicial, observando-se os requisitos da integridade, autenticidade e cadeia de custódia para coleta e preservação dos dados digitais.

Há vários meios de extração de metadados dos documentos digitais, a exemplos de fotografias digitais, arquivos de textos, *e-mails*, postagens em mídias sociais, áudio e vídeo. Os metadados dos arquivos digitais devem ser apresentados nos autos do processo para comprovação da autenticidade e integridade do documento.

Os prazos previstos no Marco Civil da Internet para os provedores de aplicações da internet e de conexão guardarem registros digitais, de seis e doze meses, respectivamente, justificam a interposição da ação de produção antecipada de provas para exibição desses registros, uma vez que somente exigíveis por ordem judicial, considerando-se sua natureza privada.

O Marco Civil da Internet também estabelece os requisitos específicos para requisição de registros digitais para que não haja violação à privacidade.

O ajuizamento de uma ação de produção antecipada de provas é uma das práticas que deve ser adotada para assegurar a produção lícita de prova digital arquivada em fontes privadas, mediante ordem judicial, com a observância dos requisitos da integridade, autenticidade e cadeia de custódia.

Referências

BRASIL. *Constituição da República Federativa do Brasil de 1988*. Disponível em: http://www.planalto.gov.br/ccivil_03/constituicao/constituicao.htm Acesso em: 5 fevereiro 2023.

______. *Decreto-lei n. 3.689, de 3 de outubro de 1941*. Código de Processo Penal. Disponível em: http://www.planalto.gov.br/ccivil_03/decreto-lei/del3689.htm. Acesso em: 5 fev. 2023.

______. *Lei n. 12.965, de 23 de abril de 2014*. Marco Civil da Internet. Disponível em: http://www.planalto.gov.br/ccivil_03/_ato2011-2014/2014/lei/l12965.htm. Acesso em: 5 fev. 2023.

______. *Lei n. 13.105, de 16 de março de 2015*. Código de Processo Civil. Disponível em: https://www.planalto.gov.br/ccivil_03/_ato2015-2018/2015/lei/l13105.htm. Acesso em: 5 fev. 2023.

CASELLI, Guilherme. *Manual de Investigação Digital.* Salvador: JusPodivm, 2022.

CAPANEMA, Walter Aranha. "Curso de Provas Digitais." *Smart 3*. Disponível em: https://smart3.eadplataforma.com/curso/aula-ao-vivo/; slide 37. Acesso em: em 5 out. 2020.

GONÇALVES, Marcus Vinicius Rios. *Direito Processual Civil.* 14. ed. São Paulo: SaraivaJur, 2023. (Coleção EsquematizadoR).

LIMA SILVA, Fabrício. Slides da aula "Meios de Prova e Produção Antecipada de Provas", ministrada em 11.5.2022 na Pós-Graduação em Compliance, LGPD & Prática Trabalhista: Direito Digital, Gestão, Administração e *Marketing* de Serviços Jurídicos — 2021.01 do IEPREV — Instituto de Estudos Previdenciários.

MORAIS, Izabelly Soares de [*et al.*]. *Introdução a Big Data e Internet das Coisas (IoT)* [recurso eletrônico]; [revisão técnica:]. – Porto Alegre: SAGAH, 2018.

ORIGINALMY. "O que é a PACweb?" Disponível em: https://originalmy.com/pacweb. Acesso em: 5 fev. 2023.

PINHEIRO, Iuri; SILVA, Fabrício Lima; BONFIM, Vólia. *Manual do* compliance *trabalhista:* teoria e prática. Salvador: JusPodivm, 2021.

PINHEIRO, Patricia Peck. *Direito Digital.* São Paulo: Saraiva Educação, 2021.

RAJASEKAR, Vani; SATHYA, K.; VELLIANGIRI, S.; KARTHIKEYAN, P. *Blockchain-based Identity Management Systems in Digital Forensics.* Artificial Intelligence and Blockchain in Digital Forensics (River Publishers Series in Digital Security and Forensics). River Publishers, 2023. Edição do *Kindle.*

SCHIAVI, Mauro. *Provas no Processo do Trabalho.* Salvador: JusPodivm, 2020.

VERIFACT. "Validade Jurídica. Alta Confiança para registro de fatos na Internet." Disponível em: https://www.verifact.com.br/validadejuridica/. Acesso em: 5 fev. 2023.

SUPERIOR TRIBUNAL DE JUSTIÇA. *Processo HC 626983/PR. Habeas Corpus* 2020/0300313-5. Relator Ministro Olindo Menezes (Desembargador convocado do TRF 1ª Região). Órgão Julgador 6ª Turma. Julgado em 8.2.2022. Publicado no *DJe* 22.2.2022. *RSTJ* vol. 265 p. 967 Disponível em: https://scons.tj.jus.br/SCON/pesquisar.jsp. Acesso em: 19 abr. 2023.

THAMAY, Rennan; TAMER, Mauricio. *Provas no Direito Digital:* conceito da prova digital, procedimentos e provas digitais em espécie. São Paulo: Thomson Reuters Brasil, 2020.

Tribunal Regional do Trabalho da 12ª Região. *Sentença prolatada nos autos da Ação Trabalhista Rito Ordinário 0000318-26.2022.5.12.0010, da 1ª Vara do Trabalho de Brusque – TRT da 12ª Região.* Juiz do Trabalho Paulo Cezar Herbst. Prolatada em 06.03.2023. Publicada no *DJET* em 06.06.2023; Disponível em: https://pje.trt12.jus.br/consultaprocessual/detalhe-processo/0000318-26.2022.5.12.0010/1#9cce1e5. Acesso em: 11 abr. 2023.

8

Dos agentes de tratamento: Afinal, o oficial de justiça pode (ou não) ser enquadrado como operador de dados pessoais?

Marlon Marcelo Murari

Resumo: A Lei Geral de Proteção de Dados define os agentes de tratamento (controlador e operador) no art. 5º, VI e VII. O que se investiga no presente estudo é se os oficiais de Justiça podem ser enquadrados como operadores de dados pessoais. Atualmente, há duas correntes de entendimento sobre o tema, com argumentos e fundamentos pertinentes, que elevam o tema a um patamar de discussão não meramente acadêmico, pois definir corretamente o enquadramento dos oficiais de Justiça é fundamental para o desempenho de suas atividades e atribuição de eventuais responsabilidades. Concluiu-se que os oficiais de Justiça não podem ser enquadrados como operadores de dados pessoais, pois o vínculo estatutário com os Tribunais afasta essa possibilidade.

Introdução

Indiscutivelmente, um dos temas de maior importância na Lei Geral do Proteção de Dados (LGPD) é o estudo dos agentes de tratamento, que são efetivamente os sujeitos ativos no tratamento de dados pessoais.

Além de analisar conceitos, características, diferenças e atribuições dos agentes de tratamento, importante também conhecer as responsabilidades impostas a eles, inclusive de forma solidária, pela LGPD.

Ademais, quando se trata de identificar os agentes de tratamento, mais relevante ainda é investigar se os servidores públicos, mais especificamente os oficiais de Justiça (que são o foco do presente estudo) podem ou não ser enquadrados como operadores de dados pessoais.

E esse enquadramento não tem relevância meramente terminológica. Ao contrário, traduz preocupação relevante e atual, pois repercute diretamente no campo da responsabilização por eventual dano causado por esse servidor, que atua em nome da Administração Pública, no caso, os Tribunais.

Dessa forma, sem pretensão de esgotar o tema, o presente estudo pretende apresentar as discussões existentes sobre o enquadramento (ou não) dos oficiais de Justiça como agentes de tratamento.

1. Do controlador e do operador

O inciso IX do art. 5º da LGPD, ao conceituar os agentes de tratamento, referiu-se apenas ao controlador e ao operador.

Paradoxalmente, no capítulo referente aos agentes de tratamento (Capítulo VI), há menção à figura do encarregado (Seção II, art. 41), dando a entender que esse também é um agente de tratamento.

Todavia, o entendimento, até pelo disposto literalmente no inciso IX do art. 5º, é o de que o encarregado não é agente de tratamento.

As definições de controlador e operador encontram-se, respectivamente, nos incisos VI e VII do mesmo art. 5º, nos exatos termos:[1]

> *controlador*: pessoa natural ou jurídica, de direito público ou privado, a quem competem as decisões referentes ao tratamento de dados pessoais;
>
> *operador*: pessoa natural ou jurídica, de direito público ou privado, que realiza o tratamento de dados pessoais em nome do controlador.

Tanto o controlador quanto o operador podem ser pessoa natural ou jurídica, de direito público ou privado. A diferença entre eles reside no fato de que o controlador toma as decisões referentes ao tratamento de dados, enquanto o operador age em nome do controlador. Não custa aqui relembrar que, para fins de proteção da LGPD, o titular dos dados pessoais é pessoa natural (inciso V do art. 5º).

Para Rony Vainzof, "o conceito de controlador contempla absolutamente todas as decisões sobre as atividades que refletem o ciclo de vida dos dados pessoais, desde o projeto,

(1) Disponível em: https://www.planalto.gov.br/ccivil_03/_ato2015-2018/2018/lei/l13709.htm. Acesso em: 20 mar. 2023.

passando pela coleta ou recepção, todas as formas de processamento, até o descarte" (VAINZOF, 2019, p. 106-107).

Definir o controlador não é tarefa fácil, haja vista a complexidade dos sistemas tecnológicos disponíveis na atualidade, bem como a imensa possiblidade de divisão de processos e metodologias que podem ser utilizadas pelas companhias ou empresas. Dessa forma, ainda segundo o citado autor, algumas perguntas podem contribuir para a identificação do controlador: qual o motivo de determinado tratamento de dado estar ocorrendo? Quem teve essa ideia? Quem efetivamente deu início a qualquer uma das hipóteses previstas de tratamento? (*Idem*, *ibidem*, p. 106-107).

Segundo Marcel Leonardi, "cada etapa de tratamento de dados tem início e fim em si mesma, o que significa que a caracterização de um agente como controlador ou operador deve ser efetuada conforme a atividade específica de tratamento". Continua o autor dizendo que "a necessidade de interpretar cada etapa individualmente é essencial para entender a possibilidade de transição entre as figuras de 'operador' e 'controlador' e vice-versa" (LEONARDI, 2021, p. 190).

Retomando um ponto importante: o controlador e operador podem ser pessoa física ou jurídica.

Quando o controlador for pessoa física, é inegável que ele pode ser o proprietário da empresa, o sócio controlador ou um dos acionistas. No entanto, isso não é condição essencial. Também poderá ser controlador a pessoa física que tenha um consultório médico ou dentário, um escritório de contabilidade ou de advocacia, e trate dados pessoais dos seus clientes.

Também não se pode afirmar que o controlador deva necessariamente ser um diretor, supervisor ou gerente, ou alguém ligado ao TI,[(2)] sendo certo que a escolha vai depender das necessidades concretas daquela empresa.

As mesmas observações acima valem para a figura do operador.

No mais, tanto o controlador como o operador podem ser pessoa jurídica, de direito público ou privado, como ocorre, por exemplo, com os Tribunais, que são pessoas jurídicas de direito público e se encaixam nas definições.

No âmbito dos Tribunais, o Conselho Nacional de Justiça (CNJ), por meio da Portaria n. 213, de 15.10.2020,[(3)] instituiu o Comitê Gestor da Lei Geral de Proteção de Dados Pessoais (CGLGPD) e deu outras providências. No seu art. 6º, dispõe sobre quem funcionaria como Encarregado de Proteção de Dados (DPO), até que o Plenário

(2) TI = tecnologia da informação.

(3) Disponível em: https://atos.cnj.jus.br/atos/detalhar/3521. Acesso em: 21 mar. 2023.

edite ato normativo com vistas a adequar o Regimento Interno do CNJ às disposições da Lei n. 13.709/2018 (redação dada pela Portaria n. 83, de 17.3.2021).

No âmbito do Superior Tribunal de Justiça (STJ), foi editada a Portaria STJ/GDG n.178, de 12 de março de 2021, que instituiu o Comitê Gestor de Proteção de Dados Pessoais (CGPD).(4)

Por sua vez, no âmbito do Conselho Superior da Justiça do Trabalho e do Tribunal Superior do Trabalho, foi editado Ato Conjunto TST.CSJT.GP 74/2022, de 24 de outubro de 2022, que designa o encarregado do tratamento de dados pessoais, na forma exigida pela Lei Geral de Proteção de Dados — LGPD, em atenção ao art. 2º do Ato Conjunto TST.CSJT.GP 46, de 4 de novembro de 2020.(5)

Finalmente, o Tribunal Regional do Trabalho da 15ª Região também se estruturou para se adequar às exigências da LGPD, conforme se nota no Capítulo II, arts. 6º e 7º, do Ato Regulamentar GP 6/2021, de 3 de agosto de 2021, que instituiu a Política de Privacidade e Proteção de Dados Pessoais — PPPDP da 15ª Região. Também é possível saber quem é o DPO (encarregado) do TRT 15ª Região, por meio do próprio sítio de Internet, consoante a Portaria GP n.98/2022, de 20 de dezembro de 2022.(6)

Saber quem é o controlador dos dados é direito do titular, expressamente previsto no inciso III do art. 9º, bem como suas informações de contato devem ser claras, de fácil acesso e disponíveis em diversos canais de comunicação. Fiscalizar esse dever do controlador é papel da ANPD.

Segundo Marcel Leonardi, o que não pode acontecer é um agente ser controlador e operador *para a mesma atividade dentro da operação de tratamento de dados*, já que ele não pode ocupar as duas funções simultaneamente. Todavia, um operador também pode ser controlador *de outras atividades de tratamento de dados* que não estejam sendo realizadas em nome de seu cliente, como, por exemplo, uma empresa que atua como operadora será considerada controladora em relação aos dados pessoais de seus próprios funcionários (*idem*, *ibidem*, p. 193 e 196) (Grifos do original).

Na análise dos dispositivos específicos dos agentes de tratamento, reza o art. 37 da LGPD que "o controlador e o operador devem manter registro das operações de tratamento de dados pessoais que realizarem, especialmente quando baseado no legítimo interesse".

---

(4) Disponível em: https://bdjur.stj.jus.br/jspui/bitstream/2011/151625/Prt_178_2021_GDG_atualizado.pdf. Acesso em: 21 mar. 2023.

(5) Disponível em: https://juslaboris.tst.jus.br/bitstream/handle/20.500.12178/208453/2022_atc0074_tst_csjt.pdf?sequence=1&isAllowed=y. Acesso em: 21 mar. 2023.

(6) Disponíveis em: https://trt15.jus.br/legislacao/lei-geral-de-protecao-de-dados-pessoais/estrutura. Acesso em: 21 mar. 2023.

O registro das operações de tratamento de dados pessoais é fundamental para garantir o acesso ao titular, para prestação de contas, fiscalização pela autoridade nacional e também para prevenir riscos.

Ideal que a leitura do art. 37 seja feita em conjunto com o art. 46, no capítulo "Da Segurança e das boas práticas", em que se prevê que os agentes de tratamento "devem adotar medidas de segurança, técnicas e administrativas aptas a proteger os dados pessoais de acessos não autorizados e de situações acidentais ou ilícitas de destruição, perda, alteração, comunicação ou qualquer forma de tratamento inadequado ou ilícito".

Segundo a Resolução CD/ANPD n. 2, de 27 de janeiro de 2022, que aprova o Regulamento de aplicação da Lei n. 13.709, de 14 de agosto de 2018, Lei Geral de Proteção de Dados Pessoais (LGPD), para agentes de tratamento de pequeno porte, especificamente no art. 9º, dispõe que eles "podem cumprir a obrigação de elaboração e manutenção de registro das operações de tratamento de dados pessoais, constante do art. 37 da LGPD, de forma simplificada e que a ANPD fornecerá modelo para o registro simplificado (parágrafo único)".(7)

Dessa forma, para os agentes de tratamento de pequeno porte, o registro das operações de tratamento de dados poderá ser feito de forma simplificada, conforme modelo fornecido pela própria ANDP. Visa evitar burocracias desnecessárias e agilizar o processo de registro das operações.

Na sequência, o art. 38 dispõe que a autoridade nacional poderá determinar ao controlador que elabore relatório de impacto à proteção de dados pessoais, inclusive de dados sensíveis, referente a suas operações de tratamento, nos termos de regulamento, observados os segredos comercial e industrial.

O relatório de impacto é a documentação do controlador que contém a descrição dos processos de tratamento de dados pessoais que podem gerar riscos às liberdades civis e aos direitos fundamentais, bem como medidas, salvaguardas e mecanismos de mitigação de risco (inciso XVII do art. 5º da LGPD).

Nota-se que não é uma obrigação, pois o uso do verbo "poderá" indica a faculdade, cuja necessidade ou obrigatoriedade dependerá de regulamento.

Se existente, o relatório deverá conter, no mínimo, a descrição dos tipos de dados coletados, a metodologia utilizada para a coleta e para a garantia da segurança das informações e a análise do controlador com relação a medidas, salvaguardas e mecanismos de mitigação de risco adotados, conforme parágrafo único do citado art. 38.

---

(7) Disponível em: https://www.in.gov.br/en/web/dou/-/resolucao-cd/anpd-n-2-de-27-de-janeiro-de-2022-376562019. Acesso em: 17 nov. 2022.

Por sua vez, o art. 39 da LGPD trata da figura do operador, ou seja, aquele que realiza o tratamento de dados pessoais em nome do controlador. Prevê expressamente que o operador "deverá realizar o tratamento segundo as instruções fornecidas pelo controlador, que verificará a observância das próprias instruções e das normas sobre a matéria".(8)

Esse dever é muito relevante, pois reflete na responsabilidade assumida pelo operador, quando do tratamento de dados pessoais em nome do controlador. Especificamente em relação à responsabilidade e ao ressarcimento de dados, importante ressaltar que o operador "responde solidariamente pelos danos causados pelo tratamento quando descumprir as obrigações da legislação de proteção de dados ou quando não tiver seguido as instruções lícitas do controlador, hipótese em que o operador equipara-se ao controlador".(9)

Assim, ainda que atue em nome do controlador, deverá o operador observar com cautela e atenção as determinações advindas daquele, podendo, inclusive, deixar de cumprir aquelas manifestamente ilegais.

2. Do encarregado pelo tratamento de dados pessoais

Embora o encarregado (também conhecido pela siga em inglês *Data Protection Officer* — DPO), não seja um agente de tratamento de dados pessoais, conforme expressamente previsto no inciso IX, do art. 5º, as disposições relativas às suas atribuições constaram no mesmo capítulo.

Isso faz com que haja uma discussão doutrinária sobre se, de fato, os encarregados são ou não agentes de tratamento para fins legais, prevalecendo, todavia, entendimento em sentido negativo.

Segundo definição legal, o encarregado é pessoa indicada pelo controlador e operador para atuar como canal de comunicação entre o controlador, os titulares dos dados e a Autoridade Nacional de Proteção de Dados (ANPD) (inciso VIII, art. 5º, LGPD).

A função primordial do encarregado, como visto, é ser o elo entre controlador, titulares e autoridade nacional, mas não se limita a isso, como veremos na sequência.

Além da função principal, as atividades do encarregado consistem em: I – aceitar reclamações e comunicações dos titulares, prestar esclarecimentos e adotar providências; II – receber comunicações da autoridade nacional e adotar providências; III – orientar os funcionários e os contratados da entidade a respeito das práticas a serem tomadas em relação à proteção de dados pessoais; e IV – executar as demais atribuições determinadas pelo controlador ou estabelecidas em normas complementares, conforme disposto no § 2º do art. 41 da LGPD.

(8) Art. 39 da LGPD.

(9) Conforme inciso I, § 1º do art. 42 da LGPD.

Dessa forma, vemos que são vastas as funções a serem executadas pelo encarregado.

A redação original da LGPD previa expressamente que o encarregado deveria ser apenas a pessoa "natural". Todavia, essa expressão "natural" foi suprimida pela alteração dada ao inciso VIII, do art. 5º, pela Medida Provisória n. 869/2018, convertida na Lei n. 13.853/2019.

A partir de então, questiona-se sobre a possibilidade de o encarregado ser pessoa natural (física) ou jurídica, prevalecendo, na doutrina, entendimento no sentido de se admitirem ambas as formas.(10) De igual modo, o encarregado pode ser um órgão ou comitê, formado por várias pessoas com formações e habilidades próprias, que desenvolverão, a um só tempo, essa função.(11)

Ademais, pode o encarregado ser empregado do controlador, quando pessoa física, obviamente, bem como ser um prestador de serviços terceirizado, hipótese em que poderá constituir-se como pessoa física ou jurídica.

Importante que o encarregado seja pessoa física ou jurídica, tenha conhecimento suficiente para o exercício dessa função. A LGPD não exige formação específica para tanto, mas é altamente recomendável que o encarregado busque se especializar, com cursos e treinamentos, para compreender toda a dimensão das atribuições que exerce.

Pode, inclusive, o encarregado prestar serviços para mais de uma empresa pertencente ao grupo econômico, empresarial ou industrial, bem como para empresas não relacionadas entre si, desde que haja conhecimento suficiente para tanto, compatibilidade de horário, regras de *compliance*, entre outras.

Também se mostra relevante que o encarregado goze de autonomia no exercício de sua função, ficando desvinculado de outras atividades, para que possa desempenhar de forma independente seu trabalho. Nesse sentido, parte da doutrina sustenta que o encarregado não deve cumular outras funções, como, por exemplo, a de CEO da empresa, gerente de TI ou mesmo advogado, pois questões de ordem técnica, ética ou mesmo de incompatibilidade de horário e quantidade de trabalho podem surgir. Entretanto, não há essa vedação de cumulação na LGPD.

Na redação original da lei, segundo inciso VIII do art. 5º, o encarregado somente poderia ser indicado pelo controlador. Ocorre que, a Lei n. 13.853/2019 alterou a redação desse dispositivo para permitir que tanto o controlador como o operador indiquem o

---

(10) Nesse sentido, VAINZOF, 2019, p. 113.

(11) A título de exemplo, veja-se Encarregado pelo Tratamento de dados pessoais do Tribunal de Justiça do Estado de São Paulo, instituído pela PORTARIA n. 9.912/2020, que é formado por um juiz de direito assessor da Presidência, que o coordenará, nomeado pelo presidente do Tribunal de Justiça; dois desembargadores ou juízes substitutos de segundo grau integrantes da Comissão de Tecnologia da Informação; um desembargador ou juiz substituto de segundo grau, nomeado pelo presidente do Tribunal de Justiça; um desembargador ou juiz substituto de segundo drau, nomeado pelo corregedor-geral da Justiça.

encarregado. Todavia, o art. 41 expressamente dispõe que o "*controlador deverá* indicar encarregado pelo tratamento de dados pessoais". (Grifei)

Estabelece-se, então, nova controvérsia: o encarregado somente deve ser indicado pelo controlador, ou o operador também poderá indica-lo?

Nos comentários ao inciso VIII do art. 5º, Rony Vainzof deixa entender que os operadores não estão obrigados a indicar encarregado, sendo, todavia, recomendável que o façam (2019, p. 112).

No *General Data Protection Regulation* (GDPR), por sua vez, tanto o controlador quanto o operador(12) deverão indicar o encarregado, desde que preenchidos certos requisitos, excetuando-se, todavia, determinadas funções, como por exemplo, os Tribunais, quando no exercício da atividade jurisdicional. Ademais, o GDPR expressamente prevê quando os encarregados não são necessários.

De tudo quanto visto, entendemos que tanto o controlador quanto o operador podem indicar o encarregado, sendo recomendável que o façam. No entanto, a prática indica que essa indicação recairá na figura do controlador. Polêmicas à parte, cremos que houve um equívoco por parte do legislador, ao alterar o inciso VIII do art. 5º e não fazer a mesma alteração no precitado art. 41 da LGDP.

Mas, a ausência de menção ao operador no art. 41 não indica que este não poderá indicar encarregado. Fazendo uma interpretação literal, podemos dizer que o controlador *deverá* indicar encarregado, sendo que a LGPD estabelece tal obrigatoriedade, salvo exceções, enquanto que o operador *poderá*, ou seja, tem a faculdade de indicar, a depender do contexto concreto.

Cremos que essa interpretação seja a que melhor se coaduna com a intenção do legislador e com o disposto no GDPR.

Importante mencionar que a Agência Nacional de Proteção de Dados (ANPD), por meio da Resolução CD/ANPD n. 2, de 27 de janeiro 2022, dispensou os agentes de tratamento de pequeno porte de indicar encarregado pelo tratamento de dados, conforme previsão do art. 11.(13) Caso optem por não indicar um encarregado, deverão disponibilizar um canal de comunicação com o titular de dados para atender o disposto no art. 41, § 2º,

---

(12) Lá chamado de Processador.

(13) Disponível em: https://www.in.gov.br/en/web/dou/-/resolucao-cd/anpd-n-2-de-27-de-janeiro-de-2022-376562019. Acesso em: 21 mar. 2023.

Íntegra: Art. 11. Os agentes de tratamento de pequeno porte não são obrigados a indicar o encarregado pelo tratamento de dados pessoais exigido no art. 41 da LGPD.

§ 1º O agente de tratamento de pequeno porte que não indicar um encarregado deve disponibilizar um canal de comunicação com o titular de dados para atender o disposto no art. 41, § 2º, I da LGPD.

§ 2º A indicação de encarregado por parte dos agentes de tratamento de pequeno porte será considerada política de boas práticas e governança para fins do disposto no art. 52, § 1º, IX da LGPD.

I da LGPD. Todavia, se optarem por indicá-lo, essa atitude será considerada política de boas práticas e governança para fins do disposto no art. 52, § 1º, IX da LGPD.

Cabe ressaltar que a autoridade nacional poderá estabelecer normas complementares sobre a definição e as atribuições do encarregado, inclusive hipóteses de dispensa da necessidade de sua indicação, conforme a natureza e o porte da entidade ou o volume de operações de tratamento de dados, conforme disposto no § 3º do art. 41 da LGPD.

Após indicação do encarregado, recomenda-se dar publicidade do seu nome e das formas de contato também internamente, para colaboradores, servidores, prestadores de serviços, dando ciência das políticas de proteção de dados que serão adotadas na empresa ou Administração Pública.

Outra questão importante, mas que não foi tratada pela LGPD, refere-se ao domicílio profissional do encarregado, ou seja, deverá ele atuar no mesmo local físico dos agentes de tratamento ou, ainda, no mesmo país, ou poderá desempenhar suas atividades em outro local ou no exterior?

Dado o caráter transnacional da lei, haja vista o disposto no art. 3º, entendemos que não há necessidade de que o encarregado exerça sua atividade no mesmo local físico dos agentes, tampouco no mesmo país, podendo atuar em outro local ou no exterior, desde que cumpra com suas obrigações e atenda às finalidades estabelecidas na LGPD.

Finalizando esse tema, pergunta-se: pode o Oficial de Justiça atuar como encarregado pelo tratamento de dados pessoais dentro da estrutura de um Tribunal?

Inicialmente, cumpre relembrar que os Tribunais se enquadram como controladores de dados pessoais, ou seja, aquele a quem competem as decisões referentes ao tratamento de dados pessoais. Uma das decisões que cabe ao Tribunal tomar é a de indicar o encarregado. Como visto, muitos já o fizeram.

Dentro dessa necessidade, não há óbice algum que indicação recaia sobre o oficial de Justiça, pois se enquadra perfeitamente na definição de encarregado, para fins de proteção de dados.

É certo que essa indicação dependerá das necessidades de cada Tribunal. Alguns tribunais optaram por indicar um órgão como encarregado pela proteção de dados pessoais. Nesse sentido, entendemos altamente recomendável que, entre as pessoas que compõem esse órgão, esteja também um oficial de Justiça, pois, sem dúvida, é um dos servidores que mais tratam dados pessoais no exercício de sua função típica, especialmente quando da utilização das ferramentas eletrônicas por determinação judicial.

3. Afinal, o oficial de Justiça é agente de tratamento de dados (operador)?

O oficial de Justiça, no exercício de sua função típica, trata dados pessoais, amparado em uma das bases legais, qual seja, "o exercício regular de direitos em processo judicial, administrativo ou arbitral" (inciso VI do art. 7º da LGPD). Todavia, ainda que amparado por uma base legal, deverá o oficial de Justiça acautelar-se quando do cumprimento das determinações do controlador, verificando se tais ordens encontram amparo legal ou regulamentar.

Dessa forma, em análise inicial e não conclusiva, poderíamos dizer que o oficial de Justiça é agente de tratamento, pois se enquadra na definição de operador de dados, uma vez que realiza o tratamento de dados em nome do controlador — que sãos os Tribunais (art. 5º, VII).

Mas essa questão não é tão simples assim e, na prática, identificar a figura do operador pode ser muito difícil. Ademais, é extremamente relevante saber quem são os agentes de tratamento, uma vez que isso traz consequências à própria implementação da LGPD, bem como na imputação de responsabilidades.

Afinal, os oficiais de Justiça (bem como os demais servidores) podem ser considerados operadores? Os entendimentos são variados.

Para uma corrente, não há impedimento legal de que servidores públicos sejam considerados operadores. Nesse sentido, citam a própria LGPD, que não proibiu expressamente.

No intuito de fundamentar seu posicionamento, indicam o Provimento 68/2020 do MP/RS,(14) que no art. 6º definia que "no âmbito do Ministério Público do Estado do Rio Grande do Sul, *os operadores de dados pessoais são os membros, servidores e estagiários da Instituição*" (grifei). Cumpre ressaltar que esse Provimento 68/2020 *foi revogado* pelo Provimento 17/2022,(15) que passou a dispor, agora no art. 5º, que "no âmbito do Ministério Público do Estado do Rio Grande do Sul, o Núcleo de Inteligência — NIMP, o Laboratório de Dados e Inovação — MPRS.Labs e a Divisão de Tecnologia da Informação e Comunicação são os órgãos autorizados a realizar o tratamento estruturado de dados pessoais, em nome do controlador".

Dessa forma, vemos que houve reconsideração por parte do Ministério Público do Rio Grande do Sul, retirando os membros, servidores e estagiários como operadores de dados pessoais, para inserir o Núcleo de Inteligência — NIMP, o Laboratório de Dados e Inovação — MPRS.Labs e a Divisão de Tecnologia da Informação e Comunicação.

Ainda no sentido de que servidores podem ser considerados operadores, há a Resolução 9, de 2/9/2020, do TJ/DFT,(16) que estabelecia, no art. 5º, que "no Tribunal, o *Controlador e os Operadores são respectivamente o Presidente do Tribunal*, assessorado pelo

(14) Disponível em: https://www.mprs.mp.br/legislacao/provimentos/14204/. Acesso em: 22 mar. 2023.

(15) Disponível em: https://www.mprs.mp.br/legislacao/provimentos/15645/. Acesso em: 22 mar. 2023.

(16) Disponível em: https://www.tjdft.jus.br/publicacoes/publicacoes-oficiais/resolucoes-do-pleno/2020/resolucao-9-de-02-09-2020. Acesso em: 22 mar. 2023.

Comitê Gestor de Segurança da Informação e Proteção de Dados Pessoais — CGSI, e *os servidores e colaboradores que exerçam atividades de tratamento de dados pessoais na instituição ou terceiros*, em contratos e instrumentos congêneres firmados com o Tribunal". Ademais, no § 1º dispunha que "o Vice-Presidente e o Corregedor da Justiça serão os Controladores Adjuntos". Por fim, o § 2º previa que "o Comitê será formado por equipe técnica e multidisciplinar, que desempenhe as funções jurídica, de segurança da informação e tecnológica, de comunicação interna e externa, de recursos humanos, de gestão documental e estratégica".

A Resolução 9 *também foi revogada*, agora pela Portaria Conjunta 21, de 4.3.2022, exatamente na Seção III, que tratava do controlador e dos operadores de dados pessoais.

Por sua vez, a corrente que entende que os servidores públicos *não podem ser operadores de dados pessoais* apresenta mais fundamentos.

Em âmbito internacional, indicam o GDPR, que chama o operador de subcontratado, cuja definição consta no art. 4º,(17) sendo "uma pessoa singular ou coletiva, a autoridade pública, agência ou outro organismo que trate os dados pessoais por conta do responsável pelo tratamento". O entendimento que se extrai da leitura dos artigos que tratam do subcontratado, entre eles o art. 28,(18) é o de que ele não pode ser subordinado ao controlador.

Ainda em âmbito internacional, Marcel Leonardi cita a orientação da autoridade de proteção de dados do Reino Unido (*Information Commissioner's Office* — ICO), no sentido de que "os funcionários do controlador *não são operadores*. Se atuam no âmbito de suas atribuições de empregado, são mandatários do próprio controlador". Segue, com indicação do *European Data Protection Board* em que destaca, nas *Guidelines 07/2020*, "duas condições básicas para se qualificar como operador: 1 – que ele seja *uma entidade separada* em relação ao controlador; 2 – que trate dados pessoais *em nome do controlador*" (2021, p. 194).

Já no âmbito nacional, a corrente que defende que o servidor público não pode ser considerado operador refuta a alegação de que a LGPD foi omissa propositalmente. Sustenta que, apesar da omissão, a atividade do operador é sem vínculo empregatício ou de subordinação ao controlador.

Nesse sentido, Marcel Leonardi dispõe que o operador "será pessoa jurídica ou pessoa física *não vinculada* ao controlador, isto é, *sem vínculo empregatício ou de subordinação*, que tratará dados pessoais em nome e sob o comando do controlador" (*Idem, Ibidem*). (Grifei)

---

(17) Disponível em: https://gdprinfo.eu/pt-pt/pt-pt-article-4. Acesso em: 22 mar. 2023.

(18) Disponível em: https://gdprinfo.eu/pt-pt/pt-pt-article-28. Acesso em: 22 mar. 2023.

A Agência Nacional de Proteção de Dados (ANPD) aponta no sentido de que o operador sempre será pessoa distinta do controlador, ou seja, que não atua como profissional subordinado a este ou como membro de seus órgãos. É o que se pode extrair do item 58, do Guia Orientativo para Definições do Agentes de Tratamento de Dados Pessoais, em que consta o seguinte:[19]

> Nesse cenário, empregados, administradores, sócios, *servidores* e outras pessoas naturais que integram a pessoa jurídica e cujos atos expressam a atuação desta *não devem ser considerados operadores*, tendo em vista que *o operador será sempre uma pessoa distinta do controlador*, isto é, que *não atua como profissional subordinado a este ou como membro de seus órgãos.* (Grifei)

Assim, conforme entendimento da ANPD, o oficial de Justiça não pode ser considerado operador, pois não pode ter vínculo com o controlador (no caso, os Tribunais), ainda que subordinado, contratual ou estatutário. De ressaltar que o referido Guia Orientativo não tem força vinculante ou obrigatória, mas serve de norte para os estudos e resolução de questões práticas importantes.

Nesse diapasão é o posicionamento do Tribunal de Justiça do Estado de São Paulo, disciplinado por meio da Portaria n. 9.918/2020, que Institui a Política de Privacidade e Proteção de Dados Pessoais no Poder Judiciário do Estado de São Paulo,[20] em que, na Seção X, trata dos Agentes de Tratamento de Dados Pessoais (arts. 15 a 19).

Para o referido Tribunal de Justiça, somente é operador de dados pessoais os provedores de serviços de Tecnologia da Informação e Comunicação (TIC), nada mencionando sobre os servidores (art. 16). A nosso sentir, essa omissão foi proposital e correta, no intuito de excluir os servidores do conceito de agentes de tratamento de dados pessoais (operadores).

No âmbito do Tribunal Regional do Trabalho da 15ª Região, a questão vem tratada no Ato Regulamentar GP 6/2021, que Institui a Política de Privacidade e Proteção de Dados Pessoais — PPPDP, todavia, infelizmente, limitou-se a repetir o teor da LGPD quanto ao conceito de operador (art. 9º), sem se debruçar mais detidamente sobre o tema, silenciando sobre se os servidores podem ou não ser considerados operadores.

(19) Disponível em: https://www.gov.br/anpd/pt-br/documentos-e-publicacoes/2021.05.27GuiaAgentesdeTratamento_Final.pdf. Acesso em: 22 mar. 2023.

(20) Disponível em: https://www.tjsp.jus.br/Download/Portal/LGPD/PoliticaPrivacidade.pdf?638199916027087129. Acesso em: 22 mar. 2023.

Ainda no sentido de que os oficiais de Justiça não podem ser considerados operadores, citamos palestras proferidas no evento "LGPD no setor público: a controvérsia de servidores-operadores",[21] por Danilo Doneda e Marcos Lindenmayer.

Na ocasião, Marcos Lindenmayer, que atua como auditor da Controladoria Geral da União e membro do Subcomitê de implantação da LGPD, do Comitê de Governança de Dados do Poder Executivo Federal, disse que o

> Anteprojeto de lei, que depois viraria a LGPD trouxe a expressão subcontratado, que é a tradução para o português da GDPR; que na primeira versão (anteprojeto) não se falava em operador, apenas em subcontratado e que este era uma espécie de terceirizado em relação ao controlador; que somente em 2015 apareceu essa redação com a figura do operador.

Disciplina ainda que "ao longo do processo de elaboração da lei, alguns conceitos foram se desidratando e outros ganharam mais robustez", até se chegar, por exemplo, ao conceito de operador.

Segundo o auditor da CGU, o fato de a LGPD dizer que operador atua em "nome do controlador" pode indicar, inicialmente, que há algum tipo de subordinação. Todavia, essa conclusão não é acertada, pois o correto é que o operador não tenha nenhum tipo de vínculo com o controlador. Apontou, também, que esses esclarecimentos devem ser definidos pela Autoridade Nacional (ANPD).

No mesmo evento, o autor Danilo Doneda ressaltou que a "novidade do tema vai exigir que a Autoridade Nacional e mesmo os Tribunais tragam esclarecimentos, ou seja, aclarem esse e outros assuntos". Para ele, a própria LGPD induz a uma interpretação um pouco conflituosa em relação ao entendimento do vínculo existente entre o operador e o controlador.

Não obstante as considerações feitas, o fato é que ainda não existe um consenso sobre o tema, o que provoca grande sensação de incerteza e insegurança jurídica, especialmente para os servidores dos Tribunais, que, por não saberem qual seu enquadramento correto, temem responsabilizações em virtude dos tratamentos de dados pessoais realizados, em que pese, insista-se, estarem amparados por base legal autorizadora.

Dessa forma, à míngua de uma resposta satisfatória por parte dos Tribunais — e demais entidades da Administração Pública — urge que a Agência Nacional de Proteção

---

(21) Disponível em: https://itsrio.org/pt/varandas/lgpd-no-setor-publico-a-controversia-de-servidores-operadores/. Acesso em: 22 mar. 2023.

de Dados (ANPD) resolva a controvérsia, fixando interpretação clara e uniforme sobre se os servidores públicos são ou não operadores de dados pessoais, atuando em nome dos controladores, na forma do disposto no art. 55-J, inciso XX, da LGPD.

E essa definição é importante não apenas para fins didáticos ou doutrinários, mas, para além disso, é crucial para estabelecer os limites de responsabilização dos agentes de tratamento de dados, pois a "opção por um sentido ou outro provoca uma série de consequências na própria implementação da LGPD e, principalmente, na responsabilização pelos danos" (MIRANDA e SOUZA, 2020).

A LGPD trata da responsabilidade e do ressarcimento de dados na Seção III, dos arts. 42 a 45.

Conforme art. 42 e inciso I do § 1º, da LGPD, o *controlador ou o operador* que, em razão do exercício de atividade de tratamento de dados pessoais, causar a outrem dano patrimonial, moral, individual ou coletivo, em violação à legislação de proteção de dados pessoais, é obrigado a repará-lo. Ademais, *o operador responde solidariamente* pelos danos causados pelo tratamento quando descumprir as obrigações da legislação de proteção de dados ou quando não tiver seguido as instruções lícitas do controlador, hipótese em que o operador se equipara ao controlador, salvo nos casos de exclusão previstos no art. 43 da LGPD. (Grifei)

Da leitura dos dispositivos acima, nota-se que a LGPD optou por um sistema robusto de proteção, responsabilizando tanto o controlador quanto o operador, a fim de assegurar a efetiva indenização ao titular de dados. Em algumas situações (descumprir as obrigações da legislação de proteção de dados ou quando não tiver seguido as instruções lícitas do controlador) o operador equipara-se ao controlador, responsabilizando-se de forma solidária.

Dessa forma, identificar precisamente quem atua como controlador e quem atua como operador é fundamental, inclusive, para definir quem é passível de responsabilização.

No âmbito da Administração Pública, o tema ganha ainda mais relevância, uma vez que as "pessoas jurídicas de direito público e as de direito privado prestadoras de serviços públicos responderão pelos danos que seus agentes, nessa qualidade, causarem a terceiros, assegurado o direito de regresso contra o responsável nos casos de dolo ou culpa", na forma do disposto no § 6º do art. 37 da CF/88.

A responsabilidade da Administração Pública por ato dos seus agentes não é o tema central desse trabalho, por isso não será analisada detidamente, todavia, é importante mencioná-la nesse ponto, em virtude das consequências que o equívoco de enquadramento pode provocar.

Assim, no sentido de esclarecer o raciocínio, citamos o julgamento, pelo Supremo Tribunal Federal, no Tema n. 940, em que se manifestou sobre a teoria e definiu a seguinte tese:

> A teor do disposto no art. 37, § 6º, da Constituição Federal, a ação por danos causados por agente público deve ser ajuizada contra o Estado ou a pessoa jurídica de direito privado prestadora de serviço público, sendo parte ilegítima para a ação o autor do ato, assegurado o direito de regresso contra o responsável nos casos de dolo ou culpa.(22)

Portanto, sem a menor pretensão de esgotar o assunto, supondo que o oficial de Justiça seja enquadrado como operador e, nessa condição, em razão do exercício de atividade de tratamento de dados pessoais, causar a outrem dano patrimonial, moral, individual ou coletivo, em violação à legislação de proteção de dados pessoais, é obrigado a repará-lo. E quem irá reparar o dano será a Administração Pública, mas com direito de regresso em face do servidor (se enquadrado com operador).

Todavia, caso se entenda que o oficial de Justiça não é agente de tratamento de dados, atuando apenas como mandatário do controlador, não haveria, em tese, por motivo de eventual violação à legislação de proteção de dados pessoais, direito de regresso em face desse servidor.

Entendemos, com o devido respeito, que os oficiais de Justiça, bem como os demais servidores, não podem ser enquadrados como operadores de dados pessoais, pois apesar de atuarem em nome do controlador, o fazem como mandatários desses, já que possuem vínculo estatutário com os Tribunais, condição essa que afasta, em nossa opinião, a possibilidade de enquadramento.

Fundamentamos nossa opinião com base no item 58 do Guia Orientativo da Agência Nacional de Proteção de Dados (ANPD), já apresentado, de onde se extrai que o operador será sempre uma pessoa distinta do controlador, isto é, que *não atua como profissional subordinado a este ou como membro de seus órgãos*. (Grifei)

Cediço que o Guia Orientativo não possui força vinculante, todavia, como também já exposto, serve de norte para futuras interpretações e aplicações da lei.

Ao entendermos que os oficiais de Justiça não são operadores para fins da LGPD, não pretendemos encerrar a questão. Longe disso, a provocação está apenas começando, sendo certo que o protagonismo deve ser assumido pela própria ANDP, a quem compete esclarecer essa e outras questões, trazendo segurança jurídica para as partes envolvidas no tratamento de dados pessoais.

---

(22) Disponível em: https://portal.stf.jus.br/jurisprudenciaRepercussao/verAndamentoProcesso.asp?incidente=6083656&numeroProcesso=1306505&classeProcesso=ARE&numeroTema=940. Acesso em: 10 maio 2023.

Em conclusão, ao cumprir um mandado, o oficial de Justiça precisa estar amparado pelas melhores práticas em segurança e confidencialidade, advindas do Tribunal (controlador), podendo, inclusive, deixar de cumprir a ordem, justificando o motivo, quando não encontrar os meios adequados para tanto.

Considerações finais

Por se tratar de regramento jurídico ainda muito recente, uma vez que data de 2018, mas com entrada em vigor apenas em 2020, a Lei Geral de Proteção de Dados (LGPD) traz consigo inúmeros pontos polêmicos, ainda não aclarados pela doutrina ou jurisprudência.

E um desses pontos, indiscutivelmente, refere-se ao correto enquadramento dos oficiais de Justiça (servidores públicos) como agentes de tratamento, na qualidade de operador de dados pessoais, ou seja, aquele que atua em nome do controlador — os Tribunais.

Como visto neste breve estudo, a questão não é pacífica na doutrina, havendo correntes nos dois sentidos, o que aguça ainda mais o desejo de investigar o tema.

Entretanto, importante salientar que a aferição correta do enquadramento dos Oficiais de Justiça não é questão meramente didática ou terminológica, já que reflete diretamente em outras questões, especialmente no campo da responsabilidade pessoal desse servidor por eventual desvio no cumprimento da LGPD.

Nesse sentido, dispomo-nos a apresentar algumas considerações sobre o tema, para concluir, de forma não exaustiva, que os oficiais de Justiça não podem ser enquadrados como operadores para fins da LGPD.

Referências

BRASIL. *Lei n. 13.709, de 14.8.2018*. Lei Geral de Proteção de Dados. Brasília, DF: Presidência da República, [2018]. Disponível em: https://www.planalto.gov.br/ccivil_03/_ato2015-2018/2018/lei/l13709.htm. Acesso em: 19 maio 2023.

LEONARDI, Marcel. "Controladores e operadores: papéis, distinções, mitos e equívocos." In: FRANCOSKI, Denise de Souza Luiz; TASSO, Fernando (Coords.). *LGPD:* aspectos práticos e teóricos relevantes no setor público e privado. São Paulo: Thomson Reuters Brasil, 2021. 987 p.

MIRANDA, Marina Ferraz de; SOUZA, Tayná Tomaz de. "LGPD na prática: afinal de contas, servidor/empregado é operador de dados?" *Conjur*. Disponível em: https://www.conjur.com.br/2020-dez-20/opiniao-lgpd-servidorempregado-operador-dados. Acesso em: 30 nov. 2022.

VAINZOF, Rony. In: MALDONADO, Viviane; OPICE BLUM, Renato (Coords.). *LGDP:* Lei Geral de Proteção de Dados comentada, 2. ed., rev. atual. e ampl. São Paulo: Thomson Reuters Brasil, 2019. 427 p.

VARANDA ITS #93: "LGPD no setor público: a controvérsia de servidores-operadores". 30 out. 2020. 1 vídeo (1h:43min.). [Live]. Disponível em: https://www.youtube.com/

watch?v=wKA7s6gcdVE&t=129s. Acesso em: 22 mar. 2023. Participação de Marcos Lindemeyer, Newton Moraes, Danilo Doneda e Nathalie Lanaret.

Sites

STF: https://portal.stf.jus.br/jurisprudenciaRepercussao/verAndamentoProcesso.asp?incidente=6083656&numeroProcesso=1306505&classeProcesso=ARE&numeroTema=940. Acesso em: 10 maio 2023.

ANPD: https://www.gov.br/anpd/pt-br/documentos-e-publicacoes/2021.05.27GuiaAgentes-deTratamento_Final.pdf. Acesso em: 22 mar. 2023.

CNJ: https://atos.cnj.jus.br/atos/detalhar/3521. Acesso em: 21 mar. 2023.

STJ: https://bdjur.stj.jus.br/jspui/bitstream/2011/151625/Prt_178_2021_GDG_atualizado.pdf. Acesso em: 21 mar. 2023.

TST: https://juslaboris.tst.jus.br/bitstream/handle/20.500.12178/208453/2022_atc0074_tst_csjt.pdf?sequence=1&isAllowed=y. Acesso em: 21 mar. 2023.

TJSP: https://www.tjsp.jus.br/Download/Portal/LGPD/PoliticaPrivacidade.pdf?638199916027087129. Acesso em: 22 mar. 2023.

TRT 15ª REGIÃO: https://trt15.jus.br/legislacao/lei-geral-de-protecao-de-dados-pessoais/estrutura. Acesso em: 21 mar. 2023.

TJDFT: https://www.tjdft.jus.br/publicacoes/publicacoes-oficiais/resolucoes-do-pleno/2020/resolucao-9-de-02-09-2020. Acesso em: 22 mar. 2023.

MPRS: https://www.mprs.mp.br/legislacao/provimentos/15645/. Acesso em: 22 mar. 2023.